Impresso no Brasil, abril de 2011

Eric Weil, *Philosophie Morale*
© Librairie Philosophique J. Vrin, Paris, 1960; 1996.
http://www.vrin.fr

Os direitos desta edição pertencem a
É Realizações Editora, Livraria e Distribuidora Ltda.
Caixa Postal: 45321 · 04010 970 · São Paulo SP
Telefax: (11) 5572 5363
e@erealizacoes.com.br · www.erealizacoes.com.br

Editor
Edson Manoel de Oliveira Filho

Gerente editorial
Bete Abreu

Revisão
Viviam Silva Moreira e Paulo Furstenau

Capa e projeto gráfico
Mauricio Nisi Gonçalves / Estúdio É

Pré-impressão e impressão
Prol Editora Gráfica

Reservados todos os direitos desta obra.
Proibida toda e qualquer reprodução desta edição
por qualquer meio ou forma, seja ela eletrônica ou mecânica,
fotocópia, gravação ou qualquer outro meio de reprodução,
sem permissão expressa do editor.

Coleção
FILOSOFIA ATUAL

FILOSOFIA MORAL

ERIC WEIL

TRADUÇÃO
MARCELO PERINE

Realizações
Editora

Sumário

Prefácio 7

Introdução 11

1. O Conceito de Moral 17

2. O Conteúdo da Moral 89

3. A Vida Moral 189

4. Moral e Filosofia 273

Prefácio

Um costume hoje em dia em desuso exigia que o autor, antes de entrar em matéria, se dirigisse ao leitor, o tratasse de *amicus lector*, de *lector benevolus* e lhe pedisse, no que se chamava de *captatio benevolentiae*, não tanto a sua bondade, mas a sua boa vontade. O presente livro precisará dessa boa vontade por mais de uma razão; mas a bondade não entra em questão entre autor e leitor quando se trata de teses que pretendam ser verdadeiras e querem ser julgadas segundo esta pretensão.

Todo texto filosófico pressupõe que o leitor se abandone, por um tempo, à condução do autor: com efeito, como apreciar em filosofia um discurso, cuja primeira qualidade deve ser a coerência, senão indo até o fim, numa atitude de paciência atenta? Não se capta, muito menos se julga de maneira imparcial, uma obra dessa natureza se se aproxima dela a partir de princípios inabaláveis; o leitor que aplica mecanicamente uma medida arbitrariamente escolhida só descobrirá se, sim ou não, o autor pecou contra aquilo que, aos olhos desse juiz, é a própria evidência. O interesse assim dirigido à filosofia não é filosófico e não interessa à filosofia (embora, em certas situações históricas, ele possa atingir a pessoa do filósofo): ele ignora que a filosofia consiste, em primeiro lugar, em pôr em questão tudo, inclusive todas as formas históricas da filosofia;

é interesse do censor apologista, que se refere a seu dogma, mas não o desenvolve, não o expõe à verificação e não o exprime, se o implícito pode ser chamado de expressão, senão na sua condenação do incréu e no seu elogio do fiel. Pode mesmo ocorrer que a impaciência não veja que o que ela combate pode constituir, por coerência, a única demonstração do que ela afirma, mas não sabe fundar em verdade: não faltam juízes aos olhos dos quais Kant destruiu, ou quis destruir, todo pensamento que ultrapassa as certezas da ciência natural. Sabe-se de antemão o que importa, rejeita-se isso, aprova-se aquilo, e o fato é que, isolada, toda proposição filosófica é insuficiente, falsa ou absurda e que só o todo de um discurso pode ser verdadeiro: não existe tese verdadeira em filosofia, assim como não existe aspecto verdadeiro de uma árvore.

A esta dificuldade inerente a toda exposição filosófica e que, por si só, exige muita boa vontade da parte do leitor, acrescenta-se no presente caso outra, devida ao caráter do campo ao qual pertencem as pesquisas deste livro. O caminho da filosofia moral passa entre as ruínas, quase sempre respeitáveis, às vezes admiráveis, de convicções primeiras, de constatações "científicas", de mitos esclarecedores, tudo isso inaceitável para quem busca uma casa que seja habitável e sólida. Não é só que toda *filosofia especial* ponha um problema à filosofia – problema sobre o qual voltaremos no corpo desta obra –, é que, mesmo entre as filosofias especiais, a filosofia moral ocupa um lugar à parte. Ela fala do indivíduo e ao indivíduo – e ela lhe fala em verdade, isto é, de maneira universalmente válida: origem de uma tensão que esteve presente em toda a história dessa *philosophia specialis*, embora apenas raramente tenha constituído o tema de análises e só tenha sido vista claramente por aqueles que, desesperando então de um empreendimento tão árduo, o abandonaram.

Contorna-se esta dificuldade, não se a resolve – e a recusa de um problema, seu *recalque*, produz em filosofia as mesmas consequências que alhures –, quando se toma a decisão de *não fazer moral*, de não mais falar aos homens sobre o que lhes interessa a ponto de definir o próprio interesse, para se limitar, como lógico da moral, à forma do discurso moral, abandonando o indivíduo ao arbítrio de escolhas para as quais não se lhe oferece critério: no final das contas, e para ir ao fundo, por que se quer que o indivíduo prefira, num campo qualquer e particularmente no da ação, o que é logicamente satisfatório ao que não o é?

Contudo, a lógica do discurso moral não é um jogo estéril, ao contrário: a coerência, como dissemos, é a condição primeira de todo discurso filosófico, por *especial* que ele seja. Mas ela é condição necessária, ela não se torna por isso condição suficiente, e é extremamente importante mostrar como a própria exigência formal conduz a exigências de outra ordem. Para o filósofo (que compreende que isso não vale para todos e a todo momento), a moral pretende ser pensada ao mesmo tempo que vivida, vivida ao mesmo tempo que pensada. Segue-se daí que a reflexão sobre a moral deve se transformar em reflexão moral e terminar por se compreender como aspecto da filosofia una ou, se esse termo não for demasiadamente arriscado numa época que não rejeita nada mais do que a revelação do que é e do que ela é, um aspecto da sabedoria na sua refração no indivíduo.

Deve-se temer que esse modo de proceder desencoraje o leitor: não se lhe pede para acolher toda proposição e todo desenvolvimento tais como se apresentam em seus lugares e se manter aberto à possibilidade de ver as mesmas teses retomadas, modificadas, invertidas pela vontade de compreendê-las no que elas implicam, mas não revelam por si sós? Se for permitido proceder por comparação e oposição a um dos grandes sistemas filosóficos, pede-se ao leitor que admita pelo menos a possibilidade de superar a diferença entre desenvolvimento *fenomenológico* e exposição *enciclopédica*, que admita como possibilidade que aquilo que se mostra na análise genética, a partir das "certezas" iniciais, constitua apenas os propileus do sistema, mas seja o próprio sistema, real na medida em que se realiza – sistema *especial*, é verdade, nesse caso, mas que se funda no e sobre o sistema total e, no final da sua *autorrealização*, capta precisamente essa relação, ultrapassa-se e assim se compreende em verdade.

Ademais, acrescenta-se a isso uma nova dificuldade, de outra espécie, é bem verdade. A moral, depois de Aristóteles, não é feita por um ouvinte jovem, jovem de idade ou de caráter. Observação justa, mas que não diz tudo. Sem dúvida, a filosofia moral não será convenientemente desenvolvida por um ser passional, não formado, não educado pela experiência das coisas da vida: ela só será exposta de maneira adequada, talvez só será compreendida pelo adulto. Mas se só ele é capaz disso, é precisamente porque ele é educado, pois, não sofrendo mais de problemas morais, ele só conhece os problemas da filosofia moral, enquanto aquele que busca uma regra de vida, uma regra para sua vida e um sentido para a sua existência, aquele para quem a filosofia moral apresenta um interesse moral, não está preparado para atacar, pensando-as, as questões que o preocupam.

Para os dois, é preciso, portanto, pedir uma paciência não somente de método, mas quase pessoal: aos primeiros, de se recordar que eles conheceram problemas morais e que outros ainda conhecem; aos segundos, de não desesperar de encontrar uma ajuda no discurso da filosofia moral, por escolar, abstrato, desinteressante que lhes pareça à primeira vista.

O resto procede do próprio discurso, que deverá justificar o que acaba de ser dito em tom de conversação.

Lectori Benevolo Salutem.

Lille, 3 de fevereiro de 1960.

Introdução

1. Toda pesquisa filosófica que se anuncia como particular encontra-se na obrigação de se justificar. A filosofia envolve o todo do pensamento e do discurso humanos; mais exatamente, ela é o todo, desenvolvido e elevado à consciência do seu conteúdo estruturado. Assim, ela é infinita, não no sentido que essa palavra possui no uso corrente, em que ela significa a possibilidade e a necessidade de continuar sem fim (em que, portanto, se trata mais do indefinido e do assintótico), mas num sentido totalmente diferente, e o único sentido filosófico, em que é infinito o que não se encontra limitado por nada que lhe seja exterior e que o restrinja. Põe-se então a questão da legitimidade de toda filosofia particular, de toda filosofia de...

Em cada caso, a resposta a esta questão só poderá ser dada pelo progresso e pela conclusão da própria investigação: levada a seu fim, esta deve fazer ver como ela reconduz e se reconduz à filosofia, como, portanto – e isso é a mesma coisa – ela se destacou dela. Entretanto, é possível mostrar, de maneira geral, que o procedimento *particularizante* é inevitável e, contudo, lícito.

A tradição exige que se fale da filosofia como de um sujeito: a filosofia é isto ou aquilo, ela exige tais desenvolvimentos, ela pressupõe tais condições lógicas, históricas, sociais. Como é normal, o uso não está totalmente errado: com efeito, só a filosofia compreende (entende, envolve) a filosofia, e é somente se situando no seu nível, no nível do infinito, que o indivíduo se eleva ao saber filosófico. Mas quem aí se eleva não é a filosofia, é o indivíduo e, enquanto tal, finito. Para começar, ele não se encontra no nível da filosofia, e dado que a filosofia é atividade humana (jamais se imaginou Deus pondo-se questões filosóficas), dado que essa atividade nasce, assim como qualquer outra, de um desejo humano, dado que os desejos dos homens, expressões da necessidade do ser finito, diferem, é natural que as vias que conduzem à filosofia também sejam diferentes. Cada uma dessas vias traçadas pela reflexão do indivíduo sobre o que ele experimenta como seus problemas, se buscada com a vontade de descobrir a verdade, de alcançar a consciência da realidade obscuramente designada no discurso do indivíduo (antes que por ele) e a da natureza desse discurso em suas relações com o que ele mesmo capta e compreende como seu outro, constitui uma filosofia particular, filosofia da natureza, da arte, da história, da ação, etc...

2. Entre as filosofias particulares, a filosofia moral (não nos perguntamos no momento se é preciso distingui-la de uma filosofia da moral) ocupa um lugar à parte, não só porque ela é particular, o que não a oporia aos outras, mas porque, de princípio, ela diz respeito ao homem e o concerne na sua totalidade, com seus desejos e seus problemas. A história da filosofia mostra suficientemente que é pelo caminho particular que todos os pensadores se elevaram à filosofia, mesmo os que veem na pura visão do Ser, na união com a Substância, no silêncio do não saber o resultado último do seu pensamento e de seus pensamentos. No início encontra-se sempre o apelo a uma conversão pela qual o indivíduo entrará no domínio do verdadeiro, do essencial, do bem, da salvação, e se libertará das cadeias da ignorância, do desregramento, da frustração. Os caminhos separam-se rapidamente; sua origem é comum.

Esse fato histórico da filosofia se compreende filosoficamente. Toda filosofia particular, dissemos, procede de um interesse do homem vivo no mundo: a filosofia moral põe, ela, a questão da legitimidade dos interesses existentes no mundo do indivíduo que se questiona. Esses interesses em si históricos não se apresentam como tais ao indivíduo. A seus olhos, eles se mostram sob a forma de fins buscados "naturalmente", que são "evidentemente" justos, bons, sensatos e garantes de sentido; mas esses fins podem também se encontrar em conflito uns com os outros, seja porque nem todos podem ser alcançados pelo mesmo indivíduo, seja porque se contradizem entre si e obrigam a escolhas: o problema não é mais apenas como é preciso agir, mas em vista de que é preciso agir.

Nada indica que esse conflito, essa necessidade de escolher, caracterize em toda parte e sempre a condição humana. Ao contrário, é fácil imaginar uma moral em que todos os fins que a caracterizam sejam acessíveis a todos os que aderem a essa moral e que nenhuma contradição entre eles conduza o indivíduo a uma reflexão sobre seu valor. Mas sociedades como essas ignoram a filosofia, que nasce quando as coisas "não são mais evidentes": não se errou quando se considerou o aparecimento da filosofia como um sintoma enfermiço; apenas equivocou-se quando se quis ver origem e causa da enfermidade naquilo que, como uma crise, é condição necessária, embora talvez não suficiente, da cura. A filosofia surge quando os homens sentem necessidade dela, necessidade nascida do estremecimento da moral até então reinante; é movido pela inquietação que o homem põe-se a caminho para a filosofia. Eis aí a origem da filosofia, a origem mesma da questão se é preciso filosofar e por quê.

3. Do ponto de vista da presente reflexão, a da filosofia sobre seu próprio devir – pois a filosofia é para nós uma realidade histórica e determinada –, todo homem possui uma moral. Essa moral não lhe aparece como *uma* moral entre outras que talvez se equivalem. É só tardiamente, após contatos prolongados com outras comunidades e suas morais, após conflitos não decididos ou derrotas, que esse plural "as morais" ganha

um sentido. No início existe a certeza moral: sabe-se o que é preciso fazer e evitar, o que é desejável ou não, bom ou mau. O conflito das morais, a descoberta das contradições no interior de uma moral (visíveis somente após esses conflitos) conduz à reflexão sobre a moral. Mais exatamente, é a perda da certeza ou sua recusa que conduzem a isso; pois a certeza não sucumbe à simples crítica lógica, e as contradições que ela pode carregar em seu interior não a incomodam de maneira alguma: a contradição interior e a incoerência não incomodam ninguém porque ninguém as descobre antes que elas sejam transformadas em contradições exteriores, formuladas por outros indivíduos, ou tornadas sensíveis pelo fracasso de empreendimentos que "deveriam ter" sucesso.

A reflexão pressupõe assim a consciência mais ou menos clara da existência de pelo menos duas morais diferentes (das quais, em etapas ulteriores, uma delas pode existir apenas como projeto na cabeça de um indivíduo que se separa da moral tradicional). Daí decorre, e isso é da mais alta importância para evitar mal-entendidos tanto mais graves quanto mais difundidos, que a filosofia moral não tem de descobrir, inventar, prescrever, criar uma moral concreta, um sistema de regras a ser seguido (conscientemente ou não): ela pressupõe essas morais concretas (no plural), sem as quais a reflexão não teria ponto de partida e não nasceria, dado que seu problema estaria descartado. Ela é essencialmente re-flexão, olhar voltado para trás (o que não implica de modo algum que ela não possa se elevar acima dessa reflexão que, contudo, ela começa a ser, mais do que a praticar à maneira de um método escolhido entre vários métodos possíveis).

4. A reflexão filosófica a respeito da moral (das morais – o que se chama *a moral concreta*, singular puramente aparente, mas que utilizaremos por comodidade da expressão) nasce da moral concreta, mas não procede do juízo dessa moral. Seu problema consiste em reencontrar a certeza perdida (ou seu equivalente), e ele só se põe quando essa moral foi abalada,

tornou-se duvidosa, deixou de ser evidente e não poderia mais oferecer o fundamento sólido buscado pela reflexão. Seu ponto de vista, necessariamente diferente do da moral concreta, faz também do filósofo um traidor da moral de sua comunidade aos olhos daqueles que a ela aderem sem questionar. É certo que o filósofo pode tentar fundar em razão, como se diz, a moral na qual ele cresceu e na qual vive; mas todo empreendimento dessa espécie é olhado com extrema suspeição pelos mantenedores dessa moral, que sentem, justamente, nesse projeto, a rejeição da pretensão dessa moral à *evidência*: o que é evidentemente verdadeiro não tem necessidade de advogados, e os defensores recusam implicitamente – como eles seriam concebidos se não fosse assim? – a seu cliente essa verdadeira autoridade absoluta do que é evidente. Todo filósofo da moral introduz novos deuses, um novo deus, a exigência do universal.

5. Com efeito, a reflexão moral exige o universal como superação do particular histórico que ela considera fortuito a partir do momento em que ela pensa a incerteza. Mas aqui não se trata do universal infinito da filosofia explicitando-se na e pela compreensão do discurso humano (do pensamento) e do seu outro que ele capta ao se captar a si mesmo, mais precisamente: na e pela autocompreensão do discurso (ou ainda: da realidade que revela o discurso, ou que se revela nele). A reflexão moral se contenta, na medida em que ela permanece reflexão, de incidir sobre a moral concreta, sobre as morais concretas, às quais ela se opõe como seu universal. Ela se vê assim sob as espécies de uma reflexão *desinteressada*, o que significa que ela se encarrega de eliminar a incerteza pela afirmação de que toda certeza moral, de qualquer tipo que seja, não é mais que um sonho ao qual não corresponde nenhuma realidade a menos que se aceite como realidade aquilo que assim o designa, de maneira absolutamente arbitrária, qualquer uma das morais históricas. No final das contas, as morais são as regras seguidas pelos outros.

Assim se apresenta uma reflexão de segunda ordem, que não se põe mais questões morais, mas questões a respeito da moral (das morais). Mas como ela permanece, e quer permanecer, reflexão sobre um *outro*, dado que ela se estabelece como o outro da moral, embora nada lhe interesse senão a moral, ela permanece também, a um só tempo segundo seu próprio desejo e malgrado ela mesma, incapaz de compreensão filosófica, pois permanece reflexão não sobre si mesma no todo do discurso-realidade, mas sobre seu outro; o modo de compreender que lhe é próprio e que ela não poderia superar sem mudar de natureza captará, idealmente, todo fenômeno moral histórico, mas não conseguirá descobrir seus próprios pressupostos. Uma *ciência* histórica, sociológica, comparativa das morais torna-se assim possível, vale dizer, necessária enquanto etapa, mas permanece essencialmente ciência "objetiva", isto é, conserva sua vocação ingênua de ter eliminado da sua própria pesquisa todos esses "valores" cuja intervenção caracteriza, a seus olhos, os fenômenos para os quais ela volta a sua atenção. Em poucas palavras, considerada nela mesma, essa ciência se interdita de *se* compreender. Ao filósofo ela põe com tanto mais insistência a questão de seu sentido.

O primeiro problema da filosofia moral – pois da sua solução depende a possibilidade dessa filosofia – será, consequentemente, elucidar as relações existentes entre o universal infinito do discurso filosófico, de uma parte, o universal exigido ou inconscientemente pressuposto pela reflexão moral, de outra, e, enfim, o individual das morais históricas. O primeiro problema – e também o último, pois, como notamos anteriormente (§ 1), só o fim da pesquisa pode dar uma resposta definitiva. Entretanto, a captação do problema basta para indicar a essa investigação seu ponto de partida, o qual só pode se situar na reflexão moral ingênua, mas é concebido como ponto de partida de um percurso no fim do qual essa ingenuidade deve ser, ao mesmo tempo, compreendida e superada.

1. O Conceito de Moral

6. *Toda moral, quer ela se mantenha na certeza quer busque na insegurança, supõe que o homem, capaz de observar regras morais, é ao mesmo tempo imoral: ela reconhece a imoralidade do homem ao reconhecer que ele pode e deve ser conduzido à moral.*

a. A tese é evidente. Seria, com efeito, surpreendente, vale dizer, inconcebível, que um ser que obedecesse necessariamente a certas regras (as quais seriam, então, leis naturais) se prescrevesse ou se deixasse prescrever essas regras. Um ser que tem necessidade, que exprime a necessidade, de uma regra se opõe a esta como a algo ao qual ele pode se submeter ou não, mas ao qual não está submetido.

Todavia, a tese encontrou e encontra vivas resistências. Não faltam pensadores que afirmam a bondade natural do homem ou sua pureza essencial. Para lhes responder, basta observar que eles jamais foram capazes de explicar como esse ser essencialmente bom e inocente pôde decair ao ponto em que a intervenção deles é requerida para salvá-lo de si mesmo, nem como a realidade e o conceito do mal moral puderam aparecer: um ser perfeito não cai.

Mas talvez seja preciso ver nessa opinião a reação contra outra opinião, oposta e complementar, que considera o homem essencialmente mau e perverso, tese que não resiste ao exame melhor que a primeira. Com efeito, o conceito do mal não pode ser formado senão por um ser que possua o conceito do bem, e a condenação do homem pressupõe que pelo menos o que a pronuncia disponha de um critério válido que exprime e exige o bem, um bem que não seria bem do homem e para o homem se este nunca o pudesse alcançar. É possível que a maioria dos homens não viva segundo esse critério e que eles façam ordinariamente o mal; este não seria, entretanto, um mal moral se eles fossem naturalmente incapazes de fazer o bem, e condená-los seria tão insensato quanto emitir um juízo moral sobre a cascavel porque sua mordida é perigosa.

Se a tese da maldade essencial do homem revela-se contraditória em si mesma, entretanto, ela é útil para relembrar ao seu crítico que o ser humano só é moral *porque* é, ao mesmo tempo, imoral: ele pode ser bom *porque* pode ser mau, e inversamente. Isso não quer dizer que as duas visões sejam falsas sob todos os aspectos; elas são verdadeiras, mas somente quando tomadas juntas. A experiência mais comum o confirma e a observação mostra isso em toda moral concreta, em todo sistema de regras que domine, ou pretenda dominar, a vida de uma comunidade histórica: em todos os lugares as crianças são educadas, os que são considerados essencialmente, isto é, irremediavelmente, ineducáveis, são eliminados, os que vivem segundo a moral (qualquer que seja o seu conteúdo concreto) são honrados. O homem não é *naturalmente* bom, mas também não é *naturalmente* mau; mais exatamente, quem possuísse uma ou outra dessas qualidades como se possui qualidades físicas não seria um homem, mas um animal ou um deus. O indivíduo deve ser conduzido ao bem, deve ser educado – e, portanto, deve poder sê-lo – para querer o bem e para evitar o mal; se abstrairmos dessa educação, ele não é nem bom nem mau, ele é, como se diz, amoral, não imoral, porque essa abstração o transforma em animal.

b. Esse conceito de *amoralidade* apresenta grandes dificuldades à reflexão, muito embora lhe pareça indispensável.

Um ser amoral, que ignore não somente as regras concretas de uma moral determinada, mas até mesmo o conceito de regra, do ponto de vista da moral será apenas um animal, pois o homem é definido nesse nível como o ser vivo que possui ou, pelo menos, busca uma regra que lhe permita escolher entre as possibilidades que se oferecem à sua ação. Ora, o homem é *também* esse animal, útil ou nocivo, atraente ou repugnante, e não pode ser captado totalmente só do ponto de vista da moral. Entretanto, o juízo que se emite assim sobre o animal, precisamente porque descarta o critério moral, ainda se refere à moral: aquele que não é julgado segundo a moral é, por isso mesmo, julgado moralmente, uma vez que só é considerado como ser humano em sentido biológico. Novamente a experiência histórica e atual o mostra, quando se fala, em linguagem mágico-religiosa, de possessão ou de obsessão, na linguagem da psiquiatria moderna, de imaturidade, de debilidade mental, etc., sem por isso deixar de condenar um ato que apenas não é imputado a quem o realizou e que não é ainda um ser humano, isto é, moralmente responsável, que deixou de sê-lo ou jamais o foi.

A moral revela assim um conceito de homem que não é o seu, mas ao qual ela é levada por uma espécie de necessidade do seu método, o conceito de homem amoral (o que, para ela, significa: imoral porque sem moral), de homem *natural*. Trata-se, como acabamos de ver, de um conceito-limite: é só abstraindo da educação, vale dizer, do fato de o indivíduo pertencer sempre a uma comunidade histórica e moral (da qual ele só pode se desligar depois de ter feito parte dela), que se concebe o homem natural como uma espécie de fundo sobre o qual o ser moral se projeta para se compreender.

Enquanto natural, o homem é violento. Ele age cegamente, à maneira das forças naturais, determinado por elas e como elas, ele é dominado por suas tendências, instintos, necessidades, e seus atos, previsíveis como o são os acontecimentos naturais (e nos mesmos limites), não têm mais sentido compreensível do que a queda de uma pedra, e só recebem algum sentido, assim como a queda da pedra, pela relação a um ser especificamente diferente (não no sentido biológico, mas no sentido moral), pela relação a um ser que, por não ser inteiramente determinado, pode pôr e põe a questão do sentido, o que quer dizer aqui: a questão do bem.

Aí está o verdadeiro fundamento da tese da *amoralidade* do homem natural, fundamento suficiente na medida em que se fala da espécie animal *homo* dos zoólogos: o ser natural não é nem bom nem mau, ele é útil ou nocivo, agradável ou desagradável – numa palavra, ele é objeto para um ser que não é apenas natural e para o qual os objetos são dados como diferentes de si mesmo, presentes, porém distantes, dados numa avaliação, relacionados a um interesse, a um projeto de ação, a uma vontade de mudança e de transformação. Assim, foi-se coerente quando se declarou que o comportamento dos homens deve ser compreendido por uma ciência análoga à mecânica – posição que não só é justificada por sua coerência, mas também pelo fato de que esse modo de ver encontra um uso no qual se mostra eficaz (o que é o critério de toda ciência particular, por mais distante que ela se situe com relação a toda utilização técnica imediata: cada ciência busca a sua prova na experimentação, mesmo que imaginária, isto é, numa ação). As ciências sociais e políticas são verdadeiramente ciências, mesmo que não tenham ainda chegado ao grau de certeza que se espera das suas irmãs mais velhas; e precisamente por isso elas se situam, com o seu princípio amoral subjacente, fora do pensamento moral. Se o ser natural não é nem bom nem mau, ele está simplesmente aí, como as pedras, mas, assim como as pedras, ele só está aí para um ser que não está simplesmente aí: as pedras só estão aí para os homens. Ora, aquele que constrói a *ciência* do homem natural é ao mesmo tempo homem natural e homem, não natural, que o pensa: o ser violento que é o homem *se compreende* a si mesmo e, pelo fato de se compreender – é preciso acrescentar: a partir do momento em que o faz –, ele deixa de ser pura violência, puro ser-aí empírico e apenas constatável. Mais ainda, ele não se compreende como violência senão *porque* ele não é somente isso: a rocha que cai e arrasa uma casa com seus habitantes, o leão que mata e devora sua presa não são violentos senão para o homem que, só ele, já tem a ideia da não violência e que, por essa razão, pode ver a violência na natureza. Só existe o insensato do ponto de vista do sentido.

7. O homem distingue, de modo irredutível, o lícito e o ilícito e se atribui a capacidade de fazer o lícito e de evitar o ilícito. Essa capacidade se atualiza e se descobre na história e nos conflitos entre morais.

a. Justamente por saber que é mau, ainda que apenas no seu semelhante, o homem sabe também que é bom (cf. § 6, *a*). Só um ser que tem a consciência do bem pode possuir a consciência do mal, e ele só possui a segunda na proporção da primeira. O homem separa assim o lícito e o ilícito, o que deve fazer e o que não deve fazer, e se interdita e se prescreve certos atos, comportamentos, atitudes, ele julga, aprova, condena.

Seria ocioso perguntar como o homem chega a essas regras, e seria inútil buscar o começo e a origem da consciência moral. O homem enquanto ser moral, vale dizer, enquanto humano em sentido estrito, se encontra sempre provido de regras; mais ainda, ele é incapaz de se imaginar em um estado de ausência de regras: fora das regras, ele não encontra senão o animal em forma mais ou menos humana. Sem dúvida, observam-se comportamentos regrados em diversas comunidades animais; entretanto, estas só são regras para o observador humano, que vê nelas uma analogia com a sua própria maneira de viver e nelas projeta, como uma semiconsciência reflexiva, a possibilidade de outros comportamentos. Só o homem *segue* regras, porque só o homem pode não segui-las e, de fato, muito frequentemente não as segue. É enquanto ser violento que ele é moral, enquanto transgressor que ele tem consciência das regras. Buscar a origem, não de tal regra, mas *da* regra, seria querer descobrir a origem dessa "faculdade" que é a única a pôr questões porque só ela conhece a insatisfação e, com ela, o problema e a questão enquanto tais. Falar de mutação brusca, de revelação, de gênio criador não é mais que reconhecer a impossibilidade de qualquer resposta que não conduzisse à questão. Nenhum assassinato primitivo explica a moral; sem moral, não haveria qualquer diferença entre a morte do pai assassinado por seus filhos e a morte do pai estraçalhado por um urso: simplesmente não haveria *assassinato*.

Entretanto, a questão da origem de tal regra particular é perfeitamente legítima, embora na ausência de dados positivos requeridos ela nem sempre admita resposta. Qualquer regra é essencialmente histórica, vale dizer, advinda e em devir. A lentidão de certos desenvolvimentos, a vontade de preservação que caracteriza certas comunidades mostram somente seu sentimento do perigo de toda mudança: a afirmação da eternidade de uma moral histórica só exprime seu temor da insegurança. O homem pode sempre transformar a regra de sua vida; que ele não o queira, que, se se puder dizer, ele se esforce por não querê-lo, não contradiz esse fato, ao contrário.

b. A moral concreta se desenvolve num sistema de prescrições e de interditos sem lacuna – sem lacuna para quem vive segundo esse sistema (mais exatamente: no interior desse sistema). Não há nenhum ato, nenhum procedimento importante que aí não se encontrem regrados: a razão disso é que o que importa, importa precisamente pelo fato de ser objeto de uma regulamentação, enquanto outras atividades são consideradas sem importância, profanas, porque o arbítrio aí é admitido e aceito. Há, sem dúvida, problemas no interior de todo sistema; nele não haveria regra sem que se apresentasse a possibilidade da transgressão: onde começa o domínio do que não é regrado, onde termina o domínio do sagrado?, a regra foi bem seguida ou faltas se introduziram sub-repticiamente num ato destinado a realizar o que é prescrito, a separar o que é preciso evitar? Entretanto, esses problemas se põem em função da moral concreta e no seu interior; mas não se põem de modo algum a respeito dela. O homem competente, o sacerdote, o ancião, o sábio, um grupo determinado são qualificados para resolver esses problemas técnicos de toda moral, para se ocupar do seu aspecto, por assim dizer, legalista. Não se julga a moral, julga-se em função dela, que é *evidente* e *natural*.

Cada um na comunidade encontra o seu lugar graças ao sistema moral (o qual, considerado sob outro ângulo, mas que não é o dos membros da comunidade, apenas reflete a estrutura da comunidade). Cada um é revestido de um papel porque todos são igualmente necessários para a vida do todo, e cada um aí encontra uma espécie de dignidade, seja presente, seja a ser esperada do seu futuro nesta vida ou de um futuro supraterrestre, infraterrestre ou de reencarnação. A ideia de uma igualdade de papéis morais e de suas dignidades não se encontra no sistema moral. A diversidade de dignidades situa a cada um: ninguém é simples indivíduo, se dermos a esta palavra seu sentido moderno, segundo o qual todos os indivíduos se equivalem e são intercambiáveis. Eles são *iguais*, porque cada um importa ao todo, embora a importância seja desigual de um para outro, e porque cada um, participando da certeza que rege a vida de todos, é infinitamente superior a esses animais em forma humana que, de fora, vivem sem lei.

c. Existem situações nas quais a moral não se torna nem problema nem problemática. Seria um anacronismo falar de reflexão moral nesse nível: é a incerteza que produz a reflexão, enquanto nesse nível a moral é evidente. Isso não impede que determinada moral concreta possa ser discernida como tal; ela o será, mas somente quando um primeiro contato se tenha estabelecido entre morais diferentes, sob condições tais que nenhuma conseguisse seguir o princípio inconsciente de toda moral concreta, o qual, segundo a definição implícita do ser *verdadeiramente* humano, tende a rejeitar como bárbaros, como infra-humanos, como seres sem verdadeira linguagem, todos os que não aderem a ela, tende a matá-los ou reduzi-los ao papel de animais domésticos. Ora, nós somos os filhos de uma história que é história pela existência desses contatos e desses conflitos não decididos, e para nós a questão do valor (moral) de uma moral se põe, questão que é inconcebível para quem vive na certeza.

O problema da sua moral não existe assim para o homem que vive segundo ela, enquanto a sua certeza não for abalada; ele se anuncia, entretanto, desde a primeira hora, embora esse anúncio não seja legível senão para nós. Toda moral, com efeito, conhece a falta moral, quer ela a chame impureza, crime, pecado ou qualquer outro nome. Do mesmo modo, todas elas preveem os remédios: o rito purifica o criminoso e a comunidade, a morte ou o banimento do culpado preservam das consequências temíveis de sua infração os que estiveram em contato com ele. É certo, pelo menos por hipótese, que essa falta não tenha sido querida, pois a falta querida teria sido cometida em função de outra moral: o culpado não prestou atenção, ele se deixou levar, não foi ele mesmo que cometeu o ato, mas alguma coisa nele ou fora dele, um espírito, o destino, o obscurecimento. O que aparece então é a natureza dupla do homem, dupla para si mesmo: vontade do lícito, violência do ilícito, uma como a outra presentes nele assim como fora dele. O mundo encerra o bem, mas também as forças do mal; o homem, por seu lado, não está indissoluvelmente unido ao bem presente, ao mesmo tempo que ao mal, no mundo: essa unidade deve ser realizada, sempre de novo, porque ela está sempre ameaçada de ruptura pelo homem, o qual está sempre *separado*, sempre pode errar, mesmo quando de fato não errasse. A falta, sem dúvida, pode ser resgatada, mas o rito purgatório, a punição que elimina as consequências do ato ilícito, não faz que esse ato seja doravante lícito ou que ele o tenha sido. A necessidade do remédio não põe em questão a moral; o que é posto em questão é o homem, ser temível porque capaz de agir contra a ordem do mundo que mantém a ordem moral – ou que a deve manter. É esse *deve* (e o *não deve* que lhe corresponde) que separa o homem do mundo e o separa de si mesmo, introduzindo a duplicação, a distinção do sensato e do insensato e a luta do sensato contra o insensato (o violento) no homem, no mundo e entre os dois.

Esse conflito está presente em toda moral; ele a constitui como moral. Ele não enfraquece, portanto, e não refuta nenhuma em particular: não existe idade do ouro da moral. É, entretanto, esse conflito que torna possível o abalo de toda moral; pois é por ele que o homem se encontra essencialmente na insegurança. Se a sua moral tem por função primeira (o que é o caso de toda moral antes da reflexão) fazê-lo esquecer a sua situação precária, nem por isso ele vive nela menos essencialmente – essencialmente significa que, normalmente, ele não toma conhecimento dela e que a descoberta, mesmo que fosse apenas sentida, quando ocorre, por sua novidade absoluta, é chocante, no sentido original da palavra, e produz uma ferida interior incurável. Ora, esse choque não se produziria se a insegurança não existisse antes em estado latente, em potência: uma espécie animal não é chocada se a sua maneira de viver se confronta com a de outra espécie, mesmo que essa outra lhe seja sempre superior naquilo que, de um ponto de vista puramente humano, nós chamamos de luta pela sobrevivência. É verdade que o homem pode viver na certeza; mas por ter necessidade de certeza, ele se mostra como um ser inseguro, *o ser* inseguro, e por mais ingenuamente que ele se creia ao abrigo de sua certeza, ela é tal que pode sempre ser perdida: todo mito fala da fragilidade do mundo, designando e escondendo assim a fragilidade do homem.

Eis porque a moral concreta está exposta à *refutação*. Não à refutação por meio de argumentos: os argumentos de outra moral não seriam compreendidos, pois toda argumentação pressupõe princípios comuns e nesse nível a outra moral nem seria moral, nem outra, vale dizer, não seria comparável; mas uma refutação imediata (que, contudo, dará nascimento a uma mediação entre o que só estava ligado por alguma relação violenta), a do fracasso, da destruição do mundo que essa moral tinha construído ou, antes, revelado. O homem, diferente do animal nesse ponto, não morre por isso; mas ele não morre porque, desde que é homem, vive na insegurança e tira sua certeza da incerteza para esconder de si essa insegurança fundamental. O choque, quando se produz – não é inevitável que se produza –, lha revela.

8. *A reflexão moral, primeiro reflexão sobre as morais, ao tomar consciência de sua intenção própria, torna-se reflexão sobre a possibilidade da moral.*

a. A reflexão moral (cf. § 3) pressupõe contatos reais entre as morais concretas diferentes. Ela começa como reflexão sobre as morais, tendo por finalidade fundar, a partir *das* morais, *uma* moral. Esta moral será primeiro, naturalmente, a da comunidade à qual o filósofo pertence: ela é a boa moral, combatida por outros que, curiosamente, manifestam a mesma pretensão: trata-se de mostrar que os outros estão errados e que a moral própria tem razão.

Isso põe problemas totalmente novos. A decisão "natural" entre duas morais é esperada pela vitória de uma comunidade sobre a outra (cf. § 7 c): o vencido, com sua moral, desaparece ou, ao compreender que a sua moral, porque vencida, não valia nada, liga-se à moral vitoriosa. Mas essa decisão "natural" (violenta) nem sempre ocorre. Pode-se então continuar desejando a vitória; enquanto isso, é-se obrigado a se voltar sobre si mesmo, necessidade que se aceita de muito bom grado sob a condição de ser suficientemente forte para resistir a qualquer novo ataque vindo do exterior e que, após a prova, a comunidade permaneça suficientemente unida para não experimentar o esfacelamento. O caso, interessante para o historiador e para o sociólogo, o é igualmente para o filósofo pelo fato de mostrar o que significa uma moral concreta para os que a vivem *apesar de tudo*. Mas não é dessa recusa de reconhecimento que nasce a vontade de compreensão. Ela nasce quando se quer viver com o outro, quando a moral do outro é levada a sério e quando se assume o trabalho de refutá-la.

Ora, como vimos, essa vontade de refutação só pode levar a um fracasso. Uma verdadeira refutação, uma refutação que convença o adversário, pressupõe regras e princípios comuns, reconhecidos como fundamentos indiscutíveis de toda decisão: seria preciso estar de acordo sobre os princípios para poder chegar a um acordo sobre *a* moral – e só este último acordo poderia garantir o primeiro. Só resta então, na ausência de uma decisão *natural*, um único meio à disposição dos que aceitam viver, não só ao lado dos *outros*, mas com eles: a eliminação, a neutralização de tudo o que separa as morais, na esperança de que um resto, uma série de fatores morais comuns, uma espécie de denominador comum, torne possíveis o entendimento e a vida em grupo. O que é eliminado por esse procedimento será tratado (de fato: definido) como o domínio do arbitrário e do acidental, desprovido de importância; só deve contar o que se encontra em todos os homens, em todas as morais presentes. Mas, porque o que é comum a todas as morais não se mostra a nenhuma delas como separado ou separável, o que se torna central só aparece como tal a quem não mais adere sinceramente a uma ou outra dessas morais concretas. É esse observador separado, esclarecido, acima de todas as crenças positivas situadas no seu campo de visão que vai ao descobrimento do fundo das morais.

b. Assim nasce da reflexão uma teoria da moral, oposta às morais, pois ela pretende estar livre de todos esses preconceitos que constituem, aos seus olhos, as regras às quais os homens se ligam de fato. Com efeito: a moral torna-se, por sua vez, fato, fato observável e que é preciso analisar.

Isso não significa que a pluralidade das morais seja negada, longe disso; é, ao contrário, essa pluralidade multiforme que permite ao observador descobrir o fundamento comum, que ele jamais descobriria se houvesse apenas uma moral, à qual ele mesmo pertenceria necessariamente e que seria evidente para ele como para os outros. Todavia, seu ponto de vista é o de que a diversidade não exclui a unidade: qualquer que seja a moral, ela distingue o bem do mal. Cada uma definirá diferentemente bem e mal, e o que é moralmente exigido por uma será o pior dos crimes no juízo de outra. No momento, essas diferenças são eliminadas: só deve ficar a pura compreensão do bem, oposta à compreensão, igualmente pura, do mal.

Esse bem e esse mal podem ser conhecidos neles mesmos, não nessas refrações inumeráveis que, aos seus fiéis, os fazem aparecer sob espécies tão diversificadas. Para tanto, é preciso uma mudança radical de perspectiva. Doravante, o bem não será mais o que os homens devem buscar, o mal, o que eles devem evitar: será bem o que os homens, de fato, buscam, e mal, o que eles evitam. A moral não regra aspirações, ela as exprime; as regras mascaram as tendências. O segredo das morais é assim desvelado e, como a Esfinge de Édipo, elas desaparecem com seu segredo: o fundo de todas as morais é que não há moral, não há bem independente do homem, não há exigência absoluta. As morais mascaram as tendências, mas elas não mais enganarão os que sabem e aqueles para quem esse saber se torna extremamente útil ao torná-los superiores à massa dos rudes que não compreenderam o que está em questão e creem sinceramente que devem querer *o* bem: que eles continuem! Esse bem ao qual eles submetem seus desejos é, efetivamente, um bem, o bem dos senhores, dos sacerdotes e dos reis, dos homens fortes e inteligentes, dos que, com plena consciência das suas próprias aspirações, inventaram a moral, mas não creem e jamais creram nela. As morais domesticam os seres que pretendem ser morais ao serviço dos que se sabem amorais, segundo a *verdadeira natureza* do homem (cf. § 6).

c. Essa maneira de reduzir a moral (as morais), nascida na Europa com os sofistas, no momento em que a cidade grega deixa de ser econômica, cultural e politicamente isolada, continua a dominar as discussões em nossos dias, quer sendo proposta como descoberta revolucionária, quer rejeitada em nome de tudo o que é sagrado, uma e outra com igual paixão.

Descartada essa paixão, a tese parece, entretanto, convincente. Com efeito, a moral, toda moral que dura, serve aos interesses (no sentido naturalista) dos que a ela aderem; se ela não o fizesse, a comunidade desapareceria – fenômeno que se pode estudar nos lugares em que as condições de existência mudaram sem que a moral concreta se tenha modificado em consequência. Toda moral está ligada, pelo menos em longo prazo, às condições de vida e de sobrevivência da comunidade (o que não impede que uma comunidade, em determinado momento, possa se enganar sobre essas condições). É igualmente verdade que toda moral, para durar, deve satisfazer as aspirações dos indivíduos que compõem o grupo: se ela não o fizesse, não seria *evidente* para todos e para cada um, e outra moral (uma transformação da moral existente – expressão infinitamente mais correta) estaria a ponto de vir à luz. Os problemas do bem e do mal não seriam mais resolvidos pela antiga moral e no seu interior; em vez de problemas morais, por-se-ia o problema de uma nova moral. É também significativo (e uma espécie de prova da sua tese) que a sofística (como seus derivados tardios, o naturalismo, o positivismo, o historicismo relativista) nasça no momento em que a moral existente cessou de dar satisfação, de oferecer satisfação, a todos os membros da comunidade, no momento em que o estrato dirigente, pressionado por outros estratos, insatisfeitos porque a moral não seguiu (nem reconduziu ao antigo estado) as condições de vida transformadas, projeta suas dificuldades no intemporal ("toda moral não é senão um meio na luta pelas vantagens materiais e as alegrias do amor-próprio satisfeito") e se desembaraça daquilo que, aos seus olhos, se torna agora preconceito, essas regras tradicionais cuja observância a incomodava no seu combate: a moral nascente dos estratos ascendentes lhe aparece como pura violência, à qual ela pretende, sem escrúpulos, poder responder pela violência, atitude à qual logo responderá uma atitude igualmente "esclarecida" dos seus adversários, dos que terão compreendido a ineficácia do seu apelo à moral dos bons velhos tempos. O aparecimento da sofística indica assim que um grupo dirigente ameaçado na sua superioridade é levado a introduzir (ou a manter) uma moral pela única razão da utilidade que ela possui ao seu próprio ponto de vista, que se tornou o dos seus interesses.

Seria difícil rejeitar essas observações: a relatividade das morais é um fato. Os que não se contentam com essas observações introduzem argumentos de outra ordem. A moral, declaram eles, é incomensurável com tudo o que é do domínio dos fatos. Quer se expliquem todos os conteúdos concretos do que formalmente se chama bem e mal, quer se reduza em cada caso as regras particulares de uma moral às condições reveladas pelo estudo científico das relações sociais, das formas do trabalho, da estrutura psicofísica do ser humano – não se reduzirá nunca assim o *bem* a outra coisa que a ele mesmo. Toda forma particular possui sua história, pode ser analisada segundo suas condições sociológicas, psicológicas, econômicas, técnicas, etc., sem as quais ela não teria podido se constituir e durar; não deixa de ser verdade que o que se analisou é algo diferente, e superior, das suas raízes materiais, naturais. Pode-se, a rigor, descobrir as causas que fizeram uma comunidade aderir ou permanecer fiel a uma moral, não se reduzirá nunca a moral à amoral, porque ninguém poderia imaginar como de um fato sairia uma obrigação (embora a obrigação, uma vez existente, possa ser olhada como um fato).

Também a proposição segundo a qual os homens seriam movidos por seus interesses como as pedras pela gravidade não é mais sensata do que a proposição que esse relativismo "objetivo" toma por termo de comparação: não é verdade que as pedras sejam movidas pela gravidade, a gravidade é um conceito que permite descrever o movimento dos corpos pesados. Mas há algo mais importante. Quem pretende revelar objetivamente o *verdadeiro* motivo das ações humanas não se contenta com fornecer uma descrição; sua descrição é feita em vista de um fim: ela deve lhe permitir orientar-se no mundo, agir com conhecimento de causa e das causas, mas não agir – ou antes funcionar – da maneira descrita: do contrário ele não teria necessidade do conhecimento das leis para agir mais do que as pedras que não precisaram esperar Galileu para cair corretamente. A própria tese mecanicista fornece disso uma prova suplementar, embora se recuse a vê-la, ao declarar os homens inteiramente capazes de agir contrariamente aos seus interesses e ao afirmar que esse é o curso normal das coisas humanas, a menos que alguém que saiba explique ao mundo o que ele é.

Em suma, declara o adversário da sofística, o argumento de fundo dessa teoria não é mais que um simples paralogismo, um dialelo: os homens agem segundo seus interesses, e esses interesses são definidos pelo que os homens efetivamente fazem. Sob essas condições, se está seguro de ter razão, mas não se disse nada. Se se quiser escapar ao dialelo, cai-se em um raciocínio que não conclui, porque uma de suas premissas necessárias, a que deve afirmar que o homem busca a maneira correta de agir (e não mais: que ele age segundo seus interesses), não é levada em conta na conclusão, que trata todo homem, inclusive aquele que a enuncia, como inteiramente determinado, vale dizer, sem possibilidade de pesquisa e sem a possibilidade de desenvolver os conceitos de correto e de incorreto – porque não se pode levar em conta essa premissa sem admitir que não se soube eliminar o conceito do bem. Esse conceito aparece assim como irredutível: falando de interesse, tentando determiná-lo objetivamente, sob o fundo da ciência natural, não se faz outra coisa senão retomar o conceito, de modo algum reduzido, do bem, usando outra terminologia. A teoria naturalista não é mais que um ornamento sem valor, ou não compreende o que ela diz. Todo bem particular é determinado, *o* bem é o conceito mesmo da determinação ativa. Por consequência, ele é dado sem uma captação imediata e deve ser considerado a origem de toda captação ulterior.

A história parece mostrar (na medida em que ela é capaz de mostrar alguma coisa, medida que não é nunca a da demonstração: o que não ocorreu em todo o curso da história pode ocorrer hoje se nada além da experiência passada contradiz a sua possibilidade) que a discussão desses dois partidos não tem saída. Se o bem é um conceito irredutível, nascido de uma captação imediata, como falar dele, e como se entender no domínio dos objetos ao qual ele se aplica? O bem seria – e nada seria bom, ou tudo seria, segundo a decisão arbitrária de cada um. Se, ao contrário, o bem não é senão o conceito comum formado, por abstração generalizante, a partir do que os homens chamam bem, como conceber uma "explicação" do aparecimento desse conceito a partir de dados naturais, se todo dado natural é caracterizado por estar simplesmente aí e só se tornar bem ou mal para um ser que traz consigo o que não se encontra em uma natureza reduzida aos fatos, isto é, a faculdade de considerar o dado do ponto de vista do bem e do mal?

E não só as teses opostas remetem assim, sem cessar, uma à outra, ao pôr, cada uma, questões às quais só a tese oposta pode responder. Bem mais, cada uma conduz a resultados em conflito com o que ela pretende assegurar. O relativismo pretende ser o libertador do homem (inteligente e consciente) dos entraves da moral artificial e recusa as pretensões de toda moral histórica, vale dizer, segundo ele, de toda moral; ora, como é preciso agir, portanto escolher, ele introduz uma moral *absolutamente* válida, *cientificamente* verdadeira, independente de todas as condições de tempo e lugar, e chega ao absolutismo menos nuançado. Por seu lado, os que proclamam o caráter irredutível do conceito do bem e pensam assim escapar ao niilismo conduzem seus ouvintes para aquilo que eles detestam e temem acima de tudo: dado que o bem e a moral são *em si* e não devem ser postos em relação com nada que lhes seja estranho ou apenas exterior, torna-se impossível dizer o que, na vida cotidiana, é bem ou mal (a menos que se decida declarar que tudo o que não é *o* Bem é mal), e chega-se ao ceticismo, resultado inevitável da impossibilidade, reconhecida no final, de terminar qualquer debate moral particular. Que isso não seja um simples exercício lógico, a experiência o mostra: as morais naturalistas, ao pretender ser relativistas, sempre foram as mais dogmáticas ("científicas"), as morais absolutistas amiúde levaram a um extremo laxismo. Elas não o fizeram imediatamente, e o atraso com o qual as consequências se desenvolveram permitiu, e provavelmente sempre permitirá, aos fundadores se enganarem sobre os resultados do que eles pregam: as consequências não são por isso menos necessárias, sob a única condição de que as teses sejam levadas a sério pelas comunidades ou pelos grupos.

Esse debate não poderia ser interrompido. Já chamamos a atenção para uma das mais antigas verdades conhecidas pela filosofia, a saber: que nenhuma discussão poderia concluir, por corretamente que seja conduzida pelas partes, a não ser que os princípios primeiros dos adversários sejam os mesmos. Toda discussão correta sem saída oculta princípios diferentes (nada indica que eles deveriam ser contraditórios) e procede de pontos de vista impossíveis de fazer coincidir. Trata-se então de determinar essa diferença se se quiser manter a esperança de descobrir, mas em outro nível, uma possibilidade de decisão. No caso presente, a diferença é a das questões iniciais (que, tornando explícitos pontos de vista, permitem captar claramente o que a expressão "ponto de vista" significa). De um lado, pergunta-se pelo que faz agir os homens sobre os quais se quer agir; de outro, põe-se a questão de saber o que cada um deve fazer. E dado que essas questões, embora sensatas, diferem *toto coelo*, as teses que as respondem não podem ser conciliadas diretamente, assim como é impossível escolher sem arbítrio uma dentre elas, descartando a outra.

Posto isso, uma nova partida levará talvez a um resultado mais satisfatório. Com efeito, a função filosófica, se se puder usar essa expressão, das duas teses não é a mesma. A atitude relativista acaba com a reflexão sobre a moral: ao desembocar no absolutismo, ela tenta (tentativa que por um tempo pode ser coroada de sucesso e parece ter sido em certas "reformas", espartana, confuciana, as do século XVI) reencontrar uma moral concreta indubitável. O naturalismo que a caracteriza, em lugar de fundá-la como ela pretende, é fundado sobre ela: a natureza *deve* ser tal (compreendida de tal modo) que uma moral concreta e indubitável possa renascer. É só porque se trata de um *re*-nascimento, não da persistência de uma moral "eterna" fora da qual não se discerne sequer a possibilidade de uma vida regrada, que esse apoio, fornecido após a catástrofe, parece indispensável. Desde que se a desembarace dessa pseudoinfraestrutura, o projeto dessa moral não só se defende (como se defende o projeto platônico que, mesmo procedendo de *fatos* metafísicos, não físicos no sentido mecânico, não visava a outra coisa), mas determina um aspecto essencial de toda moral e de toda reflexão moral que compreende sua própria intenção.

Para chegar a uma moral assim, mesmo que ela só existisse sob a forma de projeto, a reflexão que ela necessariamente torna supérflua permanece, contudo, necessária. Bem mais, o problema mesmo da criação dessa moral só se põe nos momentos históricos em que mais de um projeto existe e nenhuma moral tradicional é mais universalmente reconhecida e seguida. Nessas situações, torna-se inevitável que o homem, o indivíduo, pergunte o que ele *deve* fazer (cf. *Introdução*). Diante desse problema, o pretenso fundamento natural ou sobrenatural da moral se mostra insuficiente, por importante que continue sendo saber qual é esse ser que escolhe e se decide: nada me obriga a fazer o que é *natural* fazer, qualquer que seja o sentido que eu dê ao termo natural, ao contrário, tudo mostra que os homens agem frequentemente, para não dizer na maioria dos casos, contra seus interesses *naturais*, vale dizer, definidos segundo a ciência e a antropologia empíricas ou metafísicas do momento. Pode-se falar sem contrassenso de comunidades nas quais o problema não se pôs ou não se porá mais: basta notar que ele se põe e que todo projeto de outro estado moral da humanidade não é mais que uma tentativa de resposta a este problema. Toda moral existente foi negada, toda moral concreta mostra-se negável, portanto duvidosa, submetida à questão do indivíduo que busca, mas não possui, uma regra de conduta.

A reflexão consciente – e ela se torna consciente ao percorrer o caminho das aporias aqui anteriormente desenvolvidas – partirá, pois, do reconhecimento da natureza irredutível da questão moral (do bem), não porque ela ignora, mas porque ela reconhece o caráter relativo (acidental) de toda resposta concreta (histórica).

9. A filosofia moral nasce da reflexão sobre as morais. Ela é desenvolvida como teoria pelo homem agente, que pretende que ela seja válida, apta para dirigir sua ação de modo não arbitrário para uma felicidade determinada não arbitrariamente, vale dizer, que pretende uma teoria verdadeira (universal).

a. Decorre das observações precedentes que a teoria reflexiva da moral, mais exatamente das morais, nasce do desejo de eliminar o que separa as morais. Uma primeira teoria explica os fatos morais enquanto fatos; mas a essa *explicação* das morais se opõe outra teoria, ou antes a exigência de uma teoria, de caráter radicalmente diferente, destinada a permitir a compreensão do problema ao qual a primeira pretende dar uma solução sem tê-lo captado em si mesmo. A primeira resposta se revela então como uma moral positiva a mais, duvidosa como toda moral simplesmente positiva, porque – esta é a descoberta desta primeira tese, mas da qual ela não compreende o alcance – a toda moral positiva, por científica que pretenda ser, pode-se opor outra que se justifique tão bem quanto a sua oposta, se existe justificação nas situações em que a convicção subjetiva reina sozinha e soberana. Trata-se de desenvolver o que implica essa vontade de compreensão, não das morais, mas do problema moral, vontade não de desenvolver um discurso moral formalmente coerente (em analogia com uma metafísica formalmente coerente, ou apoiada sobre essa metafísica), mas de captar o que significa a questão do indivíduo que pergunta pelas regras segundo as quais deve agir para bem agir.

Aquele que põe esse problema concebe a si mesmo como indivíduo: é ele mesmo que deve decidir, e em primeiro lugar para si mesmo. A comunidade da qual ele é membro não é mais regida por uma moral evidente; se assim fosse, não se poria nenhum problema. Ele não deixa de viver em uma comunidade, e esta, em determinado plano e na medida necessária para que ela não se dissolva, está de acordo sobre seus interesses (seu bem). E não poderia ser diferente: um grupo de homens em desacordo sobre todos os pontos não formaria mais uma comunidade e não conheceria mais nem paz interior nem colaboração social nem linguagem comum. Mas esse denominador comum (cf. § 8 *a*) não satisfaz o indivíduo, que não encontra nele aquele sentido da existência que poderia orientar suas escolhas e suas ações: aquele *bem* da sociedade, aquele segundo o qual ela vive, não é o bem moral que ela ainda proclama (ou não proclama mais). O que ele encontra não é mais que a condição necessária, mas de modo algum suficiente de uma vida sensata. No seio da comunidade, ele está isolado e, isolado, ele se opõe aos outros que "não compreendem o que está em questão", mas compreendem, muito bem às vezes, que ele é traidor do que eles consideram, segundo sua maneira de falar, natural e evidente.

O que produz esse isolamento é a constatação de que mesmo os que ainda se remetem a uma moral desprezam-na em seus atos e que os fins por eles buscados não concordam de modo algum com ela. O heroísmo, a honestidade, o amor ao próximo, o desinteresse, a fé na providência divina, o equilíbrio da pessoa plenamente desenvolvida, o sentido da beleza, nada do que eles proclamam como seus bens, seus valores, influi de fato sobre suas vidas: são objetos de discursos públicos, temas edificantes, no máximo são ideais e regras que se pregam aos outros para alcançar mais facilmente os fins que não se explicitam claramente. O naturalismo mais cru aparece como superior à inconsciência da maioria dos pretensos fiéis da moral: de qualquer modo, ele constitui outra moral, de grandeza, riqueza, poder, etc., mas que reconhece o que seus adeptos querem verdadeiramente. Entretanto, mesmo valendo mais porque pelo menos se sabe a que se ater, é ainda uma moral entre e contra as outras, nem mais convincente, nem mais solidamente fundada do que as que ela pretende substituir. E ela tem o inconveniente, puramente técnico, por assim dizer, de destruir o que resta da comunidade, de desencadear a guerra de todos contra todos. Ela atribui um sentido à vida, mas esse sentido é ainda arbitrário, e a metafísica sobre a qual ela se apoia não é mais sólida do que ela própria.

b. O indivíduo encontra-se assim dividido. De um lado, ele pertence à sua comunidade, e sabe que a vida humana só é possível no interior da comunidade. É ela que fornece o que lhe é necessário, não só para a sua existência biológica, mas também para sua vida moral e intelectual; fora de toda comunidade, ser-lhe-ia possível, rigorosamente falando, sobreviver, mas não viver como homem: mesmo a pior das comunidades dá ao indivíduo a possibilidade (e a realidade) do discurso, da educação, da consciência de si – e onde nada existe, nada pode ser melhorado. Porém, mesmo prestando-lhe este serviço essencial no sentido mais próprio do termo, mesmo sendo o que faz dele um ser humano, sua comunidade o descontenta e o torna insatisfeito, precisamente porque ela lhe transmite o ideal da satisfação, de uma vida sensata.

Onde buscar essa satisfação? O problema deve ser solúvel: o indivíduo não se encontra cercado de gente satisfeita? O que o distingue deles, aos seus próprios olhos, não é mais que um ponto, porém decisivo: sua satisfação não deve ser arbitrária. É-lhe necessária uma segurança, vale dizer, uma teoria da satisfação que seja verdadeira, verdadeira necessariamente e que, uma vez claramente exposta, seja convincente para todo ser humano, de forma que todo ser humano reconheça a possibilidade, a certeza da sua satisfação na satisfação que a teoria lhe propõe, e, para dizer de outro modo, o debate das morais seja concluído de uma vez por todas, esse pseudodebate que não será mais que luta até a descoberta de um fundamento absoluto, de um princípio necessariamente comum.

Não é uma ciência particular ou um saber tradicional que fornecerão esse fundamento: só poderão conduzir a isso a compreensão e a solução do problema, da tarefa, não de uma satisfação, mas *da* satisfação. O indivíduo que se sente e sabe membro de sua comunidade e sob a influência da moral que o formou opõe-se assim a si mesmo na medida em que duvida dessa moral. Ele busca *a* moral e *a* satisfação. Ele sabe que a maioria dos homens não são sinceros ao render homenagem à moral da comunidade ou que, sinceros, eles a recusam e a degradam ao posto de meio bom para enganar os ingênuos. Mas é sobretudo em si mesmo que ele observa a luta entre o tradicional e a exigência do absoluto, e é aí que ele descobre os impulsos psíquicos, as tendências animais, as necessidades vitais que a moral tradicional teve de encadear e encadeou para tornar possível a coexistência e a colaboração dos homens, vale dizer, a comunidade, assim como é aí que ele assiste à revolta dos seus "instintos" contra a regra, não só contra esta regra determinada, mas contra toda regra; é aí enfim que ele acaba por constatar que a revolta contra a moral existente pode esconder a revolta contra a comunidade enquanto tal e, nesse sentido, contra a humanidade do homem. Não somente os outros, mas também ele mesmo leva em si o poder do mal, mesmo que este não passe, agora, ao ato.

c. Nessa situação, uma saída se oferece ao indivíduo. Ele pode escapar a essa divisão, a essa duplicação de si mesmo em si mesmo, renunciando a esse si mesmo, ao renunciar não só a toda ação, mas a todo pensamento da ação. É certo que ele renunciaria, ao mesmo tempo, a todo pensamento, pois todo pensamento particular se remete, imediatamente ou por intermediários, à ação na comunidade: é a ação determinada, particular, muito embora apenas projetada, que é a raiz do interesse particular do qual nasce o pensamento particular. Mas o indivíduo, ao se destruir na sua individualidade, ao destruir em si todo conteúdo, chega à paz. Esta não será a paz do conflito resolvido, será a do silêncio e do vazio. Mas será a paz.

É extremamente importante ter sempre presente ao espírito essa possibilidade, de dissolução mais que de solução: é por oposição a ela e pela recusa que ela lhe opõe que se determina e se cria a filosofia moral. É pela reflexão sobre seu *problema*, pela vontade de *se* compreender, que a reflexão se torna filosofia; e a filosofia moral se situa a meio caminho entre a certeza sem reflexão da moral concreta, tradicional, que não sofreu a prova do contato com outras morais nem a prova da dúvida que daí nasce, e o niilismo radical dessa reflexão imediata do indivíduo em si mesmo (niilismo infinitamente mais radical do que tudo aquilo que, desde certo tempo, é designado sob este nome por pensadores debilitados por um pensamento menos bem-pensante), o niilismo do silêncio absoluto, silêncio interior antes de ser exterior. A filosofia moral guarda, ela também, a nostalgia de um mundo sensato em si mesmo e para si mesmo, que não exige do homem que ele dê um sentido à sua existência; mas ela recusa a recusa do niilismo e, por uma decisão que nada poderia abalar (nem impor a quem não a quer), ela está e pretende estar convencida de que, uma vez recusado o niilismo, a nostalgia não é mais do que palavrório, sonho, pura miragem, a menos que o homem, por sua ação moral, realize e reencontre a unidade ao unificar o mundo num *sentido* que também o unifique. A filosofia moral nasce quando o homem, ao recusar a escolha, sempre possível, do absurdo e do silêncio, compreende a que se obriga por essa recusa – e ela se tornaria incompreensível para si mesma se esquecesse essa origem.

d. O problema é posto pelo indivíduo, e é para ele que o problema se põe. Isso não implica de modo algum que a solução deva ser encontrada no plano do indivíduo e de sua individualidade empírica; pode ser, ao contrário, que ela deva ser buscada, senão a superação do indivíduo e do individual, pelo menos em uma via que eleve o indivíduo acima de si mesmo e o conserve para si mesmo somente na medida em que lhe permita se superar. Bem mais, já se mostrou que a superação do indivíduo é inevitável, que ele mesmo já a efetuou ao pôr o problema da sua moral como o problema de uma moral universal e não arbitrária. Mas o indivíduo, na situação em que se encontra no momento, ainda não sabe que ele próprio se põe a si mesmo em questão (o mal nele não é ele, ele lhe é interiormente exterior) e que ele, ao buscar, como se diz, o que é *verdadeiramente bem*, o que dá *verdadeiramente* um sentido à sua vida, quer assim *se* captar. Entretanto, o indivíduo sente e sabe que ele não se aceita tal como se apresenta a si mesmo na experiência, como ser natural: ao buscar a moral, ao recusar como arbitrários todos os projetos morais que visam à redução do ser moral ao ser natural, ele já se transcendeu, e sua duplicação é, de fato, a duplicação do ser que, sendo indivíduo, pretende ser, enquanto indivíduo, mais que indivíduo – que, mesmo sendo indivíduo, quer ser *o* indivíduo, quer encontrar uma resposta que valha para *o* indivíduo, para todo indivíduo, e para si mesmo na medida em que ele não é só este indivíduo, mas *o* indivíduo, ser humano sempre individualizado por sua situação empírica, por seu caráter, pela moral na qual foi criado, pela comunidade à qual pertence, mas universal na e por essa individualização que é, do ponto de vista que ele alcançou, a individualização de *todo* indivíduo, por maior que seja a diferença entre as formas dessa individualização pelo particular. A filosofia moral será a tomada de consciência do ato, já realizado, no qual o indivíduo se transcende para se captar.

e. Pode-se apresentar a mesma divisão do indivíduo em si mesmo com a ajuda dos conceitos de positividade e de negatividade. O positivo seria então a moral determinada, existente, condição de existência do indivíduo biológico e histórico; seria negativo a superação dessa moral, a vontade de universalidade (ou de uma universalidade maior). Essa apresentação teria a vantagem de tornar mais evidente o laço entre moral e história: a vontade de renovação moral (e política) mostra-se então como vontade revolucionária, vontade de negação do que existe em favor de algo que ainda não é. Mas, para o objetivo presente, essa maneira de falar (e de pensar) comportaria inconvenientes muito graves: é que ela *objetiviza* o problema moral e o eleva imediatamente a um nível que não é o do indivíduo na sua reflexão moral. A decisão individual e que o indivíduo pretende que seja individual (que devo fazer?) é julgada segundo seu resultado histórico: julgamento inevitável, não só admissível, porém quando se trata de história e de política, vale dizer, quando se trata de aspectos do todo *da* filosofia, para a qual o universal não é mais algo a alcançar, mas já alcançado e posto. O dado histórico, simples passado e ponto de partida, é então o que dá à negatividade seu objeto, e o positivo se esgota, quanto ao essencial, nessa função de contraforte para a negatividade. Para o indivíduo que está diante do problema da moral e imerso nele, a situação se apresenta, se se quiser empregar a terminologia do positivo e do negativo, sob um aspecto diametralmente oposto: a moral existente é aquilo que o nega, aquilo que lhe nega o sentido de sua existência, e o que ele projeta, o que ele exige, é o único positivo aos seus olhos; é o empírico, o histórico, que se mostra a ele como negação de si mesmo, negação do que ele quer, do que ele pensa que deve ser, do que ele já é para si mesmo – e a filosofia da negatividade na história pode bem levá-lo a observar que o que ele ainda não é o que ele quer ser, que ele é, pois, negatividade, não ser, não ainda ser: ele mesmo se vê como antecipação presente, atual, agente. Ele é universal, agora, na sua vontade e por sua vontade de universalidade positiva, vontade, se se mantiver nela, de negação, mas, para ele, negação do que o nega, a ele que tem todo o positivo do seu lado.

f. O que o indivíduo busca é uma moral universalmente válida, vale dizer, fundada no discurso e pelo discurso, uma *teoria*. O que lhe interessa não é uma teoria das morais: é da recusa dessa teoria, que o relativismo e a sofística lhe tinham oferecido, que ele parte. Esta é de fato uma teoria e não, pelo mesmo imediatamente, um sistema de regras positivas. Precisamente, o que ele acaba de compreender é que todo sistema positivo sucumbe ao ceticismo moral e, tão logo surge, se revela arbitrário, um entre outros, um como os outros. É-lhe necessária a verdade sobre a moral, verdade válida para todos, não somente justificável, e só no caso mais favorável, por sua coerência não contraditória a partir de premissas, de exigências, de valores quaisquer. A moral só nascerá quando estiver resolvida a questão da natureza da moral.

Esta será, pois, uma teoria da natureza da moral, mas que reconhecerá a independência dessa *natureza* com relação à natureza pura e simplesmente. A existência do ser moral tem seu fundamento *natural* nessa natureza dos naturalistas, mas não é a partir dela que o problema da moral será compreendido, como não é dela que ele nasce, embora ele nasça em seu seio, nem a ela que ele poderá ser reduzido: o homem moral (o homem que pretende ser moral) sabe que é animal, mas animal cuja animalidade, que tenta sempre negá-lo na sua moralidade, é negada por ele mesmo em favor da positividade de um sentido humano de sua existência animal. A filosofia moral é assim teoria, mas teoria antes de ser (e a fim de poder ser) prática.

Essa teoria, desenvolvida pelo indivíduo e para si mesmo, deverá ser teoria no sentido forte, vale dizer, universal. A duplicação, constitutiva do problema moral, reaparece assim sob outra forma. É para si mesmo e em si mesmo que o indivíduo moral põe e quer resolver seu problema; mas ele sabe que não se contentará com essa solução a não ser que ela seja sem referência a si mesmo: ela não deve repetir a moral tradicional, mesmo que fosse para libertá-la das contradições e das incertezas que poderiam ter-se introduzido nela, menos ainda deve ela ser ao gosto e à medida das suas próprias tendências, desejos empíricos, preferências pessoais. Ela deve lhe indicar o meio para encontrar o contentamento, mas o contentamento de todo indivíduo, da *individualidade* – termo surpreendente e, por isso mesmo, significativo, pois ele contém, ao mesmo tempo, a universalidade do conceito e a não universalidade do que ele designa de maneira universalizante.

g. O que busca o indivíduo moral (indivíduo que quer se moralizar, descobrir *a* moral que o torne *verdadeiramente* moral) é a satisfação, o apaziguamento da sua inquietude sobre o sentido da sua vida, a reconciliação interior que suprima o conflito e a divisão – em uma palavra, a *felicidade*.

Expõe-se a grandes perigos quando se emprega este termo. Entretanto, ele continua sendo preferível a todos os outros que a tradição oferece. Ele não indica apenas que a reflexão e, portanto, a filosofia moral constituem empreendimentos humanos e visam a um fim. A isso acrescenta-se que, tomado no seu sentido original e correto, ele não comporta nenhuma referência a alguma antropologia, a nenhuma ciência positiva, a nenhuma metafísica, como é o caso de todos os outros conceitos que designam os fins (às vezes apresentando-se como conceitos de motivos). Ele responde simplesmente ao desejo do homem de se encontrar satisfeito, nada mais, e ele admite todas as concepções da natureza do homem, sem reforçar a tentação sempre presente de querer compreender a moral, na sua intenção e na sua pesquisa, como derivada de uma positividade qualquer, de um dado, de uma evidência. Em uma palavra, trata-se de um conceito formal.

Não é menos verdade que, para uma tradição tão multiforme quanto difundida, a palavra permanece inquietante. Não será supérfluo indicar brevemente a natureza e as raízes dos mal-entendidos a seu respeito. A recusa oposta ao termo (mais, talvez, que ao conceito que ele designa) provém, em primeiro lugar, de uma confusão: identifica-se *eudemonismo* e *hedonismo*, conceitos tão opostos quanto podem ser dois conceitos que não sejam contraditórios. O hedonismo pretende ter encontrado a solução do problema da felicidade, solução científica, evidente, que se impõe por si mesma: o homem busca o prazer antes de tudo. A teoria é absurda, sabe-se disso pelo menos desde Platão, Buda e o Eclesiastes; quando se quer defendê-la, é-se forçado a dar à palavra prazer uma definição que esvazia a expressão do seu sentido corrente e faz de uma solução um problema: se é um prazer sacrificar-se pela pátria, deixar-se queimar pela religião, morrer por seus amigos porque a moral que se segue obriga a isso, tudo, efetivamente, torna-se prazer, e então seria melhor dizer que o homem tem motivos para agir, o que não move em nada aquele que quisesse conhecer esses motivos e seu valor. Mas nada decorre para o eudemonismo da falsidade do hedonismo.

A outra razão de desconfiança é mais interessante. Levanta-se, desta vez, contra o eudemonismo e declara-se que, do ponto de vista da moral, o homem não *deve* buscar sua felicidade e que fins totalmente diferentes *devem* dirigir sua vida. Evita-se assim o erro precedente. Mas – talvez para escapar com segurança da confusão dos conceitos – cai-se em outro, análogo ao primeiro e, esquecendo que o desejo de felicidade é o desejo de um ser que se sabe dividido e infeliz na sua divisão, pretende-se ver uma resposta naquilo que somente circunscreve o problema, e cai-se assim no primeiro erro. Sem dúvida, não se trata mais de prazer; mas a felicidade é olhada como objeto, como coisa, como um estado bem determinado, conhecido e que o eudemonismo quer alcançar imediatamente, pelas vias mais diretas, sem levar em consideração o que a filosofia moral desenvolve ou tem a desenvolver. É certo que formas de eudemonismo (vale dizer, certas morais, pois, como veremos, toda moral pode e deve ser considerada como eudemonista) chegaram ao hedonismo, o do ser empírico (hedonismo vulgar), o do interesse bem compreendido, outros ainda que, entre o desejo e a satisfação, conhecem intermediários cada vez mais numerosos e importantes. A crítica aplica-se aqui com todo direito: bastará identificar o hedonismo nessas formas de um pretenso eudemonismo; mas esta será a crítica do hedonismo, não da legitimidade do conceito de felicidade. Por infundada que seja exatamente quando acredita ser peremptória, a crítica tem, todavia, o mérito de relembrar (sem saber que o faz) que a felicidade procurada pelo homem em busca de uma moral é, propriamente falando, *problema*, algo que está *lançado adiante* sobre seu caminho e constitui obstáculo a toda satisfação imediata, problema, não solução: o homem conhece sua infelicidade, ele não sabe de que é feita a felicidade, e toda teoria que pretende sabê-lo materialmente se caracteriza assim como hedonista e naturalista.

Na acepção correta do termo, toda moral é eudemonista. Mesmo a filosofia moral mais hostil ao eudemonismo, a de Kant (fazemos abstração – cf. *supra*, neste §, na letra *c* – das morais que pregam o vazio e o silêncio, que, portanto, negam a possibilidade da felicidade) revela a uma análise não muito profunda que, à revelia do seu autor, ela constitui uma forma de eudemonismo. Não é necessário referir-se ao reconhecimento, feito por Kant, de um desejo natural do homem que o leva irresistivelmente a aspirar à satisfação do seu ser empírico: se Kant não admite que essa aspiração e o desejo de satisfação possam fornecer o fundamento da vida moral, ele proclama todavia que a vida moral do homem, vida de um ser cujos desejos ultrapassam as possibilidades naturais, não seria possível se o homem não pudesse perseguir, nos limites traçados pela moral, seus fins naturais, mais ainda, se ele não pudesse esperar um estado futuro no qual a vontade moral da razão, vontade do universal e assim vontade universal, seja não eficaz, mas tornada eficiente por Deus para oferecer ao homem um apaziguamento e uma satisfação que correspondam a seu mérito. Malgrado a sua importância, a tese (curiosamente aristotélica por conceber que um desejo "natural", vale dizer, um desejo de todo homem, não pode ser frustrado) não é a tese central nem a raiz da moral kantiana. Kant jamais deixou[1] de insistir no fato de que essa esperança recebe sua legitimidade da moral, que, contudo, ela não poderia fundar: o fundamento da moral é a consciência imediata da lei e do dever que essa lei estabelece. Ela seria, pois, verdadeiramente uma moral não eudemonista, antieudemonista – unicamente se Kant, levado a pôr a questão do "mecanismo" da ação dessa lei no indivíduo, não fosse forçado a encontrar uma mediação entre a universalidade da lei e a individualidade irredutível do homem moral. Ele afirma, é verdade, que o homem moral não deve buscar sua felicidade e que ele não tem necessidade disso (enquanto ser moral, vale dizer, universal – o que não é o caso, como acabamos de lembrar, quando se trata do composto de universal e individual do "ser razoável e finito"), ele não é menos consciente de que a lei precisa de um móvel: não há moralidade do homem sem algum móvel. Esse móvel é o respeito, respeito pela lei, primeiro, por si mesmo enquanto ser universal, razoável, em seguida: o que exprime simplesmente que o homem moral será infeliz, no mais profundo de si mesmo, se ele não agisse por puro respeito da lei e no desprezo de toda felicidade empírica; dito de outro modo, ele não alcançará sua felicidade a não ser rejeitando, não o eudemonismo, mas o hedonismo sob todas as suas formas. A moral não visa a nenhuma felicidade materialmente definida, por refinada que fosse essa matéria; mas a moral só tem sentido para o homem na possibilidade da não infelicidade que ela lhe oferece e na esperança de felicidade que assim ela pode legitimar.

h. A moral pressupõe a si mesma, no sentido de que não há problema moral senão para aquele que o põe. Ninguém pode ser conduzido, por uma refutação, por uma demonstração, a "tornar-se moral" em vez de imoral. Pode-se perfeitamente recusar a pôr a questão do bem, do "verdadeiro" bem, e quem

---

[1] Para ser exato, seria preciso acrescentar: depois da *Crítica da Razão Pura*, cuja moral é fundada sobre o desejo de felicidade.

quisesse provar que tal posição é insustentável propor-se-ia uma tarefa impossível: a questão só tem sentido para aquele que a põe, e a põe para si mesmo. É insensato, sobretudo do ponto de vista do filósofo da moral (que pretende ser moral), querer deduzir a obrigação à moral de algo que não seria moral e assim não poderia nunca fundar uma obrigação. Tanto o homem da certeza moral irrefletida como o homem da moral totalmente desagregada e do retorno consciente à violência são, por definição, incapazes de compreender do que se lhes fala quando se fala de "verdadeira" moral.

Indiscutivelmente uma educação para a moral não somente é possível, mas também observável: o apelo ao interesse bem compreendido, aos instintos, aos hábitos, etc., está longe de ser ineficaz, como o está o "adestramento" social de que todo indivíduo padece (sem que, ademais, a presença de um educador consciente seja requerida). No limite, essa educação se faz por meio da violência, empregada para combater e submeter a violência natural dos indivíduos e das comunidades. Em tudo isso, entretanto, não se trata nem de demonstração, nem de discussão no sentido técnico, a não ser na medida em que se mostre ao adversário que seus fins se contradizem, que, para tomar um exemplo privilegiado, ele não é tão puramente violento como pretende afirmar, que a violência só lhe convém na medida em que ele crê superá-la, enquanto a violência superior dos pequenos e desprezíveis, porém associados, lhe parece *inadmissível* – o que implica o reconhecimento de outro critério e de outro fim além do sucesso violento. Esse procedimento frequentemente produz resultados. Logicamente, todavia, o efeito pedagógico não prova nada: basta ao adversário da moral aceitar a possibilidade da sua própria derrota e ver, se não sua vitória, pelo menos a do seu princípio, no seu próprio desaparecimento sob os golpes dos fortes, quem quer que eles sejam e de onde quer que eles tirem a sua superioridade, para que o defensor da moral seja reduzido ao silêncio (e, se for o caso, ao emprego da violência, em vista de defender a possibilidade da não violência na sua própria pessoa).

No plano da história e da política, o papel dessa pseudo-discussão é positivo. No estágio presente, essa compreensão positiva não é nem exigida nem possível: é o indivíduo que busca para si mesmo; e para os outros somente na medida em que cada outro, enquanto *si mesmo*, é indivíduo. O universal particular e concreto da comunidade não entra no seu campo de visão senão como trampolim da sua reflexão e quadro, de valor essencialmente duvidoso, no qual ele encontra os outros, cada outro, mas cada um, assim como ele mesmo, como puro indivíduo. A teoria que ele quer elaborar não é teoria da comunidade, do Estado, da ação universal (embora ela possa e, como veremos, deva chegar a isso); ela é em primeiro lugar destinada a fundar as relações do sujeito consigo mesmo e, em seguida, com todo outro indivíduo, porém tomado na sua individualidade, não como membro e parte integrante e integrada da comunidade.

10. *A teoria moral é infinita enquanto filosofia, mas o sujeito dessa teoria (a palavra sujeito sendo tomada nos seus diferentes sentidos: autor, tema tratado, indivíduo submetido à regra) é essencialmente finito e compreendido como tal.*

a. É impossível descobrir uma regra universalmente válida, isto é, válida para todo indivíduo em sua individualidade, abstraindo de todas as determinações históricas e naturais dos indivíduos, a não ser que se desenvolva uma teoria da individualidade humana. Com efeito, só o conhecimento do sujeito que se submete à regra e que a elabora em vista de se submeter a ela pode fundar uma teoria universalmente válida e que será aceita por todo indivíduo na medida em que ele quiser se manter na sua individualidade (portanto, não se suprimir fazendo o vazio em si mesmo e renunciando a toda relação com os outros indivíduos, a toda ação), mas buscar ao mesmo tempo, de sua parte, uma teoria válida não arbitrária.

Ora, toda teoria do sujeito permanece exposta à tentação do naturalismo: como conceber uma teoria que não estude o ser humano tal como ele é, e como falar desse ser sem se fundar nos caracteres naturais da espécie? Dispõe-se de outra possibilidade para fundar a teoria moral? Permanece certo, contudo, que toda teoria naturalista, sendo incapaz de compreender a questão à qual ela pretende responder, em lugar de apontar uma solução, conduz, através de uma dissolução aparente, à ressurreição da questão inicial (cf. § 8 *b*, *c*). A filosofia moral não dispõe de nada além da sua própria existência enquanto exigência para elaborar uma antropologia que não seja *científica*, vale dizer, ingênua e inconsciente dos seus próprios pressupostos, porém filosófica. A tomada de consciência, plenamente desenvolvida, do que ela quer, do que ela pretende ser, deve fornecer à filosofia moral seu ponto de partida. Para poder avançar, ela deve captar o sentido e as implicações do que ela diz.

Ela descobriu que o homem é um ser vivo, é *finito*, no sentido em que se encontra sempre na necessidade: ele não é satisfeito, ele busca a satisfação. Um ser infinito – o ser infinito, pois não poderia haver vários – encontraria tudo em si mesmo; ele não teria de buscar ou esperar a felicidade, ele gozaria dela pelo simples fato de não ter necessidade de nada, de não encontrar nenhum *exterior* do qual dependa. O que distingue o homem dos animais, que vivem na necessidade e são finitos como ele, é que sua infelicidade é consciente: não há somente infelicidades (e satisfações particulares, correspondentes a insatisfações igualmente particulares), ele é infeliz, ele não quer sê-lo, e ele quer que a felicidade que ele busca seja verdadeira, vale dizer, universal. Assim ele está acima e além dessas infelicidades particulares; ele compreendeu que não é uma necessidade, por premente e desagradável que seja, que o torna infeliz, mas a ausência de uma felicidade total que deveria existir, malgrado as necessidades, talvez até mesmo nas necessidades, uma felicidade para o homem e para si mesmo exclusivamente enquanto homem. Sua aspiração já superou sua natureza empírica, à qual, contudo, ele sabe que está ligado: ele mesmo está acima de si mesmo, pois ele quer que assim seja, como ele está acima de todo dado, natural tanto quanto moral, porque ele tem ciência de ser insatisfeito.

Assim ele se define como aquele que é diferente de todo dado – o que significa que ele se interpreta em função desse dado acima do qual ele se eleva: ele não seria nada se não tivesse algo que pudesse superar. Mas sua reflexão não se detém nessa observação; ao contrário, por evidente que ela seja para quem olha o processo da reflexão moral do ponto de vista da filosofia, à qual essa reflexão simplesmente conduz, para o homem em busca da moral ela é, senão invisível, pelo menos negligenciável. O que ele mesmo quer saber é o que é verdadeiramente bem, o que é o Bem, o que constitui e produz a felicidade. Indiscutivelmente ele se opõe a esse mundo, ele o julga; mas o papel desse mundo, sua função positiva no que concerne à possibilidade de qualquer juízo, mesmo negativo, permanece fechado para ele: ele se vê a si mesmo como pura vontade de universalidade.

É pois essa vontade de universalidade, essa *universabilidade* do homem, contudo sempre finito e particular, que constitui a "natureza" do homem aos olhos do pensamento moral. Natureza paradoxal, pois contrária a toda natureza dada: inserida no meio do que não é infinito, do que é essencialmente passageiro, perecível, voltado ao desaparecimento, essa "natureza" se concebe como capaz de captar aquilo que, intemporal, mais que permanente, permite ao particular se compreender e ser compreendido em verdade. O homem capta a verdade, não dessa existência ou dessa natureza, mas a verdade que sustenta e suporta tudo o que é, e, capaz dessa captação intemporal na temporalidade da sua existência, no finito e perecível da sua individualidade empírica, ele é intemporal, na medida em que envolve aquilo que, em todo devir, não advém nem perece e dá sentido ao que, sempre, é *também* arbitrário, fortuito, insensato – inclusive ele mesmo.

Ora, como esse intemporal só aparece a seus olhares perecíveis, como ele permanece e sabe que é finito, sua captação do intemporal se efetua no tempo. É o indivíduo que quer e deve se elevar ao que não conhece individualização, e só chegará a isso pela mediação do discurso e da discussão: quando tudo for dito, quando todos os discursos tiverem sido formulados e reconciliados entre si, então, e só então, o indivíduo saberá aquilo que, atrás de todas as opiniões e de todas as morais, é verdadeiro e verdadeiro bem; somente então ele terá compreendido como as aparências, também elas reais enquanto aparências, nasceram do que as funda: o que é a aparência, com efeito, senão a refração da luz do bem nos cristais diferentes das visões individuais e finitas? Como elas poderiam existir senão como aparências do verdadeiro? E como, então, as contradições, inicialmente desmascaradas, em seguida reconciliadas, que opõem essas aparências umas às outras no nível da individualidade, mas só *naturalmente*, isto é, como forças violentas, não revelariam esse verdadeiro?

O homem é, pois, vontade de universalização. Sua característica é não possuir uma *natureza* ao modo das coisas, estar sempre além de todo caráter dado, e o que ele encontra em si mesmo como fato, estrutura, determinação, é para ele apenas ponto de partida de uma transformação em vista de uma universalidade que seja só universalidade: ele se caracteriza pela ausência de todo caráter definido, definitivo. Mas ele não deixa de ser indivíduo e finito, e a universalidade só existe nele no modo da universalização, da vontade de universalidade. Assim como ele não possui a verdade e o bem, mas os busca, ele também não é universal, mas quer sê-lo. Ele é capaz de infinito, mas a cada instante de sua existência, vale dizer, enquanto ser finito, ele não é senão capaz.

Assim, a antropologia filosófica não é algo acabado e jamais o será: ela só existe enquanto recusa de toda definição do homem. O saber filosófico do homem, como o próprio homem, só é real enquanto captação de uma possibilidade, vale dizer, enquanto possibilidade de captação, pois esta captação só seria total se ela pudesse se aplicar à possibilidade realizada, a qual só seria realizada na pressuposição de que estivesse realizada essa ciência que, por sua vez, a pressupõe concluída.

b. Essa possibilidade, jamais completamente realizada (o que significaria que ela estaria esgotada), sempre em vias de se realizar, depende daquilo contra o que ela se realiza. Mas, como notamos, a reflexão sobre essa condição da sua realização não se mostra, primeiro, ao homem considerado na busca e pela busca da moral; ela não se torna, segundo um termo que se tornou corrente, temática. A condição não deixa por isso de existir, e deve, para a análise, mostrar-se presente na reflexão do homem da moral. Ele aí se exprime sob a forma do que se pode chamar de conservadorismo dos moralistas.

É um fato que não se encontra, entre os filósofos da moral, um único revolucionário. De modo correspondente, os revolucionários, mesmo filósofos, não são moralistas, se esta palavra designa aquele que está em busca da teoria da moral. Eles são, ao contrário, normalmente morais, porque só querem transpor para o domínio dos fatos aquilo que, aos seus olhos, é evidentemente moral e bem. Indiscutivelmente, aquele que está convencido de ter encontrado a moral verdadeira poderia se transformar em revolucionário; mas ele o faria depois de tê-la encontrado, não enquanto a busca: Sócrates não tem boa-nova política a anunciar, Kant só sabe aquilo que o homem político não tem o direito de fazer. O que existe vale, aos olhos do filósofo da moral, a título de fato – e não é um título negligenciável: é um fato que a comunidade alimenta o filósofo, que, sem a comunidade e a moral concreta que a mantém unida, que a constitui propriamente falando, ele não poderia se dedicar à sua pesquisa, e o filósofo da moral não é tão cego e desprovido de bom-senso para desconhecer isso. Assim ele evitará perturbar a paz, a coesão da comunidade: se ele semeasse entre os outros a confusão que é a sua, como poderia ele estar seguro de que, vendo suas existências privadas de todo sentido, eles não se entregariam ao desespero, à violência pura, à destruição? É verdade que esse sentido é, para o filósofo moral, sem fundamento, arbitrário, fortuito, que mesmo os melhores entre os cidadãos, o que quer que eles sejam, não são sinceros. Mas isso é uma razão a mais para não mexer em nada: mais vale uma moral duvidosa do que nenhuma moral; mesmo reconhecido por um único grupo e só valendo para ele – e ainda muito particularmente, pois não se segue essa moral, do contrário não haveria problema moral –, esse universal particular não deixa de frear as paixões do indivíduo empírico, biológico: Sócrates morreu pela moral de Atenas que ele desaprovava, convencido de que se não obedecesse às suas leis, embora injustas, ele destruiria, em si mesmo, a lei da comunidade e assim a possibilidade de toda moral.

O fato é que a ação do indivíduo sobre o indivíduo, sobre si mesmo ou sobre os outros, só é possível num quadro que garanta um mínimo de coesão social: o animal no homem quer ser alimentado e protegido. É essencial que haja uma moral. Mas é igualmente essencial, aos olhos do indivíduo moral, superar-se – e ele vê que só conseguirá isso por meio da discussão, pela confrontação não violenta dos opostos. O que lhe interessa não é o fato de se elevar acima *desta* moral concreta, mas de elevar-se acima de toda moral acidental. Ele não discerne, nessa etapa, que sua empresa só se compreende no seu lugar na história, que o intemporal só se mostra no tempo, que ele só pode querer *a* discussão porque a sua comunidade já o introduziu *numa* discussão. Mas se ele não compreende que o seu pensamento é *informado* por aquilo que põe em dúvida e recusa, ele constata também a necessidade, técnica por assim dizer, de uma regra social, por mais arbitrária que ela lhe pareça. Entretanto, no seu pensamento, isso é apenas uma necessidade técnica: o indivíduo que quer ser moral se projeta inteiramente na sua vontade de universalidade.

c. Tradicionalmente, essa vontade de universalidade consciente de si mesma e que se interpreta como a própria "natureza" do homem é designada por dois termos diferentes: razão e liberdade. O homem, enquanto visa à universalidade, é razoável; enquanto é capaz de universalidade, é liberdade: sendo capaz de razão, mas não sendo razão, ele é também capaz de optar contra a universalidade e contra a razão.

A relação dos dois conceitos constitui um problema que não cessou de ocupar não só os filósofos da moral, mas também os homens religiosos (na medida em que eles não aderem a uma religião puramente ritualista, a uma moral da certeza), os poetas, todo homem, enfim, que reflete sobre o que lhe aparece, na vida cotidiana, sob os nomes de obrigação, dever, coisa a fazer ou a não fazer, tentação, desvio. As análises anteriores (cf. § 7 *a*, § 9 *d*) mostraram que se trata aí da duplicação característica do ser moral, sempre acima, e assim igualmente abaixo, de si mesmo. *Liberdade* e *razão* são títulos sob os quais essa divisão se torna temática depois de ter sido sentida e vivida pelo homem moral: a reflexão sobre a moral existente e as morais históricas se transforma em reflexão da moral sobre si mesma. O que preocupa a todos (num mundo em que nada mais é evidente) é exatamente o que deve, no presente, ser captado pela teoria e sob a forma de teoria.

Aparece então que o universal não é redutível a outra coisa que não seja ele mesmo, que o universal não é compreendido do modo como é compreendido um objeto, um fato, um dado: ele é aquilo a partir do que toda compreensão particular se torna compreensível. Não é diferente com a liberdade, que, ela também, não poderia ser captada como um fato: ela funda até a possibilidade do fato, pois só para um ser que não é inteiramente determinado é que um fato pode aparecer sobre o fundo de possibilidade, em vez de simplesmente agir sobre ele como um objeto age sobre outro sem lhe ser presente. Uma relação muito estreita entre os dois anuncia-se assim; mais ainda, dado que elas remetem uma à outra e se referem ao mesmo sujeito, as duas constituem os dois aspectos de uma unidade fundamental, que é designada como essa "natureza" do homem, que é essencialmente oposta a tudo o que se chama natural no sentido corrente do termo.

É precisamente isso que torna difícil à reflexão aceitar essa relação. Se razão e liberdade não se separam, se, pois, o homem só é livre na condição de querer se universalizar, vale dizer, obedecer à razão, o homem, o que todos consideram como o homem *real*, o homem *concreto*, o homem tal como ele é *de fato*, esse homem é negado pela moral, privado de toda possibilidade de satisfação, dessa felicidade na qual a moral tinha, contudo, reconhecido o único fim da vida moral. Haverá, talvez, uma felicidade para a razão, se esta fórmula tem um sentido, se alguém com o nome de razão existisse nalgum lugar e pudesse ser feliz ou infeliz: o homem, certamente, não conhecerá a felicidade.

Seria perfeitamente legítimo observar que esse modo de ver, que opõe o homem "natural" ao ser razoável, remete diretamente ao naturalismo relativista e se expõe assim às críticas peremptórias da filosofia moral. Entretanto, por verdadeira que seja essa observação, ela é incapaz de forçar um adversário decidido que se reclama da opinião comum. Ela é irrefutável, mas só para quem quer filosofar, vale dizer, falar de maneira coerente, dessa coerência formal que não é a filosofia, mas sem a qual a filosofia não existe: a filosofia (como também a discussão) pressupõe uma opção última em favor da universalidade, contra a violência.[2] No que diz respeito mais especialmente à moral, nenhuma discussão pode *forçar* o indivíduo a pôr a questão da moral (cf. § 9 *h*).

Seria vão querer convencer o adversário da moral filosófica (ou da filosofia moral e de seus primeiros resultados) se ele se decidisse pela violência. Mas o adversário presente não chega até lá. Ele se remete aos fatos, à ciência, à psicologia, à história; ele recusa a violência; ele não crê que um problema científico possa ser resolvido a golpes de bastão ou de canhão: é no espírito mais *objetivo* que ele se levanta contra as pretensões da filosofia. Mas bastará mostrar que seu próprio conceito de *fato* o conduz inevitavelmente, desde que ele permaneça fiel ao seu princípio de objetividade, ao ponto em que a coincidência de liberdade e de razão se impõe.

Que é um fato objetivo, científico? Tudo o que existe no mundo, dir-se-á, objetos, acontecimentos, relações. Entretanto, essa definição é incompleta. Com efeito, o domínio dos

---

[2] Cf. Eric Weil, *Logique de la Philosophie*. 2. ed. Paris, Vrin, 1967, "Introduction".

fatos seria assim coextensivo à totalidade das particularidades e das individualidades. Ora, não só a totalidade dos fatos não é dada; o que é mais importante é que, suposta como dada, ela não seria utilizável: de todos os dados conhecidos, com mais razão ainda de todos os dados cognoscíveis, só uma parte pode ser utilizada pela ciência – os fatos importantes, interessantes, cruciais, etc. Toda ciência distingue entre forças e aparências de forças, observação fundamental e epifenômeno, dados brutos e fatores subjacentes. O conceito do fundamental (específico a cada ciência) determina assim o que é explicado, reduzido, eliminado: a questão que o homem de ciência põe é o que define o que é *fato* para ele. Ora, não existe assim nenhum argumento *científico* que obrigue a pôr essa questão antes que outra: uma visão antropomórfica do mundo com suas questões postas do ponto de vista antropomórfico não é menos (nem mais) coerente e sensata do que uma visão mecanicista, e uma interpretação religiosa da história não fica em nada atrás de uma concepção econômica ou política e não lhes é superior. É fato o que interessa num contexto; não são os fatos que determinam o contexto, é a escolha do contexto que determina o que será olhado como fato decisivo ou como simples aparência.

Daí a impossibilidade de qualquer discussão entre os fiéis de duas *concepções* diferentes: aquilo que, segundo o primeiro, demonstra, claro como o dia, que ele tem razão não é para o outro senão um acidente que não poderia provar nada. Uma única exigência, entretanto, permanece comum a todos os contextos: eles devem se apresentar sob a forma de teoria não contraditória e como discurso *objetivo*, englobando todos os fatos reconhecidos como tais em função das questões iniciais (dos axiomas, das hipóteses fundamentais), sem o que não se trataria mais de ciência. Numa palavra, embora sendo livre no sentido de que nada determina a escolha dos seus critérios de partida, o discurso de qualquer teoria *quer ser* razoável.

Essa vontade não será inteiramente eficaz enquanto subsistir a pluralidade não unificada dos discursos e dos princípios. Pode ser, portanto, que a luta violenta reapareça. Mas ela reaparecerá contra a vontade de homens que têm por princípio fundamental comum o da discussão não violenta – vontade suficientemente forte para fazê-los amiúde estabelecer um acordo sobre seu desacordo, assim neutralizado. Ora, se os fatos científicos devessem se opor à moral, ao princípio do não arbitrário, seria preciso tomar posição em favor de um axioma diferente daquele do discurso coerente, e o único diferente seria o da violência: só ela pode recusar a razão do discurso, porque, desde o início, ela optou contra aquela. Mas para a violência não existe ciência objetiva nem fatos científicos, porque ela não conhece essa vontade livre de coerência "objetiva" que estabelece os fatos válidos para *todo mundo*, vale dizer, para todos os que recusam a violência e, com ela, a incoerência e o arbítrio das simples afirmações. A objeção científica (que seria mais bem chamada de cientificista, pois ela toma a ciência por um fato primeiro, num sentido que tornaria o termo fato incompreensível) que quer combater a filosofia da moral apelando para os fatos se contradiz.

d. Desse modo fica evidente que ao pôr o problema *da* moral o homem optou pela universalidade, isto é, pela razão – e o fez *livremente*: ele se determinou à razão com toda liberdade, e é enquanto vontade de universalidade que ele se descobre livre. A objeção científica revelou sua impotência. É verdade que a questão da natureza da felicidade humana permanece posta; mas não será o naturalismo que a responderá. O filósofo moral sabe que a ciência e seus fatos não refutam a vontade moral, mas estão fundados nela e repousam sobre uma decisão pela universalidade, a decisão pela moral. Ele também sabe que toda moral particular, por uma razão ainda mais forte aquilo que está submetido e sujeito a cada moral, a saber, as paixões, as tendências, os desejos imediatos, o animal no homem, compete ao tribunal da universalidade: é imoral o que não pode ser universalizado, o que não pode valer para todo homem, o que destrói a coerência do discurso humano pela contradição, guarda-vento da violência prestes a explodir. Mas ele sabe também que essa regra soberana, a única soberana, é regra para um ser que não é somente razão e universalidade, que permanece sob a coerção da necessidade e do desejo, que pode apenas querer ser universal sem nunca vir a ser completamente: não existe moral para um ser que se basta (esta é a razão pela qual todas as "morais" da autarquia, religiosa ou de outro tipo, idealmente suprimem a ação e a comunidade, reconhecem no máximo uma comunhão dos eleitos e dos sábios, e abolem toda relação entre indivíduos que têm necessidade uns dos outros para se realizar).

Decorre dessas reflexões que o homem escolhe livremente a razão, livremente porque ele teria podido, e pode, optar pelo oposto da razão, a violência. Ora, se é assim, parece, uma vez mais, que a liberdade não coincide de modo algum com a razão. A tese cientificista continuaria, certamente, refutada; a tese do filósofo da moral o seria igualmente e, o que seria particularmente grave, por ela mesma. Se, com efeito, a razão só existe para quem a escolhe, a liberdade é anterior à razão: antes da escolha da razão (não é necessário esvaziar esse *antes* de todo sentido temporal), não pode haver raciocínio, demonstração, necessidade lógica, e a razão se reduz, por consequência, à liberdade, ou, pelo menos, a pressupõe, enquanto a liberdade permanece irredutível ao que quer que seja. Mas o simples fato da existência e da validade afirmada dessa proposição conduz a uma aporia. Esse raciocínio deve ser verdadeiro: se ele o é, ele só pode sê-lo razoavelmente; e se ele é assim, é a razão que funda a liberdade que a precede. Encontramo-nos diante de um raciocínio circular.

Esses raciocínios, devidos ao emprego temerário de termos mal definidos e cujos diferentes sentidos não foram suficientemente esclarecidos, fornecem à reflexão uma tarefa precisa e, ao mesmo tempo, seu ponto de apoio: no caso presente, o paradoxo conduz à distinção de dois sentidos do termo liberdade, um referindo-se à possibilidade da filosofia enquanto atividade humana, o outro, à realidade da filosofia constituída em autocompreensão do discurso humano. É verdade que a liberdade escolhe entre a razão e a violência e que ela efetua essa escolha sem referência alguma à razão constituída, que ela deve antes de tudo fundar: escolha sem fundo nem fundamento, fundo e fundamento não aparecendo senão uma vez feita a escolha. Ninguém poderia dar razão de sua opção pela razão (ele explicaria, no máximo, sua escolha, mas ainda o faria razoavelmente). Nesse sentido, pode-se dizer e é preciso dizer que o homem é liberdade indeterminada e sempre se determinando: a liberdade pode aceitar, como pode recusar, a violência, ela pode situar-se do lado da animalidade, assim como pode desviar-se dela. Mas, e aqui está o ponto decisivo, o homem não pode *falar* dessa escolha, ele só a pode descobrir (des-cobrir) depois de ter escolhido o discurso coerente e a razão. Vimos e vemos, é verdade, homens que optam, deliberadamente e após madura reflexão, contra a razão, num mundo que é informado por ela e que, pelo menos em princípio, organizou-se contra a violência; isso não constitui, entretanto, uma objeção: basta observar que, regularmente, esses homens *justificam* sua opção, que, por consequência, eles pressupõem o discurso antes de negá-lo; eles não poderiam negá-lo se ele não existisse. A recusa da razão se produz neles demasiado tarde: eles pretendem efetuar uma escolha razoável optando contra a razão; e eles aduzem razões "científicas" que tornam, segundo eles, essa decisão inevitável para quem, razoavelmente, se submete aos fatos. Malgrado eles mesmos, eles confirmam assim a tese: razão e violência só se separam para o homem depois da opção pela razão. Só o homem razoável *sabe* que é livre; só aquele que se voltou para a razão pode compreender, dizer, proclamar que teria podido escolher de outro modo e que, a qualquer momento, ainda pode fazê-lo. Uma vez que os homens optaram pelo discurso, a opção do indivíduo pela violência é função dessa escolha. Quanto ao que seria violento num mundo não informado pela razão, ele não teria nenhuma consciência da sua escolha: ele seria um animal.

Se, pois, a liberdade é anterior à razão, essa anterioridade só existe do ponto de vista da razão e do discurso. Poderíamos falar da liberdade como a *ratio essendi* da razão, da razão como a *ratio cognoscendi* da liberdade, se essa linguagem não apresentasse o inconveniente de esconder, mais do que revelar, a relação entre razão e liberdade. A liberdade, com efeito, só existe para a razão: seria um contrassenso querer *falar* de liberdade abstraindo da razão, querer proceder de um ponto de vista razoável, mas situado fora da razão, pretender decidir entre razão e liberdade como juiz separado e desinteressado – em virtude de que lei?, de que princípio?, de que autoridade? A razão é liberdade que se determinou à razão, mas que só se compreende como razão por ter escolhido e por ser capaz de escolher. A razão reconhece que é incapaz de se fundar a si mesma e que nasce de uma decisão pela razão, que não poderia, portanto, ser imposta por razões. Mas ela vê também que o homem só é livre quando se sabe livre – quando quer ser razoável, por pouco explícitos que sejam esse saber e essa vontade. Para a razão, a razão é a realização da liberdade, dessa liberdade que se capta a si mesma na razão e se compreende como fonte e origem absolutas, como razão livre e como liberdade razoável. Porque ela é *ratio cognoscendi* da liberdade, a razão é, portanto, também a sua *ratio essendi*: uma liberdade que não soubesse que é liberdade seria simples indeterminação, e só seria isso por relação a um ser livre e assim capaz de pôr a questão da determinação. E porque ela é a *ratio essendi* da razão, a liberdade é também a sua *ratio cognoscendi*: uma razão que não fosse livre seria uma vontade de universalidade incapaz de escolher e não se conheceria, pois só um ser livre é capaz de se buscar, vale dizer, de se separar de si mesmo para se opor a si mesmo.

11. *No mundo humano, tal como se lhe aparece, a liberdade razoável (a razão livre) se quer a si mesma.*

a. Todo desejo, todo objeto de desejo, todo fim particular são julgados pela moral (a filosofia moral) do ponto de vista da universalidade (da razão, do discurso coerente). Não é que o desejo ou o fim particular possam ser abolidos; mas para serem admitidos, eles terão doravante necessidade de uma legitimação. A natureza do homem, animal de um lado, capaz de razão de outro, permanece o que ela é, e não haveria nem moral nem problema moral se fosse diferente. Todavia, o desejo natural, imediato, não satisfaz o homem que pôs o problema da universalidade: o animal humano conhece o prazer como conhece desprazeres, um e outro às vezes fortes, elevando ou arrasando o indivíduo empírico. Nesse nível não se trata de felicidade ou de apaziguamento, assim como de infelicidades que não sejam biológicas (e, neste sentido, psíquicas). O homem da moral e, de modo explícito, o filósofo da moral buscam outra coisa e não se contentam com a euforia e a satisfação acidentais; eles querem ser reconciliados consigo mesmos, ver restabelecida a unidade do ser duplicado e dividido. O homem não ignora que ele é *carente*, cheio de necessidades e carregado de tarefas, exposto a todos os sofrimentos do animal, do ser finito que não se basta; mas, mesmo aceitando sua condição, ele quer ser feliz; ele pede – e ele sabe agora que é a si próprio que ele o pede – uma felicidade que só dependa de si mesmo; o que ele busca não é a simples abolição da infelicidade e da divisão pelo aniquilamento de todo conteúdo, do eu e do mundo (cf. § 9 *c*), mas uma felicidade positiva, um contentamento do qual ele possa estar seguro, um apaziguamento, senão permanente – pois o ser finito não poderia estar sem desejo ou necessidade em nenhum momento da sua existência empírica –, mas, em todo caso, um apaziguamento que a cada instante ele possa restituir a si mesmo ao reencontrar, quaisquer que sejam as circunstâncias exteriores, uma paz neste sentido imperdível.

O homem da filosofia moral define assim para si mesmo o que *deve* ser a felicidade. Ele recusa o que poderia desviá-lo do que *deve* ser a fonte inesgotável da sua paz interior – e que *deve* sê-lo, não porque uma moral dada, histórica, "evidente", o quereria assim, mas porque ele compreendeu que toda promessa de felicidade previamente estabelecida é sem fundamento. Esse *deve* é muito mais filosófico (lógico) do que moral no sentido da moral tradicional: a felicidade *não pode ser* senão a coincidência do ser razoável consigo mesmo. Indiscutivelmente essa coincidência só tem sentido para o ser finito, ao mesmo tempo animal e razoável, indivíduo capaz, mas somente capaz, de universalidade; entretanto, o indivíduo, mesmo permanecendo indivíduo, mesmo sendo movido pelas instâncias da necessidade e da sensibilidade, *quer* submeter a animalidade em si mesmo à razão que, elevando-o acima da animalidade, lhe permite buscar a paz e a felicidade: não existe felicidade para o animal, que, só conhecendo prazeres e penas vindos do exterior, depende sempre do que lhe acontece; só a felicidade da universalidade, da reconciliação do ser razoável consigo mesmo, no ser finito e apesar do ser finito, só essa felicidade está acima das contingências, que constituem o quadro e a prisão do indivíduo natural.

Não é, portanto, *com a ajuda* da razão que o homem buscará a felicidade: a razão, o exercício da razão, a razão realizada pelo próprio homem em si mesmo, *é* a felicidade. É certo que, desse modo, não será o animal a ser contentado. Também não se trata de contentar o animal ou, mais exatamente, não compete à razão contentá-lo: ele mesmo fará isso, ao que, ademais, a razão não tem nada a dizer, desde que – e essa condição é absoluta – esse contentamento do animal não se oponha ao exercício da razão. Bem mais, a razão só existe no ser finito, é nele que ela se atualiza: ela está em ato quando domina o que ela não é – e o movimento que a razão deve dominar (*deve* do ponto de vista da razão) não é o movimento da razão, é o do animal. Todavia, é o ser humano enquanto razoável que quer ser feliz – e só ele pode conceber esse desejo, essencialmente não animal.

O que precede pode ser resumido na tese de que só o ser razoável possui uma vontade. O conceito de vontade, com efeito, tem de particular o fato de reunir em si os dois conceitos de liberdade e razão. A vontade é essencialmente livre, e de maneira igualmente essencial ela é razoável. Ela é, em si mesmo, vontade de universalidade e de liberdade: por paradoxal que essa expressão possa parecer, ela quer o que ela é, ela se quer a si mesma. E não se pode pôr a questão da liberdade da vontade. O desejo não é livre e não pode sê-lo, a vontade não pode não sê-lo: é ela que se opõe a toda condição, é por ela, como razão-vontade, que existem condições, dados, fatos, é ela que os descobre, os tira da simples possibilidade que lhes é própria enquanto considerados, abstratamente, mergulhados na totalidade indeterminada do que é acessível ao homem, e os descobre ao pôr livremente sua questão, ao exigir livremente a coerência das respostas.

Por outro lado, seria perfeitamente legítimo perguntar se os atos do ser animal e razoável são livres. A resposta é evidente: dado que se trata do determinado e da ação no quadro desse determinado, todo ato depende do dado, das condições, das circunstâncias. Livre é a recusa desse ato; o ato escolhido se remete aos determinismos do mundo exterior e às determinações interiores do ser finito, que não seria finito se não fosse determinado exteriormente e se não conhecesse limites interiores. A escolha não é ilimitada; as possibilidades são essencialmente restritas. O que resta, por estreita que seja a escolha, é a possibilidade de opor uma recusa a cada uma das possibilidades empíricas. Em último caso, a vontade pode sempre abolir a necessidade de uma escolha entre possibilidades que ela julga igualmente inaceitáveis, optando pela morte: nada pode forçá-la, por necessário que pareça ao animal se submeter.

O critério que guia sua escolha é conhecido pela vontade razoável. Foi ela mesma que se o deu. É ilícito o que não poderia ser universalizado, o que não seria ato admissível para todo homem enquanto razoável – numa palavra, aquilo que poria a razão em conflito consigo mesma. O homem é livre na medida em que não se submete, pura e simplesmente, imediatamente, ao que condiciona, interior e exteriormente, o animal: assim, a vontade nada mais é do que o ser razoável e finito que pretende ser razoável na condição que é a sua; ela não é uma *faculdade* do homem, ela é o próprio homem, que nela se torna homem e que, tornando-se homem razoável, descobre a si mesmo livre de uma liberdade que nada pode constranger: até mesmo a renúncia à liberdade permanece um ato livre.

Desse modo o ser razoável e finito só está seguro da sua felicidade sob a condição de que ele *se queira* razoável: tudo o que acontece ao animal nele não será, aos seus olhos de ser razoável, mais do que acidente, agradável ou terrível, porém acidente. Ele não poderá se impedir de desejar que a felicidade seja *também* felicidade segundo o desejo do animal nele, que o mundo seja de tal modo que a felicidade do homem inteiro seja assegurada pela ordem do mundo. Não deixa de ser verdade que o ser razoável pode se reconciliar consigo mesmo e pode ser feliz ao estar contente consigo mesmo: se sua vontade se determinou segundo a lei que é a sua – sua, pois ela mesma se a deu –, a coincidência consigo mesmo do ser que, na infelicidade da sua divisão, buscava uma regra está presente no ser que a reconheceu. Enquanto razoável, enquanto vontade razoável, o homem não tem mais nada a desejar; enquanto vontade puramente razoável, o ser humano é infinito e sabe agora que é infinito, pois a esse ser razoável não se opõe mais nada senão o limite: se, animal, ele permanece submetido às determinações interiores e exteriores, esses limites não só servem para tornar concreto e consciente o infinito da sua liberdade. A infelicidade do ser finito não será mais senão um descontentamento para quem, livre, quer ser razoável e assim livre. Decidido a nunca mais se inspirar em outros motivos senão no respeito pela lei da razão, pela lei da sua própria vontade, da única vontade verdadeira e verídica, ele será um, em si mesmo e para si mesmo, na medida em que ele for vontade de razão, vontade razoável, liberdade que se determina segundo sua própria lei e que nenhuma determinação natural consegue determinar.

b. Todavia, é o indivíduo que age – ou antes, é a razão no indivíduo, mas não a razão pura e simples, que não teria nenhuma razão para agir. O indivíduo moral, por universal que seja a sua vontade e a sua razão, tem sempre a ver com o indivíduo. Quer se trate de si mesmo, quer se trate dos outros, o campo da sua ação não é nunca o universal: a própria ideia de uma vontade que não se *queira* universal, mas o *seja*, é contraditória, uma vez que toda ação é dirigida para um fim determinado e tem por autor um ser que, a partir das suas necessidades e seus desejos, deve se fixar fins. O infinito da razão humana é o infinito de um ser finito, só existe para esse ser e só poderia ser infinito para ele: não haveria infinito para um ser que fosse infinito, pois esse infinito não se oporia a nenhum outro.

O domínio da filosofia moral permanece o dos indivíduos. Para aquele que se submete à lei da razão, que quer, se podemos usar esse termo, se infinitizar, o que está em questão é ele mesmo, esse ele mesmo que só é o que é porque é determinado, este aqui, não aquele lá, e assim limitado; e aqueles com os quais ele tem a ver são como ele, duplicados em ser animal e imoral e em razão universal e universalizante. E ele tem de agir: como ele optou por uma vida no mundo, dado que ele recusou o acesso imediato ao um universal vazio (e do vazio), sua vida moral é vida de ação, ação sobre si mesmo, ação sobre os outros que são como ele, ação finita sobre o finito.

Não há, com efeito, diferença entre os seres razoáveis enquanto tais, uma vez que todo ser razoável submete suas decisões ao critério da universalidade, da *universabilidade*. Cada um quer o que cada um pode querer razoavelmente, vale dizer, pode querer, pois a expressão vontade razoável não é mais que um pleonasmo. O que o homem moral se interdita e se impõe, ele pode interditar e exigir dos seus próximos, dos que são iguais e ele; o que ele abomina ou aprova em si mesmo, ele pode e deve condenar ou louvar em seus irmãos na razão. Ele vive num mundo moral, mundo dos seres morais em que a vitória sobre o instinto e a violência cega é a verdadeira vitória, em que a única verdadeira derrota consiste em sucumbir à tentação.

Ora, esse mundo é em certo sentido previamente formado no mundo totalmente diferente das instâncias animais. A dizer a verdade, é somente lá que ele pode existir, porque só lá existe o fundo do qual ele se destaca. Sem tentações, o homem não seria moral, ele não seria homem, e é nas necessidades e nos desejos imediatos, na animalidade que o homem se eleva acima de si. O mundo moral é assim o mundo dos seres compostos, sua pureza é a do impuro, que só pode estar sempre a caminho da pureza, mas não será nunca puro. A moral permanece moral de um ser imoral num mundo de seres imorais (cf. § 6). Seria insensato falar de um estado no qual os homens, mesmo permanecendo homens, não seriam mais expostos à pressão das necessidades, não dependeriam mais de sua natureza, do seu caráter empírico, numa palavra, seriam deuses. Mesmo o mais moral dos homens, a não ser que renuncie à vida e a todo conteúdo da existência, só age porque a animalidade o torna *carente*. Ele não pode se libertar das necessidades, ele não pode nem sequer desejar ser livre delas: este seria ainda um desejo do animal, mediatizado pela reflexão, é verdade, mas nada mais do que um desejo, contraditório e que quereria existir mesmo sendo continuamente satisfeito, isto é, extinto. Ele reconhecerá, ao admiti-lo, o papel da necessidade e aquilo que a mais pura das morais deve a ela.

Esse *débito* é grande: é a necessidade que, sob formas mais ou menos evoluídas, mais ou menos transformada mais ou menos pela história e pela ação passadas da humanidade, fornece à moral o material no qual ela deve edificar o mundo moral e encontrar seu conteúdo, aquilo a que ela se aplica. Pois o que é a moral histórica, tradicional, positiva, arbitrária que submete à sua crítica a moral filosófica, senão a organização da satisfação das necessidades humanas? A teoria moral não pode não reconhecer a função da moral "natural", aquela que, precisamente, regra a vida dos homens "naturais", animais calculistas, mas animais. A filosofia moral descobre assim (cf. § 10 *a*, *b*) que ela pressupõe sempre uma moral não refletida, não filosófica, uma moral que existe e guia homens que não se põem o problema da moral.

Diante dessa moral, qual é a sua função? É de seu interesse que essa moral se mantenha: os homens não são naturalmente filósofos, e eles cairiam nos piores desvios da paixão "natural" se não fossem mantidos sob rédeas pela tradição dos hábitos, dos costumes, das instituições. Isso não diminui o caráter fortuito, arbitrário, acidental, dessa tradição, dessas tradições que só existem no plural: elas não são criações da filosofia moral, que as supõe criadas, mas são aquilo com que a razão tem a ver. Não é que a razão seja incapaz de ajudar a moral existente, ao contrário; tendo compreendido que o princípio da imoralidade é a violência imediata, tendo compreendido, ademais, que a violência retomaria seu antigo império a partir do momento em que os homens não pudessem mais se entender por meio da discussão e do reconhecimento de princípios comuns, ela pode desvendar o que uma moral histórica encerra de contraditório, ela pode tentar reduzir essas contradições à contradição primeira, aquela entre violência e universalidade do discurso vivo e vivido, ela pode mostrar aos homens para onde os conduziria, contra seu desejo mais profundo, a incoerência do seu modo de viver. Todavia, a moral filosófica não esquecerá nunca que esse domínio das carências e das necessidades naturais é o seu campo e, enquanto tal, permanece exterior a ela, que ela tem interesse em interessar-se por esse campo porque é nele que ela deve e quer se realizar, mas que esse campo é somente o seu lugar e o seu terreno, não a sua alma: é evidente que é preciso restituir o depósito que se nos confiou se quisermos no futuro poder confiar depósitos a outros e recebê-los; não é de modo algum evidente que a instituição do depósito deva sempre existir – ao contrário, é evidente que sempre e qualquer que seja a forma particular da moral, haverá formas de comércio entre indivíduos que exigirão de cada um a observação de regras bem determinadas, a não ser que se aceite a destruição de toda possibilidade de comunidade.

As formas particulares não interessam, pois, nelas mesmas e por elas mesmas à moral pura. O que ela exige é que exista comunidade formada e regrada, uma forma e regra da comunidade tal que a coerência (e não violência) dirija as relações entre os indivíduos, todos igualmente carentes, todos igualmente chamados à razão. Mas, indo mais longe, ela superará o nível do que podemos chamar de verificação da coerência de uma moral dada. Pois se é necessário, do ponto de vista da vontade razoável, que haja coerência, a coerência não violenta da comunidade e de seu discurso se mostra rapidamente como condição necessária, mas insuficiente diante de uma filosofia moral que quer realizar a possibilidade do acordo razoável consigo mesmo. Se nos contentássemos com essa exigência primeira, o homem seria apenas um ser carente. Ele nunca será razoável a não ser que o animal nele receba um mínimo de satisfação na segurança de uma comunidade regrada; entretanto, ele não será razoável porque ele a possui: para sê-lo, ele deve querer ser ele mesmo, julgar ele mesmo em vista do universal.

c. Será, pois, superior a moral de uma comunidade que permite a cada um se considerar ser livre – ou, para usar a linguagem da comunidade e das relações entre indivíduos, responsável de decisões que ele pode e deve tomar por si mesmo e só ele. E ele só será livre e responsável quando os seus atos não lhe forem impostos por um senhor, por um grupo dominante, quando, por consequência, só o ato imoral, vale dizer, o ato oposto ao princípio da não violência e do respeito devido a todo ser razoável, for punido porque proibido pela lei universal, válida para todos e para cada um.

Assim torna-se possível falar da moralidade ou da imoralidade de uma moral determinada, mesmo na suposição de que essa moral seja coerente e que ela seja observada pelos que a invocam. Entretanto, daí não se segue que, sob o aspecto da positividade das suas regras particulares, até mesmo uma moral altamente "moral" seja, aos olhos do filósofo da moral, mais do que uma condição favorável: ela só seria para ele algo diferente disso se o filósofo se arrogasse o direito de editar uma moral concreta, *a* moral concreta. Ora, essa pretensão seria insensata: *a* moral não é nunca concreta, ela permanece sempre crítica, procedimento de aperfeiçoamento de uma moral determinada e que permanece, por definição, arbitrária quanto às formas históricas, às condições, aos interesses que lhe dão seu caráter. Em qualquer comunidade, desde que as regras que ela segue sejam coerentes entre si e não interditem ao indivíduo buscar para si mesmo uma vida razoável, o filósofo moral pode viver como ser moral, e pouco lhe importa que ele submeta o animal em si a este ou àquele adestramento, desde que ele seja adestrado e não seja incitado, por uma moral moralmente má, a se revoltar ou a se tomar pela totalidade do homem.

Assim movido, o filósofo da moral irá mais longe e carregará, mas nos mesmos limites, seu interesse pela política: não é ela que organiza a colaboração, a coexistência dos indivíduos carentes? Mas seu interesse é, por assim dizer, negativo: não é necessário que a forma histórica da sua comunidade se oponha ao seu próprio progresso para o bem moral, não é necessário que, ao expô-lo ao medo e à necessidade natural, ela o impeça de se educar e de pensar suas decisões, numa palavra, o impeça de *querer*, de ser razoável. Ele não irá além disso, com essa única restrição: ele preferirá um sistema coerente que satisfaça a maioria, por pouco satisfatório que fosse do ponto de vista da razão que busca a liberdade e a responsabilidade de todos, a uma política insuportável aos outros, mesmo que fosse boa em si, e que no final provocará a violência; ele se submeterá, se preciso for, a fim de não destruir o bem da paz ao exigir um bem absoluto que não seria nunca alcançado onde a paz não viesse a reinar: mais vale um mau senhor do que a luta de todos contra todos. Enquanto ele tiver a possibilidade de se universalizar, de agir segundo a lei que a razão nele se impõe e impõe à sua individualidade empírica, ele se lamentará pelos outros, não por si mesmo.

É também por isso que a história das morais não o atrai absolutamente, nem a história pura e simplesmente. Indiscutivelmente, foi preciso um longo progresso, uma ascensão árdua da humanidade antes de se compreender, na reflexão do filósofo, como liberdade e razão unidas na vontade razoável de razão (de razoabilidade). O pensamento não se teria separado da ganga das necessidades e dos desejos se o animal não tivesse sido, ao mesmo tempo, submetido e protegido. Mas chegado a seu termo, essa evolução não tem mais interesse filosófico: o que é histórico só se compreende como pré-história da razão e pode ser abandonado aos eruditos. Em si mesma, a história é o domínio da violência, do insensato; ela deixa de ser absurda na medida em que deixa de ser história, em que, deixando o campo das lutas, dos compromissos, dos comprometimentos, ela se faz educação ideal do indivíduo razoável, biografia que se constrói, que o indivíduo razoável constrói conscientemente e conscienciosamente, num solo no qual a história se esgotou para lhe preparar. Em moral, o indivíduo tem a ver com o indivíduo, consigo mesmo como com qualquer outro, nada mais, nada menos: da história, das circunstâncias passadas, presentes, futuras, ele não espera sua salvação, a felicidade da união consigo mesmo, e ele não teme nela a danação da divisão incurável. Ele deseja razoavelmente, pela razão e para a razão, que o mundo se preste à libertação do homem e facilite a todo indivíduo o acesso à clara consciência do seu ser moral; na medida das suas possibilidades, ele agirá para contribuir para realização desse mundo. Quanto ao sucesso, sem sentimentalismo, sem medo, sem *élan*, calmamente, ele guardará sua fé no futuro e num progresso constante, embora talvez não contínuo, para a moralidade das morais. E ele pode guardar essa fé, porque um mundo que só é *dado* à liberdade da razão não poderia ser absurdo na sua totalidade. Entrementes, é aqui, agora, no seu lugar, nas condições presentes, que, livre e razoável, ele poderá, porque o quer, se reconciliar consigo mesmo ao se reduzir a seu verdadeiro si mesmo.

12. A filosofia da moral constitui, confundindo-se com ela, a moral filosófica como moral universalmente válida (pura) e, contudo, formal e negativa. Sua única lei é a do respeito da liberdade razoável (da universalidade) em cada ser humano. Ela garante ao ser razoável que segue a lei a possibilidade da felicidade no respeito justificado da razão em si mesmo.

a. A filosofia da moral se constituiu a partir da reflexão sobre as morais históricas (positivas), portanto, a partir do sentimento da infelicidade de um indivíduo que vê que seu mundo perdeu a *certeza*, certeza de um estilo de vida, de uma forma de existência, de um código de comportamento evidente. O indivíduo buscou então uma certeza não arbitrária e a descobriu na universalidade: só o universal não é arbitrário, fortuito, duvidoso.

Assim, um novo conceito de felicidade nasceu, não o de uma satisfação das necessidades do animal, ideal enganador porque o ser finito não deixará nunca de depender das circunstâncias que limitam o animal e o animal humano, mas o conceito, essencialmente diferente, da coincidência do ser razoável consigo mesmo enquanto razoável: ao abstrair, não *da* determinação, *da* particularidade, *do* dado, numa palavra, do seu próprio caráter finito, mas de todo *conteúdo*, necessariamente fortuito, de todos esses traços coconstitutivos do ser humano, ele se assegura a possibilidade de uma felicidade imperdível, da felicidade daquele que não tem nenhuma razão (razoável) para estar descontente de si, por maiores e, no seu nível, legítimos que possam ser nele os desejos insatisfeitos do animal humano. O homem, ser ao mesmo tempo finito e razoável, vai além do que o define.

A filosofia da moral que o conduziu a esse ponto se opõe à reflexão sobre as morais (seja ela sofista, seja cientificista) pelo fato de que a moral não é para ela um *outro*, algo que lhe seja exterior: nascida no indivíduo solitário, ela se compreende como filosofia, como pensamento que quer ser universal e que é, ele mesmo em si mesmo, vontade de razão e vontade razoável: esse pensamento mesmo é a moral, assim como a moral não é nem separada nem separável dele desde que ela queira ser universal. A filosofia da moral coincide com a moral filosófica: a reflexão concluída e que se compreende a si mesma não fornece apenas a regra moral, mas é ela mesma essa regra. Essa regra e esse conceito de felicidade se exprimem, se essa fórmula é conveniente aqui, um ao outro. A felicidade do ser razoável só pode consistir na realização da razão, do universal, no e pelo ser finito e razoável. A regra só pode indicar, para quem quer essa felicidade, a obrigação de realizar esse universal: essa realização *é* a felicidade do homem moral, e a busca dessa felicidade é o que guia os passos do ser razoável.

Desse modo pode-se discernir a importância a ser dada a outro conceito, o de respeito: a felicidade do ser potencialmente razoável consiste em saber que ele não faltou com a sua obrigação de felicidade razoável, que respeitou em si mesmo o que o eleva acima da animalidade e da infelicidade da animalidade. Na filosofia moral, mais do que pela filosofia moral, o homem se compreende como liberdade razoável, razão livre, no mesmo momento em que compreende que lhe cabe sempre se realizar como ser razoável. Mas ele sabe que pode sempre se elevar, sabe que a possibilidade de uma felicidade imperdível é, ela mesma, imperdível para quem a quer, para quem, pois é identicamente a mesma decisão, simplesmente *quer*.

A universalidade é assim, ao mesmo tempo, fundamento da filosofia e regra da moral. É inadmissível toda ação que não seja dirigida à universalidade, à liberdade, à razão, à unidade que é a liberdade da razão universal; é inadmissível toda ação cuja intenção não vise à realização dessa liberdade razoável no mundo do indivíduo empírico; é inadmissível toda ação cuja máxima seja a do ser particular, do desejo, do interesse individual; é inadmissível toda máxima que trate o ser finito e razoável apenas como finito, transformando-o assim em instrumento e objeto; é inadmissível toda máxima que não possa se tornar a máxima de todo ser razoável, que não possa se tornar a máxima de todo homem sem que a violência e a luta dos interesses pessoais destruam a comunidade, fora da qual o ser carente nem sequer conceberia a possibilidade da sua própria superação.

Trata-se, em suma, de querer a redução do desrazoável e, nesse sentido, do inumano no mundo – trata-se de querer essa redução: pois o indivíduo permanece sempre sob o império das circunstâncias quanto ao resultado das suas intenções, e a melhor e a mais pura das intenções pode produzir o resultado mais inaceitável para a razão. Mas basta querer: que mais é preciso além da consciência de ter querido, no sentido forte desse termo, além da consciência de não ter cedido às tentações da individualidade empírica, dado que é nessa vontade, e só nela, que o homem razoável alcançará aquele respeito por si mesmo que não produz sua felicidade, mas que *é* a sua felicidade? O mundo é dado e só pode ser dado, com suas tradições, suas estruturas, sua moral histórica; mas nesse mundo o homem, de posse da filosofia da moral e da moral filosófica, sabe o que deve fazer para não cair no desprezo de si mesmo, para não ser vítima da única infelicidade concebível para ele. Basta, necessariamente, evitar o que se opõe à realização de uma universalidade, de uma razão sempre mais estendida no mundo tal como ele é, noutros termos, basta respeitar a humanidade em si mesmo, respeitar a humanidade de todo homem, pois todo homem, enquanto capaz de razão, de vontade, de liberdade, não é melhor do que seu igual: ele só se distingue dele pelo que ambos conservam de animalidade.

b. A moral filosófica será, por consequência, formal e negativa. Ela será formal, pois o conteúdo das máximas advém ao ser razoável da parte finita, carente, de seu ser: um ser sem necessidades e sem interesses não agiria, por não conhecer nenhuma instância que pudesse fazê-lo agir. A razão (a vontade), infinita em si mesma, é perfeitamente incapaz de dar a si mesma interesses, tendências, necessidades; ela é, por isso mesmo, incapaz de formular máximas concretas, que se referem sempre a uma situação, vale dizer, à natureza carente do homem. Tudo o que pode fazer a razão é controlar as máximas do mundo e do ser interessado, para decidir se tal máxima corresponde ou contradiz a regra da universalidade, se, formalmente, ela produz ou não uma contradição no mundo que ela pretende manter fora da violência: ela é aceitável se, pensada como lei seguida por todos os homens, ela não destrói a instituição (dos seres carentes e de sua comunidade) que ela quer beneficiar (de novo em vista das necessidades dos seres finitos), se ela não está em conflito com o princípio do respeito da razão (da humanidade) em todo homem. Ela é correta se não introduz a contradição, se corresponde à forma da lei (universal e não contraditória). A moral pura não promulga nenhuma lei, ela verifica a legalidade, por assim dizer constitucional, das leis existentes e das leis implícitas nas intenções.

Ela é assim negativa, porque formal. Semelhante ao demônio de Sócrates, ela sabe dizer não, ela nunca diz sim. Ela é perfeitamente capaz de discernir se essa máxima, por suas implicações e por suas consequências, é contrária ao conceito da lei e da universalidade; mas a rejeição de uma máxima não conduz ao descobrimento de outra. Se à máxima imoral A respondesse uma não A de conteúdo positivo, se, noutros termos, só existissem duas maneiras de agir, a moral pura me daria uma regra concreta. Ou antes, até mesmo nesse caso, não seria a moral pura a fornecê-la, dado que, do seu ponto de vista, a existência dessas duas maneiras de agir no mundo histórico para ela seria um fato bruto: no máximo a moral pura teria me preservado de uma falta. Mas este caso, favorável do ponto de vista daquele que pede uma moral positiva, permanece um caso ideal. Indiscutivelmente, é verdade que devo devolver o depósito que me foi confiado, mas só na condição de me ater à instituição do depósito; se, ao contrário, me atenho à minha máxima (de não restituir o depósito), daí só decorre, se quero permanecer fiel ao princípio da moral filosófica, a obrigação de construir um mundo humano que ignore o depósito, talvez, no limite, a propriedade privada, e se a impossibilidade desse projeto puder ser demonstrada, não o será por argumentos morais, mas com a ajuda de razões tiradas, por exemplo, da antropologia empírica, sem levar em conta que, enquanto razoável, o homem é livre, pode recusar todo sistema dado, mesmo ao preço da própria vida, isto é, da vida do gênero humano, e que nada se opõe, no nível da moral pura, a essa tentativa de reconstrução da sociedade: a única condição permanece inteiramente negativa pois ela só exige a recusa da incoerência técnica das leis e dessa incoerência, igualmente formal, porém fundamental, que, ao transformar o homem em objeto, o impediria de escolher suas máximas com toda liberdade e sob sua própria responsabilidade.

c. A mentalidade moderna tem grande dificuldade, não tanto de reconhecer a essa moral uma validade filosófica (normalmente não se põe esta questão), quanto de ver nela apenas uma espécie de tirania, escandalosa e imoral porque contrária às mais profundas, às mais naturais aspirações do ser humano, insuportável porque desprovida de todo sentimento pelo que a existência humana tem de trágico, de grande e de nobre. A reação parte de pressupostos que não cabe analisar aqui,[3] mas que são diferentes dos da filosofia moral, sem que seus defensores observem que devem se apoiar, se querem ser *verdadeiros*, sobre essa mesma moral da universalidade e que esses argumentos só são concebíveis e compreensíveis por referência a ela. Pretende-se defender os direitos da individualidade, chamada concreta provavelmente porque esse conceito é o mais pobre da reflexão sobre a vida ativa (da vida ativa), porque ele supera em universalidade, mas universalidade puramente abstrata e formal, tudo o que sempre exigiu dos seus adeptos a moral da universalidade, comparativamente concreta porque, embora formal e porque formal, sempre se aplica a uma situação determinada. A prova disso – não só para a análise crítica, mas para os próprios pensadores do finito e da individualidade – é que se torna fundamental o conceito de absurdo, de ser lançado (sem que haja lançador ou propósito do lance), do enigmático, todos esses conceitos sendo equivalentes pelo fato de oferecerem ao homem o conforto do desespero, conforto real porque exime de toda decisão fundada, isto é, razoável; se se acomodar à necessidade, por assim dizer, técnica de uma decisão, propõe-se arbitrariamente um sentido daquilo que, por essência e definição, permanece insensato, de tal modo que basta se decidir para ser si mesmo,

---

[3] Cf. *Logique de la Philosophie*, cap. XII ("Personnalité"), cap. XV ("Le Fini").

separado dos outros, que formam a massa, a *massa damnationis* do anonimato, da má-fé, do ordinário.

A verdadeira destruição desses preconceitos se faz pela compreensão positiva do seu sentido e incumbe à lógica da filosofia (ou, se se preferir esta expressão, à filosofia desenvolvida em sistema); isso não é tarefa da moral. É verdade que essa observação constitui, sob outro ângulo, uma crítica dirigida à moral na sua totalidade e intenção. Como notamos desde o início (cf. § 1), a moral é acesso à filosofia, não a própria filosofia: ela se mantém e quer se manter nos limites do finito, do indivíduo e das relações entre indivíduos (cf. § 10). Mas reconhecendo isso, não se concede nada aos adversários de uma moral que eles chamam formal querendo com isso lhe dar um golpe mortal: eles não conseguem nem mesmo ver o problema de que falamos e se detêm no protesto contra uma lei que lhes parece insuportável. O que se pode responder a essa *tomada de posição* – pois é disso que se trata – é que ninguém é obrigado a pensar, se por vontade de *pensar* se entende a obrigação livremente aceita de desenvolver um discurso coerente, que compreenda seus próprios pressupostos e, assim, se compreenda a si mesmo. É-se livre de escolher arbitrariamente, de se orientar como se queira num mundo cuja herança histórica torna a escolha particularmente rica. É mais difícil e, talvez, menos divertido se perguntar o que pode significar a expressão escolha razoável. O que a filosofia da moral oferece é precisamente uma resposta a essa questão: nesse sentido, pode-se considerar a sua tarefa como inteiramente destinada a dar uma definição do que todos querem dizer quando falam de "bem" ou de "decisão razoável", de "escolha justificada" ou de "ato conveniente". Pode-se protestar contra o que correntemente se chama razão e razoável e pode-se fazê-lo com toda segurança intelectual: ninguém pode argumentar contra quem recusa a argumentação. Mas não se pode querer fundar a desrazão na própria razão: não se diz mais nada quando se luta decididamente para *demonstrar* que o universal, pressuposto último de toda demonstração, não existe.

Isso não impede que esse protesto tenha um sentido: a filosofia moral (a moral filosófica) não recusa absolutamente o reconhecimento ao que se exprime no protesto da individualidade empírica. Ao contrário, ela encontra aí o fundamento da sua própria existência. O que ela é, o que ela pretende ser, senão a consciência do conflito, constitutivo do ser humano, entre animalidade e razão, desejo e vontade? Seria possível insistir mais do que ela na revolta "natural" do ser finito, o ser de necessidades e de desejos? Ela não ignora que a lei da razão é lei, e coerção enquanto lei, para o indivíduo biológico, psicológico, histórico, ela não ignora que a liberdade do universal pesa ao animal ao qual ela se opõe; porque ela não desconhece o que há de irredutivelmente carente no ser humano, que só é o que é porque não é naturalmente satisfeito, feliz, idêntico a si mesmo. Ela só acrescenta que o homem que busca razoavelmente, que quer se libertar do arbitrário, do acidental, que quer ser feliz enquanto ser razoável, não satisfeito como animal saciado e sonolento – que esse homem, porque busca em função da universalidade, só pode responder à sua própria questão em termos de universal, pela própria universalidade. A lógica não levará ninguém a pôr essa questão (se bem que o curso da história tenha levado uma boa parte da humanidade a pô-la – e a respondê-la, sem que tenha compreendido sempre o que ela de fato realizou quando o resultado da sua própria ação passada lhe é apresentado em linguagem filosoficamente adequada); mas a mesma lógica pretende que não haja outra resposta senão a da moral filosófica para quem a formulou e quer resolvê-la, evitando e descartando contradições primitivas.

É verdade que a filosofia da moral não oferece uma moral concreta, que ela não diz como é preciso agir para construir um Estado ou conduzir a sua política, transformar as estruturas da sociedade, escolher uma forma de vida, ainda que só para si mesmo, em poucas palavras, resolver os problemas que se põem à vida. Mas é igualmente verdade que as tomadas de posição nobres, profundas, autênticas e ornadas por qualquer outra qualidade não são úteis para isso, a menos que, e antes que, sejam pensadas, isto é, julgadas segundo o critério da universalidade, critério que precisamente só a moral "formalista" desenvolve: mesmo do ponto de vista do bom-senso mais comum, não é desejável que preferências arbitrárias conduzam à luta violenta e à destruição da comunidade.

Pode-se observar a esse respeito que os que mais falam de liberdade concreta e de moral positiva são também os que buscam, e normalmente acreditam ter encontrado, procedimentos infalíveis, científicos, necessariamente eficazes para fazer reinar uma e outra. Eles não parecem compreender que a existência de um procedimento único eliminaria precisamente a liberdade que eles tanto prezam: a necessidade existe na vida prática, mas ela aí é sempre hipotética, relativa aos pressupostos e aos fins livremente escolhidos, e se é perfeitamente possível mostrar que esse fim, sob certas circunstâncias, só será alcançado com a ajuda de certos meios, é absurdo querer mostrar que esse fim deva ser escolhido necessariamente, pois os termos *dever* e *necessidade* não caminham bem juntos. A moral só indica uma única coisa, mas de importância absoluta (absoluta, pois se trata da definição do que importa ao pensamento e à filosofia), a saber, que certos fins, e certos meios justificados por esses fins, são intrinsecamente imorais porque o homem aí é reduzido ao papel de objeto e porque visam a privá-lo da sua liberdade responsável e da possibilidade de encontrar a felicidade do ser razoável no respeito da humanidade nele e em todo homem.

Sob outro aspecto, o mesmo problema, mas visto como o problema do insensato da existência individual, dá lugar a observações análogas. A moral filosófica, formal e formalista, constituiria então uma tentativa de escapar à temporalidade de toda a existência finita, uma espécie de evasão para um eterno, um intemporal, que, de maneira ilegítima e desleal, desincumbiria o homem do peso de sua responsabilidade autêntica: em vez de assumir sua sorte, transcendendo, mas só para o nada do insensato, ele se refugiaria na falsa segurança de uma lei, não para aceitar sua responsabilidade, mas para traí-la, em vez de dar livremente um sentido ao que não tem sentido e não pode tê-lo. É visível que essa nova apresentação não traz nada de novo. Fala-se como se a filosofia da moral se esforçasse por negar a limitação do indivíduo, como se ela prometesse ao indivíduo que, mesmo permanecendo o que ele é, razoável e animal, ele pudesse coincidir consigo mesmo, como se o empírico, o biográfico do indivíduo devesse ser sensato por si mesmo. A moral pura afirma exatamente o contrário: segundo ela, o indivíduo empírico não *tem* sentido, ele deve dar a si mesmo um sentido e uma dignidade que de nenhum modo poderia lhe advir de um exterior qualquer que ele fosse, e não se pode desprezar a moral filosófica se ela acrescenta que isso se faz, filosoficamente falando, pela razão e na razão. O que se lhe pode reprovar – e voltaremos sobre isso – seria antes de ir longe demais nessa via, a ponto de se impedir toda compreensão daquilo que favorece a afirmação do que deve ser, esquecendo assim que o que *deve* ser já *é* na medida em que é no presente que ele deve ser: o conteúdo que, segundo a moral pura, deve preenchê-la para poder ser – pois se ela esquece facilmente que é a moral pura de uma moral histórica, ela sabe que, no domínio do finito, não há nada que não seja alguma coisa –, esse conteúdo permanece, segundo ela, o apanágio do arbítrio e do acidental. É preciso dizer, entretanto, que os adversários aos quais nos referimos aqui são os menos capacitados para formular esta reprovação: a moral que eles qualificam de abstrata, efetivamente é assim do ponto de vista da filosofia sistemática, mas não o é absolutamente do ponto de vista dessas críticas que, por temer a perda da individualidade, essa abstração que designa apenas o que há de mais comum a todos os indivíduos e por isso é vazia de todo conteúdo, sacrificam até o laço entre a universalidade e o indivíduo que afirma e quer essa universalidade e que decide razoavelmente em condições que são sempre empíricas – laço indispensável também para quem afirma a universalidade objetiva do absurdo e a moral pseudoniilista que ele daí extrai como a única válida.

Movidos por uma consciência obscura da fragilidade dessas teses, seus autores tentam amiúde sustentá-las com a ajuda de uma filosofia da história. A essa tentativa não haveria nada a dizer, ao contrário; mas a condição do sucesso é então que essa filosofia da história seja *una*, e não somente o título de uma série, em princípio ilimitada, de construções arbitrárias. Entretanto, nenhuma dentre elas consegue levar suas concorrentes a reconhecer a existência de uma contradição interna ou, se isso não as fizesse recuar, ao reconhecimento de só invocar a violência. No caso mais favorável – e é só ele que interessa à discussão –, encontra-se diante de um moralismo vago, de uma atitude que reconhece alguns princípios de determinadas morais históricas e, chocado pelas contradições do seu mundo moral, busca inconscientemente a coerência sem jamais perguntar pelos fundamentos (ou pela ausência de fundamentos) dos seus "valores" ou da sua exigência de coerência. Normalmente não se encontra um leque maior de apelos à revolta, à revolução, à restauração dos verdadeiros laços, aos princípios eternos, aos direitos imprescritíveis, à autoridade natural, cada um declarado como o único válido, o único fundado sobre o verdadeiro sentido da história. Nada de admirável diante disso, pois o indivíduo "concreto", que é aqui a única preocupação, enquanto tal é violento e só se distingue dos outros indivíduos naquilo que cada um conserva de *natural* e de desrazoável. É bem verdade que cada um pode, como se diz, dar um sentido à história; é igualmente verdade que nada pode obrigar a mudar de "sentido da história" um homem pronto a assumir os riscos muito reais que comporta esse sentido "pessoal" no caso em que a maioria dos outros ou dos poderosos acabasse por olhá-lo como um perigo público. Mas o martírio, que é o testemunho de firme convicção, não prova que a ideia à qual adere essa convicção seja verdadeira, e poderia ocorrer que as piores causas encontrassem um número maior de fiéis heroicos do que as boas causas, que amiúde não falam à paixão. Em si, dito de passagem para prevenir todo mal-entendido, a filosofia da história não é só possível, mas constitui uma exigência da filosofia e, como tal, existe, embora frequentemente só de maneira implícita: a filosofia, que só requer a constância no pensamento, dá a si mesma o que ela exige de si mesma. Mas essa filosofia da história é fundada – do contrário, como ela pretenderia ser verdadeira? – sobre a universalidade e só pode encontrar seu lugar na moral que, aqui, é posta sob acusação.

d. A filosofia da moral não quer, porque sabe ser incapaz disso, dar uma regra de vida; seu empreendimento não é reduzir o indivíduo ao universal: ela sabe muito bem que assim o levaria ao silêncio e ao vazio. Ela reconhece, pressupõe, sempre e em cada um dos seus procedimentos, a existência do indivíduo finito, condicionado, absurdo enquanto tal: mas tal como é o indivíduo e não pode deixar de ser, a filosofia moral quer que ele se submeta à razão, que ele receba em si essa universalidade na qual ele mesmo – pois essa só filosofia existe nele – reconheceu o princípio da questão que ele pôs quando se achou privado do contentamento *evidente* e da certeza irrefletida da tradição. Ela submete o indivíduo a uma disciplina, submete o ser finito e carente, não o ser razoável, que, na universalidade, princípio de toda moral justificada, isto é, não arbitrária, na sua vontade de universalidade liberta-se da pressão das circunstâncias, dos sentidos, dos desejos. Ele se liberta deles, mas nunca está totalmente livre: ele sabe que é livre porque sabe que pode dizer *não* a tudo o que, pela sua animalidade, o mundo lhe apresenta como promessa e como ameaça. É ele mesmo, enquanto razão-vontade, que constitui o tribunal e julga as suas tendências enquanto ser finito. E sabendo isso, reconhecendo-se, enquanto ser razoável, como a sua razão o apresenta à sua reflexão, ele sabe também que detém sempre o poder de agir de modo a se respeitar e ser feliz (embora o ser carente não seja por isso necessariamente contente).

Para mostrar esse resultado sob outro ângulo, talvez mais aceitável, convém apresentá-lo com a ajuda de outra terminologia. De novo, tratar-se-á de uma crítica da moral formal, mas que capta o problema filosófico da moral com uma consciência mais clara do que os seus primeiros adversários, embora a nova tese não seja mais bem fundada que a primeira.

Procede-se a partir da afirmação de que a linguagem da filosofia só poderia ser científica, objetiva, sem preconceitos tradicionais, que ela só poderia ser universal. O filósofo da moral não hesitará em subscrever essa tese. A teoria afirma em seguida que toda moral concreta é arbitrária, mas que esse arbitrário não pode nem deve ser julgado segundo o critério da universalidade. Ao contrário, cada um deve construir sua moral, na qual, indubitavelmente, respeitará certas regras tradicionais, mas só na medida em que elas (e a observação delas pelos outros) são requeridas para permitir a construção de uma moral pessoal, de uma conduta que encarne o que para cada um é imediatamente o bem. Nesse domínio, assim como no da arte e dos consentimentos da vida, não se poderia discutir gostos de modo sensato. Dado que a filosofia da moral é objetiva e universal, ela permanecerá sempre incapaz de fornecer ao indivíduo o meio de se orientar na vida moral. Se alguém prega uma moral concreta, um estilo de vida, um sistema de valores, pode-se estar seguro de se achar diante, não de um filósofo, mas de um poeta ou de um pregador, de um homem que não quer convencer através de argumentos, mas persuadir pelo recurso à sensibilidade, aos interesses, às preferências dos seus congêneres. O que ele recomenda pode, ou não, corresponder ao que parece bem ao homem de gosto moral que será o filósofo (pois não é a sua filosofia que o guiará); mas nenhum critério científico ou filosófico autoriza chamar boa ou má uma moral pessoal, a lei formal mais do que qualquer outra "lei".

Conceder-se-á tudo à tese – salvo suas conclusões. Mostraremos em que ela tem razão, até mesmo reforçaremos e aprofundaremos o que ela contém de válido. Entretanto, ela erra ao querer separar radicalmente a moral filosófica da filosofia da moral. Contentar-nos-emos, no momento, em mostrar que, aqui novamente, a crítica repousa sobre um mal-entendido:

atribui-se à moral filosófica uma pretensão que nunca foi a sua, e não se discerne a pretensão que, a partir dela mesma, a caracteriza essencialmente. Ela não quer prescrever ao indivíduo como ele deve viver; ao contrário, ela quer mostrar ao indivíduo que há ações cuja máxima, independente do que ele pense ou de quais tenham sido suas intenções, não é razoável, portanto, ações que ele não pode *querer*, embora as possa desejar e elas possam lhe parecer desejáveis, antes do julgamento razoável. O objetivo da moral filosófica não é de modo algum dizer ao indivíduo o que ele deve fazer, e toda positividade de suas prescrições é apenas aparente: se ela ensina que é preciso ajudar o próximo na necessidade, a regra não oferece a menor indicação para essa situação determinada, ela não deixa nem sequer perceber o que é, ou não é, ajuda real nesse caso e o que é, ou não é, simples satisfação concedida aos sentimentos irrefletidos e em si sem valor moral de comiseração e de piedade; o que ela exige é que não se abandone um ser humano que necessita de nossa ajuda. Ela permanece assim teoria, mas teoria moral, não só da moral; enquanto tal, ela deixa precisamente lugar à invenção moral (termo que só será justificado mais tarde, cf. cap. III), ao submeter as criações dessa inventividade ao critério da universalidade. Ela não visa a constituir toda a riqueza do indivíduo: ela pretende ser juiz de uma matéria moral que lhe será sempre, e necessariamente, fornecida por fontes das quais ela não dispõe, mas que ela quer e deve (deve querer) controlar. O erro da crítica é não ver que teoria da moral e moral coincidem no nível da filosofia, provavelmente porque, de modo mais ou menos consciente, confunde-se a moral filosófica com tal moral histórica positiva, portanto submetida ao julgamento *da* moral, depois de ter estabelecido que nenhuma moral positiva pode pretender a dignidade da verdade (filosófica). No fundo, refuta-se uma "filosofia da moral" que, por ser apenas a formalização de uma moral histórica, nunca foi a moral filosófica da universalidade, pelo menos em direito e onde esta se compreende a si mesma (o fato de amiúde ter sido diferente na história da filosofia explica o erro cometido, mas não lhe tira o caráter de erro). Como ela só invoca a verdade, a crítica funda-se sobre o próprio princípio da moral filosófica e assim, sem compreendê-lo, reconhece a sua validade, insistindo somente sobre um aspecto que essa mesma filosofia não é particularmente levada a desenvolver, isto é, a preexistência necessária de uma moral concreta e, em correspondência com isso, a existência atual de uma moral do indivíduo que não poderia ser puramente formal e negativa, mas que pode ser boa ou má.

e. Pode-se, contudo, buscar o que constitui a força persuasiva das objeções, já há muito tempo clássicas, que se dirige à moral formal. Pudemos julgar a sua força probatória. É muito provável que elas exprimam uma reação que são incapazes de pensar.

O que exprime a aversão contra a moral filosófica, formal, negativa, não é mais que a nostalgia da certeza. E, com efeito, nem a filosofia moral nem a moral filosófica oferecem ao indivíduo, ao mesmo tempo animal e razoável, o contentamento a que ele aspira; elas também não lho prometem. Mas longe de negar a existência desse desejo e dessa nostalgia – desejo natural no sentido aristotélico, que não poderia ser frustrado naturalmente –, a filosofia só dá a possibilidade de *pensá*-los, e a moral filosófica só apresenta, por essa mesma razão, o meio indispensável, embora insuficiente, para alcançar esse fim. Ela não oferece nada mais, mas também nada menos, que a possibilidade de transformar um sentimento, sempre revoltado e sempre de maneira vã, em vontade de ação para a realização de um mundo que satisfaça a toda exigência racional, isto é, universalizável, do homem todo, do indivíduo na sua individualidade razoável, da sua razão essencialmente individualizada por uma moral histórica e no interior dessa moral.

Concretamente, isso implica que só a moral filosófica consciente de si mesma pode levar a pôr corretamente o problema filosófico da política, que visa, fundamentalmente, à satisfação de todo indivíduo razoável tal como ela acaba de ser definida. Ela *pode* levar a isso; ela só leva necessariamente aquele que, mesmo reconhecendo como absolutamente fundado (e absolutamente *fundante*) o ensinamento dessa moral, não se contenta com o respeito de si mesmo e de todo ser humano na qualidade de ser razoável, mas exige, livremente, o cumprimento da ação (ação segundo a moral tanto quanto ação da moral no mundo e sobre o mundo). Ora, como a decisão por essa exigência é livre e não pode não ser segundo a moral, não existe argumento moral que possa forçar o homem moral a tomá-la (o que não deve fazer esquecer que, sem essa moral, a própria exigência tornar-se-ia inconcebível). Há uma série de reflexões que se pode sugerir ao homem da moral para incitá-lo a tomar esse caminho, não existe demonstração; no máximo pode-se refletir que, se ele recusa essa via, ele permanecerá para sempre incapaz de compreender o todo do que ele considera como a realidade – observação que ele pode recusar ao escolher uma definição conveniente da *verdadeira* realidade, contestando o conceito de realidade que o seu interlocutor lhe atribuiu e negando que aquilo que ele designa como *falsa* realidade (aparência, epifenômeno, etc.) faça, de algum modo, parte da *verdadeira* realidade. Numa palavra, a filosofia moral, na medida em que ela não se supera, rejeita a história e a ação política enquanto ação universal.[4]

Esta recusa, do ponto de vista dessa filosofia, é justificada. Mais que isso: até mesmo ao juízo da filosofia sistemática, ele não é criticável, mas somente *superável*. Seria, contudo, um erro filosófico se se quisesse ver nessa superação uma espécie de abolição da atitude do homem da moral. Empenha-se frequentemente por suprimir a moral; mas age-se então como os profetas de Balalão: quanto mais se prega a fé na história e numa ciência infalível da ação, mais se torna evidente que a moral não poderia ser descartada sem que todo fundamento e toda possibilidade de uma filosofia da história e da política

---

[4] Cf. Eric Weil, *Filosofia Política*. Trad. Marcelo Perine. São Paulo, Edições Loyola, 1990, cap. I.

caiam no absurdo e no arbitrário. Não insistiremos sobre esse ponto, que foi tratado anteriormente (cf. *supra c in fine*, neste §). Ao contrário, importa observar que a história, que, compreendida a partir da moral, pode e deve guiar as decisões e os atos do homem enquanto ser político (na acepção aristotélica deste termo), não consegue orientá-lo na sua existência de indivíduo finito.

É permitido, e mais que isso, dizer ao homem que ele põe um problema moral se ele se limita a alcançar a paz consigo mesmo, se ele negligencia tudo o que tem a ver com as condições da existência da moral no mundo, se trata seu próximo como ser razoável sem se esforçar por lhe oferecer a possibilidade de se ver a si mesmo nesse papel, sem tentar impedir que outro se torne ou permaneça o escravo da violência das suas próprias paixões e das dos outros. Não deixa de ser verdade que o indivíduo não pode esperar que esse estado de justiça (ou esse Estado justo) seja realizado para que ele viva razoavelmente, e a história produziu suficientes situações em que o indivíduo só podia visar à preservação, no segredo do seu foro interior, da lembrança histórica e da chama viva do universal. A moral não é só a condição filosófica de toda filosofia política; ela é, como moral praticada pelo indivíduo e pelos indivíduos, a condição do advento de um mundo moral, mundo que, enquanto projeto e realidade razoavelmente querida, só pode se desenhar ao olhar daquele que, aqui e agora, busca a universalidade, a justiça, todas as condições morais de uma ação em vista de um mundo moral, ação que só poderia conduzir a ele na condição de ser desde agora moral: sem o que, para situar o problema no plano mais "realista", ele seria privado desse crédito do qual tem necessidade todo empreendimento, por pura que seja sua intenção, se ele não quer ser interpretado como interessado e inspirado por essa forma civilizada da violência que se chama a astúcia.

O que precede não constitui de modo algum uma crítica do empreendimento político, que visa à felicidade, não do indivíduo senhor de si graças à razão nele, mas de todo homem, e isso pela criação de condições tais que aquele que não é livre só o seja porque renunciou livremente à sua razão e à sua liberdade. É preciso, todavia, reter que a moral filosófica permanece irredutível. Muito amiúde as promessas mais nobres e que merecem que todo homem colabore à sua realização só servem de para-vento para a preguiça moral, para os instintos mais baixos, para o laxismo, para a frieza de coração: o fim justifica então quaisquer meios, simplesmente porque a invocação do fim deve fazer calar toda objeção, toda discussão sobre o valor moral, isto é, sobre a adequação técnica dos procedimentos, e a tirania mais arbitrária falará de dignidade, de liberdade e de libertação do homem para impor medidas cujos efeitos morais fazem esquecer até mesmo o conceito de liberdade, enquanto suas consequências técnicas vão ao encontro do fim primeiro de toda política, a paz. Ora, dado que a política só pode ser *pensada* sob o ângulo do universal, isto é, da moral, e que ela não existe para eliminar a moral, mas para realizá-la ao realizar um mundo moral, o indivíduo não pode não julgar os atos dos homens políticos – não para descobrir na política algum princípio do mal (justamente porque leva muito a sério o mal da violência, a política se propõe precisamente descartá-lo), mas para impedir que a violência seja aceita sob os traços da razão e do fim razoável para agir de um modo tanto mais eficaz e pernicioso quanto mais dissimulado. É preciso, certamente, conceder, que o ponto de vista moral não basta para compreender positivamente a política; entretanto, é verdade que o indivíduo que pôs a questão moral (da moral) é o único qualificado a pôr a questão do papel da política na sua vida de indivíduo moral, e que só o indivíduo moral pode criar possibilidade de um mundo moral (que, só por seus meios morais, isto é, inteiramente negativos, ele está impedido de realizar). A compreensão política supera (não moralmente, mas do ponto de vista sistemático) a compreensão da moral pura: o que significa que uma política que não a superasse, que, portanto, não começasse por ela, que não se fundasse sobre ela, seria um contrassenso moral e uma impossibilidade filosófica.

A moral em nada se opõe ao projeto de um mundo que satisfaça o homem inteiramente e que acrescente à felicidade da dignidade o contentamento do ser sensível; ela também não se opõe à ideia de um mundo que não conheça mais problemas morais nem problema da moral, no qual as condutas morais não sejam sentidas como impostas, como leis que a parte razoável obriga a parte animal a seguir. Ela não se recusa à nostalgia de um mundo, por assim dizer, moralmente evidente, muito ao contrário; se ela se compreende, ela compreende também que ela é apenas a consciência dessa nostalgia, consciência explícita para si mesma, transformada em vontade e assim razoável. O que ela rejeita é o salto imediato, imaginário aos olhos dos que não sonham, numa felicidade verdadeira somente para quem se contenta com as promessas de um futuro sem esforço que ele se faz a si mesmo. A moral visa a um fim, seu fim: não é incorrer num trocadilho filosófico o fato de chamar a atenção para a ambiguidade do termo fim nesse contexto. Se a palavra moral é tomada na acepção que lhe foi dada até aqui (veremos que, em outro sentido, o desaparecimento dos problemas morais é inconcebível, mas tratar-se-á então dos problemas da vida moral concreta), a moral que alcançou seu fim, a felicidade do homem na dignidade, chegou ao fim do seu caminho e forneceu a prova do seu sucesso pelo seu próprio desaparecimento enquanto problema para o homem que pretende ser razoável; em vez de ser problemática, a moral será presente nas instituições, nos costumes, nos modos de viver de um mundo que não se põe problemas morais nem problema da moral para os indivíduos. É inadmissível moral e logicamente que se tome por fim alcançado o fim pensado e se dispense assim do esforço de moralização de si, dos homens e das instituições, em proveito só das paixões, da astúcia e da violência, que se ignore o único fundamento possível de tudo o que supera a moral formal e sua lei, universal na sua negatividade, que se pretenda pensar a moral pela eliminação do seu conceito.

2. O Conteúdo da Moral

13. *A vida do indivíduo moral se orienta pela moral existente da sua comunidade, que ela, contudo, submete ao critério da universalidade.*

a. Mostrou-se anteriormente (cf. § 12 *b*) que a moral filosófica e a filosofia moral não poderiam ficar alheias à vida moral nem sem relações com ela, no que ela tem de histórico, de determinado, de exterior para a moral pura e formal. Esse conteúdo positivo não pode ser negligenciado: pode-se conceber que ele seja diferente do que é, mas é impensável que todo conteúdo e toda moral concreta estejam ausentes do mundo dos homens. Para agir, a moral filosófica deve agir sobre a moral histórica (empírica, relativamente à moral pura) no duplo sentido de sistematização desta última e da universalização dos seus princípios ("valores"). Quando essa relação é *tematizada*, mostra-se insatisfatório que a moral concreta, indispensável à moral pura, seja captada como o x de uma função $f(x)$ da qual já se sabia que sem x ela não existiria, mas cuja estrutura concreta permaneceria totalmente desconhecida.

Indubitavelmente, o indivíduo pode se contentar com a moral concreta purificada que ele encontra, ou antes, cria. Mas o filósofo moral enquanto tal seria limitado só à reflexão sobre a moral existente e sobre os aperfeiçoamentos que se pode e se deve trazer a ela, tanto do ponto de vista da coerência, como da sua maior universalidade: na sua vida de indivíduo, ele não disporia por isso de um guia e, em todas as situações que o obrigam a decisões positivas, o princípio da universalidade da sua reflexão lhe forneceria uma proteção que serviria apenas para preservá-lo da queda na imoralidade das máximas. Consequentemente, ele seria levado a evitar ao máximo a ação positiva, em favor de uma atitude que lhe garantiria a vantagem negativa de não perder o respeito por si mesmo. É certo que isso não o obrigaria a se retirar do mundo e dos seus negócios; pelo contrário, tendo optado pela ação moral ele renunciou à paz do silêncio e do vazio da consciência; mas ele não se sentiria menos convidado a descartar toda obrigação que não lhe foi imposta de fora, a limitar ao máximo, e esse máximo seria grande, seus compromissos: todo compromisso constitui para ele um laço suplementar, uma obrigação nova, uma adição às responsabilidades que, de todos os modos, ele já suporta pelo simples fato de viver na sociedade dos homens. Ele seria, pois, porquanto isso depende dele, passivo, não agente, cumpridor das tarefas que lhe incumbem, só intervindo no curso do mundo na medida em que não poderia deixar de fazê-lo. Mas ele não poderia negar, por outro lado, que o mundo dos homens é o das necessidades e dos desejos que, desde que legítimos, isto é, universais e razoáveis, podem legitimamente exigir satisfação: ele estaria em falta se não se empenhasse para isso, se se dobrasse sobre si mesmo, contando com o sacrifício e com o trabalho dos outros para preservar uma pureza que ele recusaria implicitamente aos que lhe preparam essa situação privilegiada, reconhecida nesse caso como não universal nem universalizável, numa palavra, imoral. Sua prudência poderá ser a maior do mundo, mas ela não poderia ser absoluta sem ser imoral: o indivíduo está comprometido no mundo, *nesse* mundo histórico e *nessa* moral, e é aí que ele será moral ou imoral, bom ou mau, é na sua vida que filosofia moral e moral filosófica darão, ou não, suas provas. É esse mundo que ele deverá compreender.

b. O indivíduo moral que se debruça sobre a moral concreta da sua comunidade, não para criticá-la e emendá-la, mas para agir no seu interior, não desaparece nessa moral: ele permanece indivíduo e quer permanecer assim. Para ele, é ele mesmo que está em questão. O universal relativo da moral histórica lhe concerne e lhe interessa porque essa maneira de viver lhe oferece a possibilidade de participar na vida de uma comunidade. Mas ele se recusa a reconhecer a história como o fundamento suficiente do que é – em particular da moral concreta. Ele entrou nela por acidente, o acidente necessário do seu nascimento em certo momento e em determinado lugar. Ele é situado na história e por ela; mas a história não é mais que uma entre as suas condições do exercício da liberdade que revela a liberdade-razão, juntamente com os caracteres biológicos da espécie ou seu temperamento de indivíduo.

Ora, esse acidente é necessário: seu conteúdo, suas determinações poderiam ter sido outras, contudo, ele tinha de se produzir se o indivíduo devia existir. Ele não é um puro arbítrio e, portanto, deve conter a razão, *algo de* razão, sob uma forma ou outra: a ciência, pelo menos em princípio, permite explicar, analisar e descrever coerentemente o fato de ele ter nascido em certa data, com esses traços de rosto e de caráter, e as condições naturais, acidentais do ponto de vista da liberdade que nelas só encontra o quadro do seu exercício, são razoáveis sob o ângulo da ciência.

Igualmente, não poderia ser puro acidente o fato de ele pôr a questão da moral nesse momento, nesse lugar, no quadro dessa moral concreta. A diferença consiste em que, quando se trata de moral, a ciência, mesmo histórica, não oferece nenhum socorro: ela faz parte do positivo que tem necessidade de um fundamento para ser reconhecido e não pode fornecê-lo. A razão no acidental da moral só se revelará se, em vez de ser considerado simples condição da ação concreta do indivíduo, esse acidental for olhado como necessário para a tomada de consciência da liberdade responsável no universal e diante dele. O laço do fortuito e do necessário é infinitamente mais estreito aqui do que no caso da natureza. A natureza não fala dela mesma; o homem é objeto do seu próprio pensamento, do seu discurso. Ora, o fato de se ter tornado e de ser objeto de seu discurso, esse fato fortuito se revela como o próprio fundamento da razão. O acidente na natureza e na história só existe para o discurso; o próprio discurso se compreende como acidente natural e histórico e, justamente nesse ponto, se obriga a compreender o acidente como razoável porque ele é razão, tornou-se razão, é razão advinda: o acidente é razoável *ex parte post*.

Mas é também nesse ponto preciso que o homem da moral pura se revolta e se recusa a passar a outro nível do pensamento filosófico, justamente o nível que capta o universal na sua existência concreta:[1] o ponto de vista superior tentará manter a moral em toda a sua extensão (sem o que ele não seria superior), mas o que aparece a essa moral como traição inadmissível é o fato de algo diferente da moral pura da pura universalidade tornar-se visível. Se fosse preciso buscar razões psicológicas para essa recusa (que não seriam nunca suficientes, dado que a liberdade é capaz de tratar todo fato, mesmo psicológico, como simples material), elas seriam encontradas sem dificuldade. Uma primeira razão foi indicada anteriormente (§ 12 *c* ss.), quando se tratou dessas concepções, pretensamente históricas e científicas ao mesmo tempo, que, ao recusar o critério moral, são apenas pretextos para a imoralidade e para a violência: nada mais compreensível do que o recuo a posições do puro formalismo diante de uma razão falsa e falsamente concreta, que não realiza, mas destrói a moral e toda moral. Mais profundamente, a razão consiste em que, em vez de empreender a crítica dessas teses, o homem da moral as aceita, erradamente, como as únicas representativas de toda filosofia ao mesmo tempo sistemática e concreta e daí conclui que *a* filosofia, quando quer se elevar acima da moral do indivíduo (e, enquanto universal, de todo indivíduo), precipita-se no inferno pavimentado pelas escusas "históricas" da violência consciente ou, o que seria pior, inconsciente.

---

[1] Cf. *Logique de la Philosophie*, cap. XIII ("L'Absolu").

Filosoficamente, trata-se de uma recusa livre. Entretanto, se ele não é movido à escolha do vazio, vimos que essa recusa não poderia ser total. A moral reconhece à história certo sentido. Mas, segundo ela, esse sentido deve permanecer, como ela mesma, puro e puramente formal; aos seus olhos, a história não apresenta conteúdo sensato, se "sensato" significa: suficiente para dar um sentido à existência do indivíduo, ou se designa o que constitui a unidade fechada de um discurso absolutamente coerente e que não conhece nenhum exterior. Ela não encontra um conteúdo sensato como este nos acontecimentos históricos tomados na sua sucessão de acontecimentos individuais: o que aconteceu, assim como o que acontece, é determinado por suas causas, não por uma finalidade que regularia a sequência do que permanece sempre acidental e só é necessário sob o ângulo da causalidade, a tal ponto que mesmo os projetos e os fins dos homens, enquanto acontecimentos (não enquanto decisões de valor moral positivo ou negativo), são determinados e devem ser reduzidos às suas causas quase mecânicas. Mas a história também não é insensata.

c. Portanto, não é nos acontecimentos que se deve buscar o sentido da história. Ao contrário, os acontecimentos só aparecem como importantes ou negligenciáveis quando olhados do ponto de vista de um sentido formal, que é o único a constituir a história como unidade: a unidade não é abstraída dos acontecimentos, ela os precede logicamente.

Essa unidade, esse sentido formal da história na sua totalidade, é designada pelo termo (e pelo conceito) de progresso. Longe de ser arbitrário, ele se mostra imediatamente inevitável, e isso por duas razões: não é concebível que se busque a ação moral sem objetivo, ou que esse objetivo seja inatingível, por distante que ele seja; igualmente, é inconcebível que o passado, que conduziu à tomada de consciência da liberdade na universalidade e na responsabilidade razoável, seja puro arbítrio, acidente, fortuito. Entretanto, esses dois argumentos da moral pura devem ser compreendidos, e querem sê-lo, por referência ao universal. Não se trata, absolutamente, de uma justificação moral, lógica, metafísica dos acontecimentos que precederam o presente e que o seguirão; *neste* sentido do finalismo moral, a história, passada ou futura, não é necessária, não foi necessária, jamais será necessária, do contrário não haveria nem liberdade nem responsabilidade. Na verdade, o que está em questão não é um conceito científico que capta o que é "objetivamente", sob o controle da experiência verificadora, mas um conceito que estrutura o todo do dado, uma *ideia* que permite pensar o dado como totalidade. Nada seria mais contrário à intenção fundamental da moral do que transformar a *ideia* de progresso em *conceito*, a verdade filosófica em verdade de ciência demonstrada ou a demonstrar com a ajuda de meios científicos. A moral não exige tanto; mais exatamente, porque esse "tanto" só se concebe do ponto de vista da ciência particular e do seu ideal de demonstração, e porque a moral se situa num nível mais elevado (ou profundo), ela não pode admitir essa demonstração que, em vez de confirmá-la, a tornaria impossível ao conduzir diretamente aos paradoxos insolúveis de todo determinismo pretensamente total. A verdade da ideia de progresso é outra: ela é apropriação efetuada pela moral (a razão) do dado temporal do mundo humano, no qual ela introduz uma finalidade da qual está ciente que não pode ser provada nem refutada no plano do acontecimento isolado, que se poderia chamar de *natureza* histórica. Em última análise, a moral *escolhe* o sentido da história, mais concretamente: a ideia de progresso moral para uma moral sempre mais realizada, encarnada no mundo humano. Ela *escolhe* considerar os acontecimentos como estruturados pela presença, empiricamente revelável, desse progresso: o mundo saiu da era da pura violência, percorreu a era da moral concreta, inconsciente da sua natureza universal, mas, ao submeter o indivíduo ao universal particular da lei positiva, o mundo chegou ao ponto em que a visão clara do princípio da moral permite visar, com conhecimento de causa, àquilo que, graças a essa tomada de consciência, revelou-se como o único fim universal. Nada pode impedi-lo de prolongar essa linha e de esperar que o que se seguirá continuará o que o passado começou a realizar, tanto mais que a humanidade, despertada do seu longo sono e saída da sua infância, doravante é capaz de conduzir os acontecimentos em vez de sofrê-los como ocorreu até aqui.

O acontecimento individual não deveria por isso ser diretamente remetido ao fim. O saber do homem é finito, como ele mesmo também o é no mais profundo de seu ser, e nem os indivíduos nem a humanidade, se podemos lhes atribuir uma consciência, jamais serão capazes de dizer o que conduz ao fim. Se, ao contrário, não se ignora o que o afasta da violência e da intenção imoral, não se saberá nunca se o ato mais puro antecipará o fim da história: o resultado não é função da pureza da vontade nem da moralidade da máxima, ele decorre das circunstâncias nas quais a vontade tomou a decisão.

O progresso é progresso da moral e aos olhos da moral: ele não é um fato do mundo da determinação natural. Essa ideia justifica, filosoficamente, a esperança, ao mostrar que essa esperança não é a simples projeção dos desejos animais, mas define a linha que conduz, na direção do futuro, para o ponto de chegada da ação razoável e, voltando do presente ao passado, à compreensão do próprio futuro da moral razoável e, desse modo, à compreensão do presente. A esperança, não do coração ou do sentimento, mas da razão, sabe que é pura esperança, irrefutável por qualquer instância pretensamente científica, estabelecida sobre fundamentos inabaláveis só pela escolha razoável, pela escolha razoável da razão e da liberdade universal. Ela não fornece um sentido aos acontecimentos históricos: os acontecimentos decorrem do interesse consciente ou inconsciente, da animalidade do homem, da sua finitude de ser necessitado – mesmo quando essa animalidade pretende se passar por razão ao usar o discurso como um instrumento a seu serviço e o transforma em cálculo, em atividade do entendimento voltada inteiramente para o particular e para o finito, em razão inconsciente da sua natureza de razão (universal). A esperança não faz nada mais, e nada menos, do que garantir à razão consciente de si mesma que a história, em sua totalidade, *deve* possuir um sentido: nada pode impedi-la de manter sua fé naquilo que é possibilidade no nível da natureza e necessidade para ela. O indivíduo não pode saber, pois o conceito de um determinismo total da natureza é contraditório, ele *pode* esperar; ele *deve* fazê-lo segundo a moral. Ele tem o direito de prometer a si mesmo que, do ponto de vista da totalidade que, contudo, sabe que não pode alcançar, não serão nulos os resultados de seus atos, isto é, o efeito de suas decisões morais sobre o curso do mundo. O homem jamais deixará de ser indivíduo e finito, mas não existe limite "natural" à sua universalização, nem ao grau de felicidade ao qual ele poderá tocar por uma realização sempre maior de sua dignidade de ser razoável. Mesmo sendo formal, o sentido da história nem por isso é menos (moralmente) real para o ser que, ao apreender a essência da moral, captou a possibilidade de sua felicidade na liberdade da razão. A filosofia moral reconhece que a moral filosófica, isto é, ela mesma, se refere ao mundo humano e à sua história.

d. A felicidade no respeito de si mesmo depende, em consequência, do que o indivíduo quer, decide, faz aqui e agora. A esperança certamente lhe é indispensável. Ele é necessitado e não admitirá que suas necessidades e desejos legítimos (universais com relação à espécie) sejam necessariamente (regularmente) frustrados; a própria razão moral exige (e funda) a esperança na realização, naturalmente possível e moralmente necessária, do fim que a constitui tanto quanto é constituído por ela.

Mas essa esperança não deve se tornar motivo dos atos individuais do ser moral. Ela não pode, ademais, vir a sê-lo porque o resultado de todo ato determinado escapa à pré-ciência finita do ser finito e, sobretudo, porque nenhum ato individual, com suas consequências igualmente individuais, jamais será da natureza da esperança, que só se refere à totalidade do devir ou do universal da razão, que, no lugar da ação, só conhece o motivo moral da decisão, a máxima, porquanto essa máxima é e pretende ser isenta de contradição com o princípio da universalidade, isto é, ela é (ou não é) universalizável. A esperança é fundada, ela não deve se tornar fundamento. E ela é fundada sobre a moralidade das máximas que inspiram atos concretos.

Assim, se a esperança é apenas esperança, não inspiradora de um plano de ação, de projetos históricos e, nesse sentido, concretos, o indivíduo encontra-se novamente remetido ao mundo no qual vive. A história certamente possui um sentido formal e a esperança tem o direito de compreendê-la como progresso. Mas onde se encontra, aqui e agora, o sentido, como ele se realizará, quais são os desvios que a história tomará, onde se situam as viradas? Se a esperança se compreende, ela se interdita responder a essas questões: o indivíduo sabe o fim último da história, mas ignora o caminho para ele. A filosofia moral, na sua compreensão de si mesma, só vai até o ponto em que ela descobre a ideia do progresso histórico, não o princípio das suas decisões e das suas máximas, mas o pressuposto de sua ação no mundo e sobre o mundo; e este não é mais que o pressuposto. Com outras palavras, sua reflexão chega ao seu termo sem que por isso os problemas morais do indivíduo que vive no mundo dos homens (e decidiu não sair dele) sejam resolvidos. A não ser que o indivíduo se salve, nos dois sentidos dessa expressão, no silêncio e no vazio, ele precisa se orientar segundo a moral concreta da comunidade da qual faz parte e da qual só sairia em favor de outra comunidade e de outra moral histórica, ambas tão fortuitas e necessárias por relação à moral pura e negativa quanto a que ele teria abandonado. A moral filosófica pode obrigá-lo, diante de si mesmo, a essa mudança, pois pode ocorrer que a moral na qual ele se encontra seja, segundo seu julgamento moral e razoável, inferior à outra na qual certamente não encontraria a perfeição da universalidade, mas um grau mais elevado de moralização; ela pode mesmo obrigá-lo a protestar, por uma desobediência passiva e que aceitaria as consequências do seu protesto contra toda moral determinada de sua época. Isso não importa: sua negação será sempre negação de um positivo e não se compreenderá de outro modo, sua reflexão moral pura será sempre reflexão sobre uma moral determinada ou, a partir dela, sobre as morais positivas possíveis, mas passíveis de serem pensadas somente se forem levadas em conta as necessidades e os desejos que se revelaram no quadro *dessa* moral. O homem que quer agir segundo a moral só pode viver e permanecer em relação com outros homens, só pode protestar contra a moral histórica da sua comunidade se reconhecer *uma* moral concreta, se viver de acordo com ela enquanto espera uma moral mais perfeita. Ele não poderá se contentar só com a reflexão sobre a moral, sobre esta moral com a qual ele tem a ver, quer isso lhe agrade ou não, e no interior da qual nasce toda questão moral. A reflexão sobre a moral, da qual nasceram a filosofia da moral e a moral filosófica, não só admite, mas exige uma reflexão moral que, partindo da natureza da moral, reflita conscientemente sobre o que é preciso fazer e não fazer no interior de determinada moral. A moral pura, que pretende ser moral da ação, não contente de remeter à moral histórica, descobre que tem o dever de compreendê-la positivamente.

14. *A moral filosófica (a filosofia da moral) exige e permite o desenvolvimento de uma teoria das morais concretas como teoria das estruturas fundamentais de toda moral concreta. Assim ela exige e permite uma teoria das categorias morais.*

a. Foi observado mais de uma vez no que precede que a moral concreta, sempre determinada, que existe de fato e à maneira de um fato, pode se tornar (e se tornou) objeto de ciência positiva. As ciências positivas assim constituídas terminaram por desempenhar um papel tão importante na consciência comum "esclarecida", "objetiva", "livre de julgamentos", etc., que o problema filosófico dessa moral nela se encontra obscurecido a ponto de não ser mais compreendido.

Nossa tarefa não pode ser a de analisar em pormenor essas ciências e os paradoxos aos quais elas conduzem a partir do momento em que se levam a sério suas pretensões. Esquematicamente, elas se distribuem em três grupos, que se remetem à história, à sociologia e à psicologia.[2] Essas três formas não se encontram em estado puro e contaminações, não só naturais, mas filosoficamente necessárias, se produzem em toda parte. Contudo, enquanto tipos por assim dizer ideais elas permanecem nitidamente distintas. Falaremos apenas dessa tipologia das ciências da moral concreta (cujo fundamento deve ser buscado na lógica da filosofia), e só o faremos na medida em que isso puder ajudar a captar mais claramente o problema filosófico da estrutura do mundo moral.

O que é comum a todas as ciências da moral é que elas consideram as morais existentes a partir de fora, como fatos, como exteriores ao observador que não está comprometido com nenhuma das morais que analisa. Os caminhos se separam em seguida. A sociologia tenta descrever o fenômeno moral do ponto de vista da coerência: a moral de uma sociedade só pode funcionar de maneira satisfatória se ela não encerra contradição percebida como tal. Em seguida, ela analisa essa moral para saber em que medida ela é completa: uma moral só poderá guiar os que a ela aderem se responder a todas as questões (morais) que se põem a partir de seus próprios pressupostos (valores). Ela pergunta, enfim, se a moral é adaptada, se é possível seguir suas regras sem que a sobrevivência da comunidade e da moral que a caracteriza seja por isso ameaçada. Feito isso, a sociologia "compreensiva" não tem mais problema a resolver: uma classificação das morais é, sem dúvida, possível a partir das semelhanças entre os diferentes sistemas de valores e de regras; mas é inconcebível que se possa situar as diferentes morais em níveis morais mais ou menos elevados: a ciência das morais não seria mais objetiva, ela admitiria certos juízos de valor, não mais a título de juízos formulados pelas morais observadas,

---

[2] A moral teológica, a partir da interpretação que dá de si mesma, se liga a uma ou a outra dessas concepções, sem que isso a impeça de se interpretar a partir da moral filosófica (e fundando-se nela). Algumas dessas formas levam à atitude da negatividade absoluta, que recusa a vida agente em favor de um ideal de felicidade no silêncio.

mas como juízos que a comprometeriam. – A crítica filosófica desse procedimento foi apresentada anteriormente (cf. § 10 c), quando se tratou dos pressupostos da objetividade, que, para dizer em poucas palavras, tem por fundamento uma escolha livre, uma opção *fundadora*, mas não fundada, em favor da universalidade e de sua moral. Normalmente essa escolha permanece inconsciente no homem de ciência, e o resultado é que sua ciência, permanecendo filosoficamente ingênua, não chega a se compreender.

Malgrado a sua insuficiência filosófica, a tentativa sociológica permanece, entretanto, superior aos empreendimentos históricos e psicológicos. Os dois se caracterizam pela vontade de *explicar* as morais com a ajuda de conceitos procedentes da causalidade e os consideram não como fenômenos (pois o fenômeno se descreve e se analisa, mas não é, essencialmente, objeto de explicação), mas como acontecimentos, como o que aconteceu aqui ou ali, em determinadas circunstâncias, em determinadas condições: em uma determinada comunidade se deu uma determinada moral porque era uma comunidade de caçadores, de pastores, de agricultores, porque viveu em determinado clima, sofreu a influência de certo grupo estrangeiro, porque possui determinadas estruturas familiares, pratica determinados métodos de desmama ou de vestição das crianças e assim por diante. A intenção comum à história e à psicologia de reduzir o fenômeno moral ao que, essencialmente, não é moral faz que a diferença entre as duas seja menor do que a que as opõe à sociologia da compreensão. Para simplificar ao máximo relações e interpretações muito complexas, essa diferença se reduz à que existe entre explicação dinâmica (da história) e explicação estática (da psicologia), a primeira insistindo na evolução dessa moral particular e das morais consideradas globalmente, a segunda atendo-se preferencialmente às influências recíprocas entre moral de grupo e moralidade individual. Uma levará em consideração, antes de tudo, senão exclusivamente, as condições exteriores à moral, aquelas que aparecem a esta mesma moral como dados neutros, e a influência que a mudança dessas condições tem sobre a evolução da moral. Em última análise, o critério é o da adaptação às circunstâncias naturais e históricas das quais depende a sobrevivência da comunidade. A explicação psicológica, por seu lado, parte do indivíduo e só se ocupa subsidiariamente da própria moral. O que lhe interessa é saber como determinada moral age sobre o ser humano que foi educado e que vive segundo suas regras; ela supõe assim a existência de uma natureza humana comum, infinitamente modificável, mas fundamentalmente idêntica pelo fato de tender, quaisquer que sejam as leis morais às quais ela está submetida (ou se submete), para a satisfação vivida e sentida. Como, entretanto, ela não pensa o conceito da felicidade (ao qual, para dizer a verdade, a sua reflexão nem sequer chega), ela adere, mais ou menos inconscientemente, a um ideal de satisfação animal e se vê assim obrigada a julgar toda moral como uma espécie de aberração inexplicável ou só explicável por uma falta inicial, um erro, um desvio inexplicáveis por sua vez, perguntando-se em vão por que os homens, em determinado momento, se impuseram condutas que os molestam e devem sempre tê-los molestado, em vez de permanecer, de maneira sábia, seres de instintos e de satisfações instintuais.

Enquanto a compreensão sociológica reconhece a moral, mesmo desconhecendo-a, as explicações positivas, psicológicas e históricas renunciam em princípio, isto é, por princípio, a toda compreensão da moral. É certo que a filosofia não pode não reencontrar o conceito do universal nessas duas teorias: ele existe aí não só na medida em que toda explicação que pretende ser científica e objetiva apela para a universalidade, mas também porque falar de moral, mesmo que só para reduzi-la, é admitir a vontade de validade que caracteriza toda moral. Sob esse aspecto a teoria psicológica é mais próxima de uma tomada de consciência filosófica do que o historicismo: bastaria levar a sério o seu próprio paradoxo, segundo o qual o homem produz a sua infelicidade de animal ao querer a sua felicidade de homem. Ademais, ela padece de uma espécie de má consciência, que ela exprime ao declarar que a civilização, valor absoluto, se produz ao preço dessa infelicidade, que, consequentemente, não seria infelicidade absoluta. Mas esse implícito jamais se explicita: a explicação psicológica, longe de tudo explicar, não compreende que de direito sua questão é posta do ponto de vista do universal e se contenta com respostas que, escondendo o ponto de partida de todo o seu empreendimento, explicam – mais exatamente, são destinadas a explicar – o que funda qualquer possibilidade de explicação. A isso corresponde que o sujeito moral é transformado em objeto por outro sujeito, isto é, fonte de determinações. Essa *objetivação*, que é parte integrante da teoria, pois ela quer *explicar*, e que pode ser bem-sucedida, até de maneira esplêndida quando se refere ao sujeito empírico, na medida em que o indivíduo, como ser razoável, não se apropriou do universal relativo da moral concreta e não vê nele senão um exterior hostil e ameaçador, fracassa quando se põe a interpretar positivamente uma moral particular (ou a moral simplesmente), porque ela mesma não faz nem algo a mais nem algo diferente do que esses sujeitos-objeto com os quais ela tem a ver: toda moral é julgada do ponto de vista da satisfação instintiva e se apresenta, consequentemente, como aparelho de coerção, sem possibilidade de felicidade razoável. Assim, muito amiúde, a teoria acaba por aconselhar às comunidades e aos indivíduos fazer as pazes com uma moral qualquer, sob a condição de que esta não imponha muitos sacrifícios ao animal; ela não tem preferência por uma ou outra das morais existentes ou a existir, que são todas equivalentes pelo fato de serem todas igualmente desagradáveis e necessárias. Quer ela exija assim uma moral positiva e histórica de determinado tipo, quer ela recuse outro tipo, por exemplo, o de morais "socialmente indefensáveis", ela praticamente não vê isso, pois nem sequer ensaia desenvolver a moral da sua própria tentativa.

A interpretação histórica descarta desde o início o indivíduo e assim não padece de má consciência. A tal ponto que o problema *da* moral nunca aparece no seu quadro de referência puramente explicativo: uma moral determinada se explica pelo clima, pela organização da produção social, pelos hábitos de se vestir, pelas práticas sexuais, e sobre cada ponto a busca das causas das causas pode continuar sem que nunca se ponha a questão do sentido dos fenômenos ou do sentido do empreendimento interpretativo. Descobrem-se forças profundas, realidades subjacentes, fatores fundamentais, entre os quais não nos interessa distinguir aqui, por importantes que sejam essas diferenças em outros níveis, particularmente no da política, tanto filosófica como corrente; o que caracteriza essas teorias é que cada uma delas é irrefutável por suas congêneres, dado que o que é acontecimento decisivo para uma não é mais que epifenômeno e simples consequência pra outra.[3] Seu erro comum é confundir condições necessárias e condições suficientes. É perfeitamente possível demonstrar que determinada moral só pôde se constituir e durar em determinado meio natural e social (descartando o caso, que mereceria ser considerado, de conflitos entre morais e interesses "naturais" e os casos de comunidades que preferiram desaparecer a abandonar uma moral não adaptada às novas circunstâncias), é errado concluir daí que fatores assim desvendados tenham produzido determinada moral: prova disso é que, em condições sensivelmente iguais (tão iguais que podem ser encontradas na história), as respostas das comunidades (e dos indivíduos no interior das comunidades) foram radicalmente diferentes.

As críticas precedentes contra o que se pode chamar de cientificismo não constituem – seria preciso dizer? – uma objeção às tentativas de determinação científica do ser natural que o homem continua sendo. Essas pesquisas positivas são mais que legítimas, são indispensáveis; seus resultados são preciosos para um conhecimento mais extenso e mais profundo da humanidade como ela é (e não existe outra), e,

---

[3] Cf. *Logique de la Philosophie*, p. 34 ss.

o que é mais importante no presente contexto, elas convocam à ordem e ao bom-senso esses defensores de certo angelismo que esquecem muito facilmente que o homem só é razoável porque é animal (para um ser não animal não haveria razão, porque a razão não se destacaria mais de nada que lhe fosse diferente) e que se contentam com exigir não alguma coisa precisa no mundo e para o mundo que eles habitam, pois toda precisão os lançaria de novo na animalidade, mas *a* virtude, *a* perfeição, *o* bem. Os métodos, os conceitos, os princípios dessas ciências, portanto, não estão em questão aqui; é a partir de seus próprios pressupostos que seus resultados positivos devem ser julgados positivamente. Cabe a elas mesmas separar, no progresso de seu trabalho, o erro da verdade e a afirmação gratuita do enunciado demonstrado.

É provável que elas mesmas acabem por descobrir, no curso desse trabalho, a insuficiência dos fundamentos filosóficos dos quais elas se contentam no momento: sua vontade de coerência chocar-se-á, como ocorreu em outros campos, com as contradições resultantes de um sistema de axiomas e de postulados incompleto ou (e) contraditório em si. O que a filosofia deve e pode rejeitar são as pretensões, que ultrapassam as possibilidades de toda ciência particular, dirigidas ao discurso (ao pensamento) enquanto totalidade: as ciências não refletem (nem são obrigadas a refletir) sobre o sentido do que elas fazem e, normalmente, fazem de maneira admirável. As ciências positivas do homem são, por natureza, incapazes de reduzir a moral a algo diferente da moral, por capazes que sejam de indicar as condições necessárias da formação de determinada moral concreta (mas que se forma sempre a partir de uma moral já existente), de explicar as razões do desaparecimento de outra (mas como consequência de ações e reações que já são morais). Elas o esquecem – o que está em seu direito na medida em que elas não se prendem a esses problemas filosóficos que se referem às condições iniciais e irredutíveis do domínio de cada ciência, portanto, ao todo desse domínio e à sua situação no interior do todo do discurso; elas esquecem que o conceito de objetividade sobre o qual, muito justamente, querem se fundar é o resultado, mais exatamente, é a expressão concreta de uma escolha livre, esquecem que o homem pode viver sem desenvolver esse conceito, sem a ciência objetiva que dele nasceu, esquecem que, numa palavra, a objetividade não pode ser demonstrada objetivamente como valor fundamental, dado que toda tentativa de demonstração já pressupõe o reconhecimento de um princípio da coerência como princípio primeiro (cf. § 10 c).

b. Como foi exposto, a reflexão moral tem sua origem na consciência da pluralidade das morais; ela nasce da descoberta de que a moral que se seguia não é *patente*, não é *natural*, não possui *evidência*. As ciências das morais concretas têm o mérito de lembrar constantemente esse fato à consciência do filósofo moral e do homem da moral filosófica: elas conservam, sob o modo do ceticismo moral e do cientificismo, esse sentimento de insegurança moral que a filosofia pretendeu vencer e que venceu para a satisfação do filósofo. Mas, lembre-se, essa vitória é a do ser razoável no ser sensível, e se ela promete e assegura a felicidade do ser universal, ela deixa desprotegido o animal, ao qual nem sequer ousa prometer a satisfação no curso de sua existência empírica, de suas necessidades e de seus desejos, mesmo quando uns e outros fossem os de toda a espécie.

Com essa constatação a moral filosófica descobriu um primeiro laço entre ela mesma e a moral particular, histórica, concreta. Evidentemente, ela pode se contentar, por um ato de vontade, com a felicidade do ser razoável no respeito de sua própria universalidade. Mas outro laço, orgânico, logo lhe aparece: a universalidade do indivíduo agente só se prova e só se experimenta na máxima particular de uma decisão individual – e toda decisão remete ao mundo histórico e à sua moral concreta. A filosofia moral não poderá mais deixar de pensar essa moral ou, para usar termos mais claros, falar dela de modo coerente. Entretanto, como a coerência particular das ciências positivas não lhe servirá de socorro, para falar das morais concretas e da moral concreta ela precisará de uma linguagem própria, que se caracterizará pela vontade, não de explicar, mas de compreender e de se compreender na sua intenção própria; sua tarefa primeira será determinar o que constitui uma moral aos olhos da moral.

Pode-se esperar que essa exigência seja rejeitada em decorrência de uma concepção "essencialista": dir-se-á que se trata de fixar, de uma vez por todas, uma essência imutável, intemporal, a-histórica da moral e, ainda mais grave, da moral concreta. A essa objeção opor-se-á, primeiro, que não está provado que o que se chama essencialismo seja insustentável; ao contrário, pode-se mostrar – o que foi feito desde Sócrates – que sem certo essencialismo da linguagem toda discussão e todo desenvolvimento de um discurso coerente se tornam impossíveis. Perguntar-se-á em seguida em que medida se escapa desse essencialismo: com efeito, não existe domínio da compreensão que possa se constituir independentemente da linguagem, dado que é só a linguagem que o delimita, capta, justifica até mesmo na sua pretendida independência. Acrescentar-se-á, enfim, que se faz uma ideia errada ao pressupor, de maneira totalmente arbitrária, que o tempo, a alma e a estrutura fundamental de tudo o que é concreto para o homem seja descartado do campo do conceito e da essência, alegando que certas doutrinas "clássicas" (sobre cuja interpretação seria preciso se entender previamente) teriam procedido dessa maneira; esses exemplos não provariam nada se eles fossem verdadeiros – o que eles não são: é provável que Platão não tenha absolutamente esquecido que a ideia do leão devia conter o filhote de leão da mesma maneira que o leão plenamente desenvolvido e o leão decrépito, e é certo que Aristóteles atribuiu a esse fato filosófico mais do que um valor marginal.

A essas considerações gerais e que procedem, consequentemente, da filosofia sistemática, acrescentam-se argumentos próprios da moral. Com efeito, o que se chama essência da moral (concreta) não é senão a totalidade das categorias nas quais se exprimem toda reflexão moral formal e a de toda vida moral. Essas categorias, que não são as primeiras categorias filosóficas, pois são as de um domínio limitado e podem ser reduzidas às categorias filosóficas – ou a algumas dentre elas –, são os conceitos fundamentais em função dos quais os conceitos particulares às morais recebem seus lugares no todo do discurso moral, que assim se torna coerente ou, mais exatamente, mostra sua coerência ao fundar a coerência dos discursos morais particulares. Para a reflexão sobre a moral concreta, elas constituem os chefes de fila das questões que a análise filosófica (e científica, mas de maneira irrefletida) põe ao que é para ela seu dado, nisso comparáveis a todas as categorias, sejam científicas, filosóficas ou categorias da própria filosofia.

As categorias não são necessariamente visíveis à moral vivida, nem mesmo sua função de categorias à filosofia moral. Elas se revelam ao pensamento sistemático, desde que este tenha previamente refletido sobre as condições universais de todo discurso humano e, em particular, de todo discurso formalmente coerente; elas são descobertas por uma reflexão de segundo grau, e uma filosofia moral coerente pode não pôr explicitamente o problema delas: nem por isso ela perderia sua coerência, perderia apenas a possibilidade de se compreender nos seus próprios pressupostos (e assim abrir passagem para a filosofia). Entretanto, as categorias não deixariam de estar presentes e em ação, mesmo na vida moral mais distanciada de qualquer dúvida, na atitude da certeza mais segura de si mesma, na qual o problema da moral não é posto nem pode sê-lo. Elas não são conceitos concretos, se *concretos* significa que apreendem imediatamente o que a experiência e a observação apresentam, e é só por meio desses conceitos concretos que elas agem (ou se revelam à análise), assim como a categoria de causalidade (ou, se se preferir, de regularidade determinada) não apreende diretamente as observações, embora só ela permita pôr e compreender as questões às quais respondem as leis particulares. Elas exprimem o pensamento que se volta sobre a atitude do homem moral (ou do físico), enquanto os conceitos permitem a essa atitude exprimir-se num discurso particular e se desdobrar em ações. As primeiras constituem o domínio, as segundas o preenchem (do ponto de vista lógico); as segundas precedem as primeiras no tempo da história, e as categorias se revelam, sob este ângulo, formadas por abstração (transcendental) a partir dos conceitos. São as categorias que interessam à filosofia, não obstante essa anterioridade histórica (e psicológica), pois a filosofia tem a ver com as questões abertas e organizadas pelas categorias, não com as respostas, a não ser na medida em que ela é obrigada a remontar das respostas conscientes às questões fundamentais que não são nunca formuladas pelos discursos particulares. Quando a filosofia se volta para a moral concreta, não é para buscar como determinada moral impõe regra a determinado problema que se põe para essa moral particular e nessa moral particular; é para perguntar o que é um problema moral, como ele se põe e como ele é resolvido, qualquer que seja a moral.

c. Se a filosofia moral é capaz de desenvolver seu próprio sistema das categorias, esta é uma questão cuja solução definitiva só poderá ser dada pela execução do projeto. Entretanto, é permitido dizer, à guisa de observação prévia, que a realização não pressupõe nada além e nada mais do que a tomada de consciência das estruturas do que a filosofia moral já desenvolveu a título de moral filosófica. Pois essa moral não pretende ser só universal, ela não é só vontade de universalidade, ela é ao mesmo tempo a análise universalmente válida do homem moral, análise efetuada por esse mesmo homem. Tendo compreendido o laço existente entre ela e a moral histórica, portanto, as morais históricas, ela pode e deve se interpretar como fim do des-envolvimento do que esteve, desde sempre, en-volvido em toda *vontade* na sua oposição ao arbítrio, ao natural, ao animal, à violência: ela buscará e encontrará em toda moral o que ela mesma é, e isso sem qualquer artifício, porque agora ela se compreende como filosófica e *sabe* que quer o contrário de toda escolha arbitrária (tendo escolhido livremente o não arbitrário). Mas permanece obrigada a buscá-lo e a encontrá-lo, porque ela só descobre o que a liga ao mundo histórico e à sua positividade depois de ter começado como pura vontade de pureza negativa.

É outra questão saber se essa compreensão da moral por ela mesma é filosoficamente suficiente em relação à exigência de uma compreensão que se compreende como compreensão e assim compreende aquilo que, irredutivelmente, permanece seu *outro*. Entretanto, como não se trata aqui de discutir limites da filosofia moral, mas de deixá-la desenvolver-se, é legítimo e até mesmo necessário recusar, pelo menos no momento, essa questão. É verdade que a filosofia sistemática é capaz de mostrar por que e como a reflexão moral, assim como toda reflexão particular, deve se superar se uma compreensão total deve ser alcançada. Mas para que esse ideal de compreensão seja, enquanto tal, compreensível à moral é preciso que ela mesma, simplesmente seguindo o seu caminho, chegue ao ponto em que não quererá mais recusar o problema. Dado que esse desenvolvimento, imanente à moral, se nos apresenta aqui, a nós que nos situamos fora dele será útil explicar melhor o que distingue categoria lógica (da filosofia) e categoria de domínio particular (cf. § 15 *a*).

15. *O dever constitui a única categoria fundamental da moral. É a partir dessa categoria que se desenvolvem os conceitos determinantes do conteúdo de todo sistema moral positivo.*

a. Qualquer domínio filosófico é constituído por uma única categoria, a que fixa aquilo que, no interior desse campo, é essencial e delimita assim esse domínio ao separá-lo dos outros. A categoria constitui, consequentemente, o princípio organizador do discurso particular que desenvolve os conceitos (as categorias particulares) de um domínio. Segue-se que nenhuma categoria de domínio é capaz de fundar, ou apenas compreender, a filosofia enquanto totalidade do discurso infinito (que não conhece mais nada que lhe seja exterior): nada é essencial definitivamente para a filosofia, nada é não essencial de maneira absoluta, e ela sabe que só terá cumprido a sua tarefa no momento em que for capaz de indicar para todo particular o lugar (lógico) em que ele se torna essencial, para todo essencial o lugar em que ele se mostra transitório. Do ponto de vista da filosofia, a categoria isolada constitui assim não uma solução, mas um ponto de partida: eis porque a moral permanece problema para a filosofia, sem que ela deixe por isso de constituir um dos seus aspectos e uma de suas entradas, talvez a entrada "natural" para determinadas épocas.

Também não é surpreendente que a categoria fundamental da moral não apareça sob o mesmo título à própria moral e à filosofia. Para esta ela é Consciência,[4] para aquela ela é dever, isto é, aquilo que, para a consciência que não se supera e não se compreende como uma das categorias filosóficas (consciência como atitude), estrutura o conteúdo que ela considera seu tema autêntico, a saber, a liberdade, concreta na vontade razoável e na oposição dessa vontade à animalidade, à violência interior e exterior, e concebível somente nessa oposição à animalidade. A moral é incapaz de ir além da afirmação do dever, que opõe no indivíduo o desejo e a necessidade natural à exigência da universalidade.

b. Para o indivíduo, o dever existe sob a forma dos deveres, no plural: *o* dever é encontrado *nas* relações com o outro e consigo mesmo considerado (e tratado) como outro. Assim, ele é múltiplo enquanto é positivo, e se torna positivo pela sua difração no mundo histórico (a partir da qual a análise filosófica retorna à unidade categorial).

Essa positividade dos deveres parece contradizer o que foi afirmado anteriormente a respeito da negatividade da moral (cf. § 12 *b*): como o princípio da negatividade da regra moral pode ser conciliado com a natureza positiva dos deveres, visto que os deveres, como logo se mostrará, não são só deveres de abstenção, simples interdições, de aparência positiva pelo fato de serem formulados em linguagem positiva, mas prescrevem determinados modos de agir, ações determinadas? Eu não sou apenas obrigado a não matar meu próximo, sou obrigado, por determinada moral, a dar

---

[4] Cf. *Logique de la Philosophie*, cap. X.

meu supérfluo a quem está em necessidade: a observação de todas as morais históricas confirma a existência de deveres positivos, a experiência moral de cada um revela a sua realidade. Será preciso concluir daí que a tese da negatividade formal (formalista) da moral pura está errada, ou que uma moral desse tipo não se encontra em lugar algum, mesmo que ela pudesse ser concebida sem contradição ou absurdo?

Essas observações, que se apresentam por assim dizer naturalmente, possuem uma real importância filosófica pelo fato de obrigarem a precisar as relações entre moral formal e morais concretas. Elas não são desprovidas de fundamento; ao contrário, elas só adquirem seu caráter de objeção por um mal-entendido filosófico. Notar-se-á, em primeiro lugar, que a moral formal remeteu à moral concreta – e o fez porque engendrou em si mesma e a partir de si mesma o desejo da positividade. Ela, portanto, exige e aceita a positividade; mas permanece negatividade e negatividade formal: ela não pode criar, e sabe que é incapaz de criar, uma moral positiva; mas ao mesmo tempo sabe que, na ausência de toda positividade, permanecerá inoperante no que se refere ao mundo. A moral formal julga a moral concreta, da qual postula a existência. Seu juízo será negativo se ela encontra um sistema moral em conflito com seu próprio princípio de universalidade; ela suspenderá seu juízo enquanto não constatar semelhante conflito; mas não dará sua garantia a nenhuma moral histórica em particular, pois todas as morais universais, mais exatamente universalizáveis, são igualmente admissíveis a seus olhos. Seu juízo, mesmo que pareça positivo, é apenas a negação da afirmação da existência de uma imoralidade formal na moral em questão. Não é malgrado o fato de ser negativa, mas por causa dele que a moral pura convoca uma moral positiva, as morais positivas, precisamente para encontrar seu ponto de Arquimedes para a sua própria negatividade. Por paradoxal que isso pareça, a moral formal e negativa exige deveres positivos. É a obrigação de fazer, não a de evitar, que permite ao homem moral levar uma vida moral no nível da vida vivida, e o dever negativo não é mais que a contrapartida da obrigação positiva: é porque devo respeitar o outro que não tenho o direito de matar, é porque devo manter a paz *nesta* comunidade que me é interditado conservar para mim o que o outro me confiou. O paradoxo provém de um deslizamento categorial, de uma metábase em outro gênero lógico, e desaparece no momento em que são levadas em consideração a diferença dos planos e a relação precisa que separam e ligam moral formal e morais concretas.

Entretanto, esse deslizamento não se produz sem razões. De fato, como observamos diversas vezes, a moral formal não passa *necessariamente* à exigência da positividade. Ela pode se manter na sua pureza absoluta: nada impede o homem que a ela adere e dela não quer se distanciar em nada de aceitar as consequências da sua decisão e negar o sentido e o valor de toda moral positiva, portanto, de toda ação no mundo e sobre o mundo. Que ele chegue ao silêncio e ao vazio, que ele só alcance a felicidade na extinção do que faz que ele seja ele mesmo, este homem determinado, tudo isso não torna essa decisão impossível, nem histórica nem logicamente: todo problema de moral histórica, de deveres particulares positivos (e mesmo negativos) desaparece, e não há nada a dizer sobre isso. O fato é que a decisão pela ação é, também ela, livre, e não é refutada pela decisão livre oposta, assim como esta não é refutada por aquela: nos dois casos é salvaguardada a coerência do discurso. Ela deixa de sê-lo quando se quer aproveitar das vantagens das duas para seu conforto moral, isto é, recusar, de maneira arbitrária e imoral, os deveres e recusar o silêncio, o vazio, a morte do eu mundano, adiar as obrigações do mundo invocando a insuficiência de toda moral concreta, sempre impura porque concreta, e recusar a exigência do vazio, que, muito honestamente, pode prometer a felicidade ao ser empírico que a busca, mas que só a concede sob a condição de que ele se aniquile. Não se concilia a solução, pelo absurdo querido e aceito, do problema da positividade absurda do eu, com o desejo de se preservar no mundo em que não se pode ser preservado como ser moral sem obedecer aos deveres desse mundo.

c. Por se tratar do conceito fundamental da moral, não surpreende que esse conceito na sua pureza seja, historicamente, de formação tardia: a consciência categorial segue sempre a atitude vivida. É certo que a moral filosófica é agente; enquanto filosofia moral ela não é menos consciente disso e só pode nascer depois que a moral inconsciente *informou* o mundo dos homens. Entretanto, não é um anacronismo lógico, uma retroprojeção, o erro de uma reflexão tardia descobrir no dever a categoria fundamental da moral. É verdade que ele não aparece na maioria das morais passadas e presentes e que o termo dever faz parte da linguagem dos filósofos e dos pregadores muito mais que da linguagem da vida corrente, na qual o termo é reservado a essas grandes ocasiões em que qualquer um desempenha o papel de pregador ou de filósofo (do que resulta que essas ocasiões não são levadas a sério). Mas os pássaros não fizeram estudos de aerodinâmica e os homens, na busca de sua vantagem, aprenderam a organizar seu trabalho antes de ter desenvolvido os fundamentos da economia política, sem que isso impeça essas ciências de captar, *a posteriori*, em seus conceitos, o que uns e outros fazem realmente e fizeram por muito tempo antes do aparecimento dessas teorias. Do mesmo modo, não é requerido, para que possa constituir o fundamento da moral, que o conceito de dever tenha um papel preponderante na consciência teórica do indivíduo moral. O homem que vive segundo uma moral não perguntará: que é o dever? Talvez nem sequer pergunte: qual é o meu dever aqui e agora? Mas, longe de constituir uma objeção contra a tese, isso é a sua melhor confirmação, uma vez que o conceito fundamental (a categoria) é aquele em função do qual a vida põe seus problemas, não aquele que se torna problema para ela: ele só se torna problema para a reflexão filosófica. Não existe, e não pode existir, moral sem deveres; ele existe – e é na maioria, senão na totalidade das morais vividas – até mesmo nas morais em que *o* dever não desempenha nenhum papel. O conceito contém (no sentido de: envolve) a totalidade do problema moral, portanto, ele só pode se tornar temático no momento em que se põe o problema filosófico.

O pensamento grego não possui termo que corresponda ao de dever; ele se contenta com expressões que remetem ao *conveniente*, ao que prescrevem a lei política ou o costume social, ao que é necessário na comunidade e para ela, mas não procede nunca à interiorização do dever (ao contrário, procede ao que se pode chamar a interiorização da necessidade, nas circunstâncias em que o *sábio* o aceita): o dever enquanto tal, não este dever de Estado ou de estado, religioso, jurídico, mas o dever como conceito entra em cena (na cena da filosofia) com a descoberta do caráter fundador, não fundado, da liberdade razoável, descoberta que se deve a Kant (e, por uma parte não negligenciável, encoberta de novo por ele).

d. O dever se apresenta como duplo, dever de fazer, dever de não fazer, deveres positivo e negativo: sendo a moral concreta (qualquer que ela seja) a guia na escolha entre possibilidades material e moralmente diferentes, o dever deve introduzir na atitude essa bipolaridade (que, de um ponto de vista complementar, ele funda logicamente). Assim, prescrição e interdição se correspondem, todo dever de fazer produz um dever de não fazer, toda proibição encontra sua contrapartida num mandamento.

Seria errado, e filosoficamente perigoso, inferir daí que a vida do homem moral consistiria só no cumprimento desses deveres positivos e negativos: essa vida se desdobra na sociedade, na comunidade, no interior de um sistema de costumes e de hábitos que, na sua maioria, são moralmente neutros; e, ao mesmo tempo em que é moral, é a vida de um ser natural e em contato com a natureza. O que faz dele um ser moral é o fato de existirem problemas morais para ele, não somente problemas técnicos; mas esses problemas não são os únicos que ele encontra e não são aos conceitos morais que ele submete todas suas ações sociais, menos ainda todas as suas atividades de ser natural. No mundo do homem moral (e da moral pura), o moral é essencial, isto é, nele também se encontra o não essencial, aquilo que, do ponto de vista da moral, não tem importância: não tem importância moral que eu tome este meio de transporte para chegar ao meu local de trabalho desde que eu chegue na hora e que, se for o caso, a despesa suplementar que dele resulte não prejudique a minha família, os meus credores, etc.; importa pouco que eu respire mais ou menos depressa, que para me distrair eu vá ao cinema ou ao teatro, que eu coma favas em vez de vagem. Evidentemente, é impossível imaginar situações nas quais até mesmo essas escolhas se tornariam imorais ou moralmente recomendáveis: posso fazer mal a um de meus próximos, posso me degradar ao escolher o prazer, embora a distensão seja uma necessidade natural, num momento em que é preciso saber resistir às exigências da animalidade: daí se segue apenas que tudo pode se tornar problema moral, não que tudo o seja, a todo o momento e em todas as circunstâncias.

e. Como se trata de um problema central, algumas observações de ordem geral podem se justificar neste momento. A moral, como moral da ação moral, não dirige a totalidade da vida humana e não permite compreendê-la. Ela não é refutada por isso, pelo contrário: há um princípio, muito facilmente esquecido justamente por ser muito importante, que afirma que o necessário pode não ser suficiente, sem que por isso deixe de ser necessário. A moral não constitui o todo da vida humana (a não ser que se fale de uma "moral" do silêncio e do vazio, que, portanto, não se tome a palavra num sentido que excluímos formalmente), e sem ela não existe vida humana propriamente dita. A vida do homem, por moral que ele queira ser, não é um tecido de deveres; ela não seria nem moral nem humana sem esses mesmos deveres.

Lembrada dessa maneira, a verdade é banal. Mas a verdade tem isso de particular: uma vez reconhecida, ela é sempre banal, como o forno comum que serve a todos e do qual todos podem servir-se. É banal afirmar que dois mais dois são quatro, é original dizer que a sua soma é 3,9; mas, de maneira muito banal, é preferível manter-se na primeira dessas equações. A filosofia, particularmente, se ela pretende ser verdadeira, não é mais que uma coleção de banalidades e só pode ser isso: se ela não diz o que todo mundo sabe (mas só sabe, na maioria dos casos, de maneira inconsciente, o que faz com que a verdade apareça nos atos e se esconda ou seja negada nas palavras), se não diz o que permite a todo homem reconhecer que é ele mesmo que está em questão, o que ele faz, vê, pensa, a filosofia será original, isto é, falsa, e sua falsidade se mostrará seja na sua incoerência, seja na sua incapacidade de encontrar e conservar a possibilidade de compreender positivamente o que importa, segundo os discursos e as ações de todo mundo.

O empreendimento da filosofia, entretanto, não é mais fácil pelo fato de estar relacionado a banalidades: indicá-las e de maneira ordenada não é um simples passatempo – o que, mais uma vez, constitui uma banalidade. Contudo, é preciso falar não só dessas banalidades, mas também do caráter banal de toda verdade e, especialmente, das verdades filosóficas da moral, porque muito frequentemente a vontade de escapar ao que se considera o tédio das evidências primeiras teve consequências desagradáveis nesse domínio. É banal falar do dever, é menos banal, pelo menos aparentemente, proclamar que a verdadeira vida humana não tem nada a ver com o dever e seu cumprimento. Noutros termos, é natural, é coisa que exige pouca reflexão, passar imediatamente a uma moral criadora, a novas tábuas, à liberdade abissal que não capta nada e não se capta, porque para ela tudo o que captável não é ela mesma e porque toda vontade de captação, ainda que de si mesmo, já é traição, recaída no anonimato da verdade moral que, com efeito, não é a minha ou a sua, mas anônima porque verdadeira para cada um. É bom protestar contra um modo de pensar que tradicionalmente se designa como moralismo e cujo erro consiste na afirmação arbitrária da predominância absoluta e exclusiva dos problemas morais. Não é bom, para escapar desse perigo real, negar a exigência de universalidade sobre a qual se apoia para afirmar a verdade das próprias teses.

f. Para a prática da vida, a moral filosófica, tendo se decidido à ação e recusado a extinção de toda positividade, inclusive a do indivíduo moral, ensina que os deveres da moral concreta à qual o indivíduo pertence por seu nascimento ou por uma escolha histórica (biográfica) devem ser cumpridos. Assim é possível afirmar que só existe um único dever, o da honestidade, e que esse dever contém em si todos os outros.

Com efeito, é honesto aquele que cumpre todos os seus deveres porque é moral, não por temor das consequências ou sob a pressão social, política, econômica, das leis, etc. Ele reconheceu como obrigação o que sabe poder exigir de todo outro membro da comunidade, porque compreendeu que só a obediência ao dever torna possível uma vida em comum e que toda paz tornar-se-ia impossível se os indivíduos se arrogassem o direito de trapacear: pode-se contar com o homem honesto, sabendo que ele cumprirá o seu dever, mesmo quando aquele a quem ele poderia lesar não tiver nenhum meio de confundi-lo ou de puni-lo. Numa palavra, a possibilidade da não violência no interior de todo grupo humano repousa sobre a honestidade.

A honestidade é assim o verdadeiro resumo de toda moral positiva. Mas isso mesmo basta para mostrar que ela é dever formal: qualquer que seja a moral, ela só viverá sob a condição de que os que a ela aderem sejam honestos. Daí decorre que a honestidade, dever formal, constitui, como tudo que é formal, a condição necessária, não a condição suficiente da moralidade das ações: muito cedo se observou que existe uma honestidade dos ladrões entre si e que nem por isso eles deixam de ser ladrões. Somos, portanto, remetidos à moral formal: é só a ela que podemos pedir critérios complementares se quisermos poder nos pronunciar sobre a moralidade de uma moral, mais exatamente – pois, como foi exposto anteriormente, a moral formal não pode sancionar qualquer uma das morais concretas como *a* moral concreta – se quisermos poder decidir se determinada moral é admissível.

Os critérios buscados existem, indo do formal puro ao formal do concreto, para o que se poderia chamar de aspectos técnicos das morais positivas. O primeiro é o da universalidade da moral concreta: se a moral filosófica não pode deduzir os deveres concretos, ela pode submeter todo sistema determinado a seu juízo. E esse juízo será de condenação se uma moral distinguir entre homens essencialmente livres e outros que não dispõem do *dom* da liberdade, se a liberdade, a razão, a responsabilidade nela se tornam presentes oferecidos pela natureza a uns e recusados a outros e se mesmo a liberdade dos homens livres se transforma em determinação exterior. Uma moral assim não reconhece a definição de homem própria da moral filosófica (e da filosofia moral): o homem, enquanto homem, não tem mais que a *faculdade* de ser razoável e livre – a faculdade, a possibilidade de realizar, na violência e contra a violência, o sentido da vida, da sua vida, na universalidade. Evidentemente, muitos homens, até mesmo a maioria deles, não fazem nada para exercer essa faculdade; contudo, como faculdade e possibilidade, ela não pode ser contestada a ninguém. A constatação de que determinado homem não leva uma vida de ser livre e razoável só tem alcance moral quando se reconhece nele a faculdade da razão: é só por possuírem uma faculdade que eles podem não exercê-la, que o louco e o criminoso permanecem seres humanos e que a criança virá a ser um.

Entretanto, a moral pura não é obrigada a se contentar com essa lembrança de seu próprio fundamento. Dado que aqui ela tem a ver com o concreto e com o histórico, outras condições se apresentam, que podem se resumir na seguinte fórmula: é preciso que toda moral seja praticável. Isso pode ser entendido de dois modos. Uma moral não é praticável em sentido estrito se contém contradições: se impõe obrigações que se contradizem, ela não pode guiar ninguém e, consequentemente, não obriga ninguém. Se me obrigam a defender a pátria por todos os meios e se, ao mesmo tempo, exigem que eu respeite a vida humana em qualquer circunstância, eu não só estou desamparado, como nem sequer posso conceber a universalização dessa incoerência: dois imperativos mutuamente exclusivos não podem ser concebidos como fundadores de uma lei seguida por todos e sempre. Mas ao lado desse primeiro sentido da expressão impraticável existe outro, menos diretamente ligado à moral formal. A moral positiva é moral de um mundo dado, condicionado, determinado: pode ocorrer que essa moral esteja em contradição com as circunstâncias nas quais ela pretende regular a vida. Se for preciso banhar-se no deserto, se for preciso oferecer sacrifícios caros em tempo de fome, ou a moral desaparecerá ou desaparecerá a comunidade que pretendia permanecer fiel a ela. Nesse caso, não se trata de uma oposição direta entre moral positiva e moral pura, dado que o homem *pode* preferir a morte ao abandono de sua moral; entretanto, a oposição existe nas consequências: se universalizada, essa moral levaria à morte todos os indivíduos morais, destruiria a possibilidade do progresso moral e reintroduziria a violência.

A honestidade, portanto, só é a única regra no caso de um grupo humano detentor de uma moral que preencha essas duas condições – o que, no limite, pressupõe que essa comunidade viva segundo uma moral evidente e não se encontre diante de nenhum problema moral: a honestidade, mais exatamente, a possibilidade oferecida a todo indivíduo de regrar sua vida a partir desse único conceito designa mais um ideal filosófico e político, a exigência de um mundo humano em perfeito equilíbrio moral, do que uma regra utilizável em toda parte. Isso não reduz a nada o seu papel, pelo contrário: onde a honestidade não basta, onde situações típicas não possuem soluções evidentes, pode-se estar certo de que não existe nem comunidade moral perfeita, nem colaboração social sem violência. Mas se a única regra da honestidade bastasse, não haveria problemas morais, assim como não haveria filosofia moral; o problema moral aparece a quem pretende ser moral, nas brechas da moral social, onde esta não oferece uma regra de conduta sem ambiguidade, onde o indivíduo não vê mais o que seria "natural", "evidentemente" moral fazer, onde os interesses vitais e a regra moral não se encontram.

Desse modo não se justifica, nem se prega, o romantismo moral que encontra nos "problemas" dos assassinos e dos ladrões motivo para se distrair do tédio das verdades demasiadamente simples: o mundo dos homens civilizados chegou a um ponto em que quem se pergunta seriamente se tem ou não o direito de roubar ou de cometer um assassinato não é moral: um homem moralmente civilizado não se põe mais semelhantes questões, e até mesmo o ladrão e o assassino sabem muito bem que não *se* rouba e não *se* mata. É certo que os exemplos do assassino e do ladrão, porque ultrapassados, oferecem ilustrações cômodas a quem desenvolve o princípio da universalidade da moral: eles apresentam os casos que se tornaram evidentes de conduta imoral. Não são mais que exemplos de escola e, usados exclusivamente, apresentam o grave inconveniente de fazer aparecer os problemas morais como desprovidos de todo interesse "real", isto é, de todo interesse para quem fala e para quem escuta. Ora, para se convencer de que subsistem problemas "reais" basta perguntar em que consiste a "verdadeira" honestidade quando a moral histórica não satisfaz às exigências da moral da universalidade ou às do lugar e do momento. É honesto executar honestamente as ordens de um governo tirânico e que, nos seus atos como nas suas declarações, nega a universalidade? É honesto dizer a verdade a alguém que se servirá da informação obtida para cometer um crime? É honesto aderir honestamente a uma moral de fato que contradiz, talvez por boas razões, a moral proclamada da comunidade? O que é ser honesto diante de um modo de viver que, mesmo inconscientemente, conduz à destruição de toda consciência moral ou, ao contrário, à da comunidade? Não se concluirá a partir dessas questões que em cada caso a resposta deva ser "evidentemente" negativa: se fosse assim o problema não seria absolutamente um problema moral. A resposta não é evidente em nenhum caso, porque existem argumentos que vão contra as "evidências": uma moral moralmente insuficiente é moralmente superior à violência pura, a mentira, qualquer que seja o motivo, destrói a confiança, a destruição da consciência moral é apenas predita e pode resultar também de uma revolta moral que aboliria a paz. É precisamente o que mostra que estamos diante de "casos de consciência" e que a regra da honestidade se revela insuficiente.

g. Revela-se desse modo que o dever é dever de fazer e de não fazer, mas que a moral universal (da universalidade), mesmo sob a forma do dever de honestidade, remete o homem moral (que pretende ser moral) à moral concreta e histórica, mesmo lhe apresentando a obrigação de examinar moralmente essa mesma moral. Evidentemente, o indivíduo deve satisfazer à expectativa legítima de seus próximos; mas, por outro lado, incumbe a ele também decidir o que é "verdadeiramente" legítimo e o que não é. A duplicação do indivíduo reaparece no nível dos deveres: o dever se apresenta como dever duplo, como dupla dependência, dupla fidelidade, do sujeito para com sua própria razão e do indivíduo para com a moral concreta, que, todavia, ele deve pretender que seja universal e de tal modo que permita a cada um querer ser razoável (não violento e não arbitrário) nas circunstâncias em que se encontra situado, elevar-se suficientemente acima da necessidade imediata e dos desejos naturais (*naturais* segundo o juízo histórico da comunidade) para considerar necessidade e desejo como problemas de moral, da sua moral, e para poder buscar, além das circunstâncias, a felicidade do ser razoável (o que supõe que ele não tenha que escolher, sempre de novo, entre o ato para ele imoral e a morte).

Antes de ir adiante é necessário considerar alguns pontos nos quais graves confusões poderiam facilmente se instalar e, de fato, se instalaram pelo erro de tradições tenazes, nascidas da decomposição de teorias em si coerentes, mas filosoficamente insuficientes.

A moral descobre no dever a sua categoria. Essa categoria não poderia coincidir com outro conceito apresentado como fundamental (fundador) em moral, o conceito de felicidade. É verdade, e nós insistimos sobre esse tema, ao qual voltaremos, que a busca da felicidade está na origem da investigação da filosofia moral e que a moral filosófica promete ao homem precisamente a felicidade. Mas a felicidade define a visada da moral – visada que pode permanecer inconsciente –, ela não fornece a categoria do seu discurso: as morais históricas puderam determinar suas regras apelando para o dever, recusando toda referência à felicidade. Evidentemente, a felicidade aí foi tomada num sentido material (não "materialista"), como determinada pela natureza biológica, psíquica, histórica do homem (felicidade-prazer, felicidade-poder, felicidade-personalidade, etc.), enquanto para a moral pura a felicidade permanece inteiramente formal ("abstrata" segundo a linguagem comum, que esquece que a verdadeira abstração não é mais que a determinação particular quando é concebida como exclusiva de outras determinações igualmente legítimas e necessárias). Mas a busca da felicidade, na qual o homem se descobre como ser razoável-livre-responsável, não pode, em todo caso, se guiar só pela indicação da felicidade. Precisamente porque a felicidade querida é *querida*, isto é, felicidade do ser razoável e felicidade na razão e pela razão, ela só pode se mostrar ao indivíduo finito sob a forma do dever, do respeito de si mesmo como respeito de um ser indefinidamente universalizável na sua vontade e por sua vontade, jamais universalizado na sua existência finita.

Do mesmo modo, a teoria dos valores só pode apresentar o valor como categoria filosófica da moral baseado numa confusão. Ela pode dar origem a uma ciência positiva, a da descrição das morais históricas segundo uma concepção que se propõe expulsar da história todo juízo de valor.[5] Malgrado o erro filosófico dessa concepção (cf. § 8 *b*), o método que se usa nesse tipo de pesquisas pode produzir resultado do mais elevado interesse para a história (e mesmo para a filosofia, mas de um interesse que não é moral). Em todo caso, trata-se de ciência, não de filosofia: se os valores obrigam, eles remetem ao dever; se apenas existem, eles guiam, ou podem guiar, de fato, mas não são mais justificados (nem, por razões mais fortes, justificadores). Quando se esquece disso, quando se tenta substituir a filosofia por essa ciência, chega-se ao ceticismo, e não só no que concerne à moral. Precisamente aqueles que perseguiram essas tentativas da maneira mais séria acabaram

---

[5] Cf. *Logique de la Philosophie*, cap. XI ("Inteligência").

por negar, frequentemente, é verdade, sem o saber, o valor do conceito de valor, do qual, contudo, partiram. O fato é que, na ausência de uma moral filosófica, todos os valores se valem, o que significa que nenhum deles vale nada: o homem, vazio e nu, entraria num depósito de valores para aí escolher o que lhe conviria; sem que haja o meio de saber o que lhe seria, ou não, conveniente; o resultado inevitável será que o filósofo do valor encontra-se lançado (o que não implica que ele sempre tome consciência disso) sobre uma liberdade vazia, a pura obrigação puramente impensável de se determinar a não se sabe o quê, em função de nada ou, se se preferir a expressão, do nada de todo sentido. É fácil ver que a tomada de consciência dessa situação conduz à negação vazia desse vazio dos valores sem valor, que sob as aparências de uma profundidade infinita o niilismo se apresenta como a dissolução do problema e que, de fato e para a filosofia, que não se contenta com gritos e balbucios, essa pretensa revolução do pensamento deixa cada coisa no seu lugar e faz da escolha arbitrária de valores arbitrários uma necessidade insensata, e insensata para a própria tese segundo a qual o problema, para ser negado, não deixa de se pôr.

Com relação a esse refinamento da reflexão vazia (vazia porque criou o vazio), a ciência histórica dos valores tem o grande mérito de permitir a captação do positivo na sua positividade. A partir do momento em que quer superar a descrição histórica, ela se torna, na verdade, insuficiente; mas essa mesma insuficiência pode conduzir quem não buscava a compreensão filosófica a uma reflexão sobre o conteúdo dos sistemas de valores, portanto, sobre a forma filosófica, abrindo uma saída do círculo que o formalismo historicizante não sabe romper: ela torna esse círculo insuportável e remete o homem não a uma pretensa liberdade de toda determinação, mas à liberdade de se determinar nas determinações que são as suas: para voltar a uma imagem já usada, ela pode levar o homem a descobrir que nunca está nu e que toda nova roupa não é mais que mudança de roupa.[6]

---

[6] Essa referência à história mostra que o problema que acabamos de tocar só pode ser formulado no contexto da filosofia sistemática, que a filosofia moral não é capaz de pô-lo corretamente e de resolvê-lo; mas particularizado

Outra confusão se produz frequentemente em consequência da introdução prematura do conceito de virtude. Na verdade o perigo é menor. Basta fazer observar que a virtude se define, nesse nível, como a qualidade do homem que cumpre os seus deveres, o que reduz evidentemente o conceito de virtude ao de dever (cf. o que acabamos de dizer sobre a honestidade). Os inconvenientes são antes de ordem psicológica. Não só porque se desperdiça um termo necessário alhures, num lugar em que ele é supérfluo e cria mal-entendidos; é sobretudo porque esse emprego prematuro evoca o moralismo, esse modo de falar, excepcionalmente também de viver, que apresenta o cumprimento, normalmente ansioso, dos deveres como o único conteúdo da existência humana: o dever, que é inteiramente negativo e que consiste unicamente na fuga diante da falta, torna-se a negação de toda ação positiva. Semelhante atitude constitui, como notamos, a tentação, ou antes, a conclusão lógica de toda reflexão moral que pretende ser pura: como por ela mesma não sabe indicar o que se deve fazer, mas só o que se deve evitar a todo preço, impõe uma nova partida e uma nova decisão antes que o homem se apreenda como capaz de agir e obrigado a agir por sua negatividade sobre a positividade do mundo. Uma vez tomada essa decisão, é a própria moral pura a constatar que a obrigação de não realizar ato moralmente repreensível comporta a obrigação de agir moralmente: o risco do erro moral está sempre presente, mas a renúncia à ação constitui no momento mais que um risco como esse, ele *é* erro moral. O moralismo pretende se manter no mundo, mas pretende evitar no mundo todo risco de falta, pretende tirar da lei moral formal uma regra positiva, mesmo sabendo que essa lei permanecerá sempre formal. O termo virtude cobre essa contradição do moralismo: tomado antes como indicador da qualidade de quem, sem nunca pôr a questão do valor moral dessa moral, observa os deveres de uma moral histórica, ou como indicador da excelência daquele cuja universalidade apenas julga toda

---

e refratado pela reflexão moral, ele conserva toda a sua importância: uma teoria moral mostra-se como não filosófica quando impede, quando não impõe a passagem da moral à lógica filosófica.

obrigação determinada, ele se torna suspeito a justo título para os que, mesmo que só no seu sentimento, exigem uma decisão entre duas atitudes possíveis, mas inconciliáveis. Mais amiúde, ademais, contenta-se com enunciar as virtudes que o homem moral (ou, como às vezes se diz, o valor moral) deve possuir e praticar: empreendimento legítimo, mas que não tem nada a ver com a filosofia. Descreve-se, mas em linguagem imperativa, a moral positiva na qual se vive, sem que a reflexão ponha em questão essa moral; no máximo ensaia-se reconstruí-la segundo o ideal da coerência formal e se oferece um esforço que, sem ser propriamente falando filosófico, não é estranho ao esforço da filosofia e que, perseguido honestamente, possui valor educativo certo, menos por inculcar determinada virtude do que por mostrar como toda virtude isolada é abstrata e se torna impraticável em seu isolamento: a coragem sem a prudência não só não é mais virtude, mas se torna um vício. – Acrescentemos que uma teoria filosófica das virtudes, longe de ser votada ao fracasso, permanece, ao contrário, uma tarefa essencial; mas o que no momento está em questão é o problema do fundamento categorial da moral, e é nesse contexto que o conceito de virtude e, mais ainda, o de um sistema das virtudes se mostram insuficientes. A enumeração ingênua das virtudes não é mais que a teoria das virtudes, só que desembaraçada ou, antes, privada de toda referência à história; no limite, ela é a tentativa de afirmar um mundo de moral concreta *evidente*, de certeza – tentativa contraditória nela mesma, pois a moral da certeza se caracteriza, antes de tudo, pelo fato de não ter necessidade de reconstrução nem de teoria reflexiva, e de não oferecer lugar para elas.

16. *Todo dever do homem moral é fundado no dever para consigo mesmo, que é dever de ser feliz. O dever para consigo mesmo torna-se concreto no dever para com o outro.*

a. É de se temer que mesmo os que aceitam o uso do conceito ultrapassado de dever protestem contra o de dever para consigo mesmo. É aceitável que haja obrigações para com o outro; a rigor é admissível que o respeito interessado da força superior do número e o sábio temor das consequências não sejam sempre os únicos a inspirar os atos; quando se põe a questão nesses termos, pode-se mesmo extrair uma reverência mais ou menos sincera do princípio da universalidade, da igualdade de todos os homens. O mesmo não ocorre com o conceito de dever, por diferentes razões.

A mais simples e mais profunda das objeções formula-se assim: se existem deveres para consigo mesmo, quem será o juiz do que é dever e quem avaliará se determinado ato, ou determinada intenção, é contrário ou não a esse dever? A objeção é profunda, isto é, vai diretamente ao problema desse dever e ajuda assim a captar a sua essência. Isso, entretanto, não a legitima. Com efeito, ela confunde dever e obrigação e constrói o dever para consigo mesmo a partir do tipo da obrigação para com o outro. Ora, se é perfeitamente correto considerar o dever para com o outro *também* como uma obrigação, ele não é apenas isso, dado que o dever implica a aceitação razoável e livre, numa palavra, *querida*, da obrigação; mas a obrigação subsiste mesmo quando não é aceita, e o outro *exige* de mim que eu respeite seus direitos, e não apela para o princípio da universalidade, mesmo que eu recuse esse princípio, ao apelar para a opinião, para os tribunais, etc. Não é o que ocorre com o dever para consigo: ninguém pode exigir o seu cumprimento, ninguém tem o direito ou a possibilidade de controlar a sua observação, e não existe juiz que possa me constranger a isso: nesse caso, o dever para comigo mesmo não pode nunca se tornar obrigação. O que se segue daí não é que não possa haver um dever desse tipo, mas somente que ele não deve ser interpretado a partir do modelo do dever para com o outro e da obrigação.

Daí, outra objeção. Eu sou juiz, eu sou também acusado e, eventualmente, eu sou condenado e punido por mim mesmo: eu sou meu próprio perseguidor e a vítima da minha loucura persecutória. O argumento, de aparência impressionante, deve ser desembaraçado, antes de qualquer discussão filosófica, de certas conotações de ordem psicológica. O sentimento de culpabilidade, de insuficiência moral, de não valor pessoal é muito difundido numa época que, por razões que não nos cabe elucidar aqui, faz do indivíduo um objeto a seus próprios olhos, sem lhe dar a possibilidade de compreender o que significa "a seus próprios olhos" (a saber, do ponto de vista da universalidade do discurso). Ademais, o indivíduo, desequilibrado e impedido de conceber um equilíbrio possível, cai frequentemente em racionalizações, ilegítimas no que se refere à verdadeira natureza delas, de seus temores e, acreditando estar em busca da universalidade pensada, afasta-se dela para cair na loucura. Mas, acima de tudo, muitas vezes uma forma da consciência moral de nossa época, consciência decomposta, incoerente e que se interpreta como vítima de uma história ao mesmo tempo heroica e catastrófica, mas nunca como vontade razoável, mostra os traços dessa loucura e do desejo obsessivo de autopunição que lhe corresponde. As razões profundas desse estado de coisas não procedem da moral, exceto na medida em que a moral exige a coerência concreta na universalidade formal; elas dizem respeito à filosofia política. Ora, a política, filosófica ou empírica, não pode nem deve servir de desculpa para uma reflexão moral defeituosa: se ninguém é obrigado (nem pode ser forçado) a pensar a moral, aqueles que praticam mal a reflexão não podem, ao contrário, se proteger atrás das infelicidades do tempo, dado que são essas "infelicidades" que fundam sua reflexão, inconcebível num mundo "feliz", isto é, inconsciente de todo problema moral, dado também que ninguém tem a possibilidade de esperar, não se sabe de quem nem de quê, a ocasião de se tornar ser pensante e moral. Pode-se recusar o problema moral como se pode recusar a moral, qualquer moral, qualquer dever; não se pode falar de moral e de dever do indivíduo razoável e acrescentar que isso será para amanhã e que, no meio tempo, permanecemos objeto nas mãos da história, das forças profundas, da civilização atual. Nada mostra melhor que a moral de nossa época é incoerente do que o aparecimento de problemas morais e políticos que, longe de constituir simples problemas técnicos, são verdadeiros questionamentos do sentido da existência humana em sua totalidade; mas essa incoerência da moral existente não é corrigida e curada quando só se acusa a sua existência, nas duas acepções do termo acusar: escapatória que, ao contrário, agrava o mal ao introduzir a contradição no pensamento e no indivíduo pensante. Em vez de visar à situação da comunidade tal como ela é (no plano político) e do indivíduo tal como ele é e não pode não ser, em vez de compreender o que é o dever de ser razoável, condenam-se o mundo e os homens (e, portanto, a si mesmo), mesmo recusando todo tribunal legítimo e todo critério fundado. Também não é de se admirar que se encontrem os mais curiosos julgamentos. Em nome da moral (evita-se a maior parte do tempo pronunciar essa palavra), recusam-se toda moral concreta e, em particular, aquela que levou a humanidade ao ponto em que, conscientemente, pode querer superar toda não universalidade: o ceticismo total recebe sua justificação de uma exigência absoluta e de absoluto. No plano dos indivíduos, é a autocondenação: compreende-se facilmente que o homem de ação zombe do teórico, pois ele se deixa guiar pelo pensamento encarnado nas instituições e pelos problemas que lhe põem (é assim que ele vê) as situações. Não se compreende tão facilmente que os que declaram pensar, isto é, traduzir num discurso em princípio coerente esses problemas e que devem, se tiverem sucesso em suas análises, contribuir poderosamente para a modificação dessa situação ao estabelecer outros pontos de vista e, portanto, outras situações – não se compreende que esses mesmos homens anunciem frequentemente o desprezo do pensamento, desenvolvam uma espécie de nostalgia da inconsciência e da ação brutal ou astuta e não conheçam pior insulto do que o de *intelectual*: com isso não querem dizer que quem quer pensar o real e o que deve ser deveria conhecer sua ocupação, o que é desejável, mas que o pensamento abstrato – e eles chamam abstrato tudo o que não olham como instrumento possível a serviço de seus fins arbitrariamente escolhidos – é mau porque produz o que eles chamam de ceticismo, evidentemente o "ceticismo" dos que, antes de reconhecer as pretensas necessidades e evidências dessas escolhas, desejam aprender sobre o que elas se fundam e com que direito fala-se de evidências irrecusáveis. O fato de assim se condenarem a si mesmos normalmente lhes escapa, felizmente para eles. Para a filosofia moral, sua fraqueza aparece claramente nessa refutação deles mesmos por eles mesmos e no fato complementar de privarem suas próprias teses até mesmo da possibilidade de se afirmarem como verdadeiras ao condenar todo pensamento que queira compreender e, para isso, se compreender.

São essas proclamações inconscientes de culpabilidade inconsciente que tornaram suspeito o conceito de dever para consigo mesmo – e é preciso reconhecer que seria preferível abandoná-lo, se ele devesse afundar o homem nas trevas da ansiedade moralista para tirá-lo da obscuridade do falso niilismo raciocinante e cego (ou o contrário). Mas essas teses, no plano do pensamento, não têm lugar com ele, se elas têm algum para a psicologia do inconsciente: quem se julga não é necessariamente um angustiado, um enfermo, um louco, embora seja uma das especialidades do angustiado acusar-se e se condenar *sem razão*. No momento, é suficiente mostrar quais são as raízes (imorais) dessa angústia que é, amiúde, angústia da angústia; basta, em outros termos, combater a confusão que os angustiados e a angústia da época criaram. A apresentação positiva do conceito completará as observações precedentes, ao mostrar em que sentido o indivíduo moral pode ser, razoavelmente e em pleno equilíbrio, juiz e acusado na mesma pessoa.

Antes, contudo, é preciso responder a outra objeção: o conceito de dever para consigo mesmo, observa-se, é de formação tardia e não se encontra na totalidade, nem mesmo na maioria dos sistemas morais. Quanto aos fatos, não se contestará essa afirmação: é fora de dúvida que o conceito e os problemas que a ele se ligam só surgem, pelo menos explicitamente, com o aparecimento do cristianismo, vale dizer, no momento da secularização da moral cristã. O erro filosófico da objeção consiste em proceder de uma falsa concepção da universalidade, que ela confunde com a generalidade empírica: a totalidade do problema moral não esteve presente como problema formulado, nem mesmo como problema passível de ser formulado, em qualquer momento da história; mas o fato de toda verdade ter uma data de nascimento não faz que ela não seja uma verdade ou que seja menos universal. É verdade que o problema universal da moral universal e da universalidade tornou-se tema de pensamento num momento determinado (que é fácil de fixar, pois é o momento da revolução kantiana, infinitamente mais radical e importante no domínio da moral que no da metafísica, a ponto de este último aspecto do sistema só se compreender em função do primeiro); mas o que então entrou em cena é uma verdade e permanece como tal, não obstante o fato de que, como qualquer outro fato, teve de ser descoberto. Isso não significa que não haja nenhum problema nesse fato; na verdade há, e de grande consequência, mas para a filosofia da história e, por isso, para a filosofia sistemática; entretanto, como foi dito mais de uma vez no que precede, essa constatação não deve servir de desculpa e de recusa do problema moral na sua especificidade. Existe o problema filosófico da universalidade moral (da moral da universalidade) porque há o problema dessa universalidade no mundo humano, tal como ele veio a ser pelo esforço inconsciente dos homens em direção da consciência: o único sentido da objeção, se é que ela possui um sentido no nível da filosofia – é diferente no nível da história e das ciências positivas da sociedade –, é o mesmo da nostalgia de um mundo a certeza, nostalgia que só pode se justificar racionalmente sob a condição de se traduzir em conceitos e discursos coerentes. Não se escapará aos problemas do seu tempo alegando a situação não problemática de outras épocas. A filosofia busca o que é verdadeiro sempre e em toda parte; mas ela o busca aqui e agora e é preciso que as verdades que ela anuncia sejam acessíveis e aceitáveis aos homens *hic et nunc*. O fato de o problema da moral filosófica e o do dever para consigo mesmo, que lhe é inerente, não ter sido problema de todas as civilizações e de todas as comunidades, o fato de não terem se tornado problema para todos e para cada um não reduz a sua validade, pelo contrário, a aumenta, se é permitido distinguir graus de validade.

b. O conceito de dever para consigo mesmo exprime o fato de, para si mesmo, o indivíduo não ser pura razão e não se reduzir ao que a tradição denomina a sua parte racional. Ele *pretende ser* razoável: como razoável, ele quer agir segundo o princípio da universalidade, sobre si mesmo, ser finito, passional, ser de necessidades e de desejos e exposto à tentação. Nesse sentido, o indivíduo torna-se verdadeiramente objeto e material para si mesmo, o ser finito para o ser razoável, e quer sê-lo, porque se trata de dever: não é por causa de seu interesse bem compreendido, nem porque um dever para consigo mesmo o exigiria, que ele *quer* observar a regra moral; é porque ele deve a si mesmo ser razoável, porque escolheu ser feliz pela razão e na razão, mesmo quando se interditasse toda satisfação do seu ser empírico. O dever para consigo mesmo se determina como dever de ser feliz enquanto ser razoável.

A fórmula não deixa de chocar. Com efeito, o que há de mais contrário, de mais mutuamente exclusivo do que os conceitos de dever e felicidade? O dever não é a negação da felicidade, a recusa de simplesmente visar à sua possibilidade? E a felicidade não é, antes de tudo, a ausência dessa coerção interior pela qual se exprime o sentimento do dever? Essas observações negligenciam não só a acepção que aqui foi dada aos termos – e um dos direitos menos contestáveis de um autor é o de definir os termos dos quais ele se serve –, elas não veem o que é infinitamente mais importante, que o uso corrente, de fato muito diferente do uso filosófico, conduz a paradoxos insolúveis. O problema moral nasce do sentimento da infelicidade moral, isto é, do sentimento de que a vida se tornou insensata: numa palavra, o início da reflexão é a busca da felicidade. Esquece-se igualmente que o que normalmente se considera felicidade, a satisfação das necessidades e dos desejos naturais ou históricos, é um fim que, se alcançado, deve-se a circunstâncias inteiramente fortuitas: toda a experiência da humanidade, anterior a toda reflexão moral, resume-se nessas lamentações repetidas de geração em geração, de civilização em civilização, que expõem a infelicidade do homem que busca sua felicidade no que não depende dele. Se quiser poder ser feliz, ele só deve se remeter a si mesmo, a ponto de que é de si mesmo enquanto ser empírico que ele deve se libertar. Tarefa impossível, dir-se-á, a menos que o homem se volte para o vazio e para o silêncio onde, com efeito, não há mais problemas a resolver, pois não subsiste mais nenhum problema. Mas é porque essa tarefa se revela impossível a quem quer permanecer na positividade da vida que ela, desde que reconhecida, permite dispensar essa aparência que faz da felicidade do ser razoável a infelicidade do indivíduo empírico, que permanecerá, necessariamente e sempre, empírico para si mesmo.

Poder-se-ia resumir isso dizendo: a felicidade existe e nenhum homem é feliz. A fórmula mostra que se trata de um uso ambíguo do termo central. Ora, basta fazer observar, ou antes relembrar, que a felicidade de que se trata no contexto da moral universal não pretende absolutamente trazer ao indivíduo a satisfação de seus desejos, nem mesmo a de suas necessidades. Enquanto indivíduo biológico, psíquico, social, histórico, o homem é ser finito e não se libertará dessa característica que o constitui e que constitui tudo o que vive. A moral, ao contrário, lhe promete que ele poderá ser feliz, quaisquer que sejam as circunstâncias, as privações, os sofrimentos, na medida e somente nessa medida em que ele *quiser* ser feliz de uma felicidade razoável, no respeito da sua própria dignidade de ser razoável. O estoico que declarou que a gota podia muito bem torturá-lo, mas que jamais o levaria a admitir que ela fosse um mal, dizia a verdade da moral: para o ser razoável, a sua própria indigência é um fato e não é mais que um fato, isto é, moralmente neutro, mais exatamente, de importância puramente material para a moral. É fácil zombar dessa atitude; entretanto, ela é idêntica à atitude que move os homens a sofrer todas as dores e a morte por uma boa causa; e esses homens encontram admiradores mesmo entre aqueles para os quais essas causas são estranhas, abomináveis ou incompreensíveis. É ilógico achar, ao mesmo tempo, justificada a admiração pelo outro e ridículo aquele que pratica o respeito para com a razão em si mesmo, esse respeito que funda o respeito por uma causa que não é nunca a do indivíduo em sua individualidade, mas torna-se sua causa somente se o indivíduo se submete e se subordina a um universal (por mal concebido e mal compreendido que ele seja). O indivíduo moral *quer* (razoavelmente) se superar enquanto puro dado para si mesmo, ele situa a felicidade no respeito da razão em si mesmo, na vontade de ser, não satisfeito, mas feliz pelo fato de poder, a cada momento, assegurar-se da posse de tudo aquilo cuja posse depende dele. É verdade que ele não deixará de buscar, não deixará de exigir a satisfação, e os problemas que nascem daí são de grande importância para a própria filosofia moral; voltaremos sobre isso. No momento, basta lembrar que o fundamento dessa exigência enquanto exigência não arbitrária encontra-se no conceito da universalidade, consequentemente, no conceito do dever, portanto, do dever para consigo mesmo, e se o fundamento não é o edifício, se só tem sentido em vista do edifício, nada será construído sem ele.

Não deixa de ser verdade, dir-se-á, que o homem, mesmo que aceite esse conceito de felicidade, jamais será feliz. Ele será razoável e feliz, mas na medida das suas forças essencialmente limitadas, só na medida em que conseguir fazer predominar sua razão sobre suas tendências, instintos, paixões, desejos – e ele nunca conseguirá isso perfeitamente; é seu dever ser feliz, mas esse dever será sempre dever, dever-ser, e nunca será realizado: precisamente ao reconhecer aí um dever, seu dever, ele reconhece ao mesmo tempo que isso é só um dever, que ele não é feliz e, pior ainda, que, se chegasse a sê-lo, teria perdido até o conceito da felicidade, definida como a felicidade de um ser que pode sempre ser infeliz e que só é feliz nos limites da consciência da infelicidade evitada.

Não há como contestar esses desenvolvimentos: eles são perfeitamente verdadeiros. Com efeito, a felicidade do indivíduo razoável não é um estado nem poderia tornar-se um estado. Ela é consciência da dignidade do próprio ser e das próprias decisões, de uma dignidade que, sempre de novo, deve dar provas dela mesma. Mas isso explicita a tese, não a refuta. Pode-se zombar, como o fez Hegel, do tédio do estoicismo ou da não realidade daquilo que sempre deve ser e nunca é; isso não invalida que a afirmação da autarquia do ser razoável é verdadeira, por pobre que seja seu conteúdo (mais exatamente: por pobre que seja essa tese porque ela não possui nenhum conteúdo), e sua repetição não é nem mais nem menos tediosa que a do binômio de Newton. Não deixa de ser verdade – e essa observação é mais importante – que o que existe no mundo do dever-ser existe todavia, e existe como expressão da possibilidade fundamental do homem, que é a possibilidade de negar, pelo discurso e pela ação, todo dado, até mesmo o da sua própria natureza de indivíduo empírico: o dever-ser exprime, para o próprio indivíduo, a força mais real que existe para ele, força suficientemente grande para arrancá-lo da natureza, pela possibilidade da morte livremente escolhida. Não há nada de surpreendente no fato de que essa liberdade da negatividade seja liberdade negativa; também não é paradoxal que, porque negativa, ela não seja nunca *realizada*, presente como uma coisa, que ela seja sempre vontade de se realizar, que ela seja, no sentido aristotélico da palavra, uma *energia*, uma força cuja realidade consiste no seu exercício, não naquilo que ela produz (embora ela seja produtiva). O homem moral, o homem da vontade razoável, não será feliz de uma felicidade estática; ele será feliz ao se moralizar. O indivíduo, mesmo que se supere ao mais alto grau, nunca será mais que superação do indivíduo por ele mesmo, e toda ideia de felicidade adquirida, estabelecida, não agente é um sonho para ele: o indivíduo, por moral que seja, só é moral porque, sempre de novo, se encontra exposto à tentação, à paixão, ao perigo de anular e de trair o que a razão nele reconheceu como seu dever. É por isso que ele sabe que a cada momento pode ser feliz na medida em que o quiser.

É preciso reconhecer que o conceito do dever para consigo mesmo foi desacreditado, em certa medida, pelos que a ele aderem. Ele foi interpretado como o fundamento de uma espécie de relação jurídica e se falou dele como se o indivíduo devesse se considerar completamente exterior a si mesmo; essa relação de direito foi então concebida como inteiramente independente de toda condição histórica e de toda moral concreta, de toda relação com outros homens, como algo válido sempre e em toda parte. Kant, por exemplo, deduz assim o interdito absoluto do suicídio: o homem, enquanto vive, não tem o direito de se subtrair aos seus deveres; seria contraditório que ele pudesse se dar a morte sem ser autorizado a isso, pois isso seria destruir o sujeito da moralidade, que, contudo, é fim em si. Não é necessário insistir sobre a fragilidade do argumento: a ausência de autorização não é redibitória enquanto não existe nenhuma interdição, e é um círculo vicioso querer fundar a interdição sobre a ausência de autorização. Mas é mais importante observar que essa argumentação não estabelece nenhum conflito entre o ser razoável e a sua própria razão livre, que, portanto, o dever para consigo mesmo aí não tem lugar: nenhuma contradição decorre da ideia do suicídio, e a universalização da máxima é perfeitamente concebível, dado que, se todo homem deve observar a regra da moral da universalidade enquanto viver, a moralidade não seria absolutamente ameaçada pelo suicídio de um indivíduo razoável, de um número qualquer ou mesmo da totalidade dos seres razoáveis, e a paz da comunidade não correria nenhum risco por causa desse fato. Ao contrário, é fácil encontrar outros argumentos morais que conduziriam, no quadro de uma moral histórica, à interdição do suicídio (deveres para com o outro, para com Deus, para com a comunidade histórica, da qual o suicídio não destruiria a possibilidade moral, mas poria em perigo a sobrevivência material): entretanto, é evidente que esses argumentos procedem do dever para com o outro, não do dever para consigo mesmo. A extensão indevida do conceito de dever para consigo mesmo o desacredita.[7]

c. Sabe-se que o dever de ser feliz, fundamento de todo dever para consigo mesmo, é o único que o estoicismo conhece; seu cumprimento, que a escola chama de virtude, não é meio em vista da obtenção da felicidade, é a própria felicidade: a felicidade é a vontade de ser feliz que se impõe à insatisfação do ser empírico. Sabe-se igualmente que Kant, apelando para Epicuro, exige ademais (mas somente isso) a satisfação do indivíduo na sua totalidade e o exige para todo indivíduo, fazendo disso uma exigência da própria razão, mas que, considerando como impossível a realização dessa felicidade-satisfação nesta vida, deduz daí a necessidade universal, portanto, a legitimidade de uma fé da razão num reino da justa recompensa. Ele mantém o ideal estoico, mas nega que o justo sentimento da própria dignidade, do mérito moral, e a felicidade do indivíduo total tenham entre si um laço empírico ou necessário: a felicidade completa é situada na obtenção da satisfação, sob a única condição de que ela seja moralmente merecida – ideal cuja realização é, se não impossível, pelo menos não assegurado sobre a terra.

Contra a tese estoica, que afirma que a moral é segurança de felicidade válida aqui e agora para o indivíduo radicalmente mortal, Kant reconhece a existência de necessidades e de desejos irredutíveis do ser que não é razão, mas apenas razoável. Mas para poder introduzi-los na moral, ele se vê obrigado a se servir, contrariamente ao seu próprio princípio de pureza

---

[7] A tese kantiana não é mais que uma *racionalização* da interdição religiosa (perfeitamente válida no quadro de uma moral histórica determinada). Sem humanidade, a criação perderia todo seu sentido para o criador. É o temor obsessivo da falta, característico da personalidade de Kant (ele sempre evitou qualquer laço pessoal na medida, muito grande, em que isso lhe parecia moralmente sustentável), que o impediu de reconhecer na busca da felicidade razoável o fundamento, não só da moral, mas até mesmo da pesquisa moral e de uma moral, pelo menos nos seus escritos éticos (isso não ocorre na parte moral da *Crítica da Razão Pura*).

transcendental da moral, de uma noção empírica, a de natureza humana, pois ele é incapaz de deduzir a legitimidade das exigências naturais de uma lei puramente *a priori*. Sua a tese é, de um lado, superior à do estoicismo pelo fato de admitir a necessidade e por não fazer da *razoabilidade* total e absoluta uma possibilidade concreta do indivíduo empírico. A dificuldade da posição estoica se mostra, ademais, no interior mesmo do sistema, e isso de dois modos: na questão da existência histórica do sábio, questão à qual a escola muito cedo não ousará mais responder, e no problema da vida do sábio, problema que os estoicos não sabem resolver a ponto de considerarem a livre saída de uma existência sem conteúdo como a única possibilidade, chegando assim, sem perceber, a esse vazio da consciência que, conscientemente, recusam em favor da ação moral. De outro lado, a moral estoica evita o escândalo da moral kantiana, que se vê obrigada a repetir sem cessar que o homem moral não pode não pedir uma satisfação que, enquanto moral, não deve nunca visar. Os estoicos esquecem que o homem não é razão, mas irredutivelmente indivíduo razoável; Kant, que se lembra do caráter *necessitado* do homem, apenas se lembra, e a regra moral do homem e sua natureza finita permanecem dois fatores separados, coexistentes, é verdade, mas não colaboradores, *fatos* irredutíveis e situados em planos incomparáveis, não aspectos diferentes do mesmo ser. Levando ao limite, dir-se-ia que o fundamento que Kant dá à moral é puro estoicismo, mas que sua crítica do estoicismo é fundada, e que, consequentemente, sua própria posição é exposta à sua própria crítica.

Isso não significa que seja preciso escolher entre a tese e a crítica; ao contrário, o problema é mostrar como as duas podem ser pensadas a partir de uma unidade mais profunda. Esse resultado só pode ser alcançado sob a condição de se fundar a moral na vontade pura de felicidade do ser razoável: a exigência da satisfação do indivíduo só será justificada como razoável se for possível mostrar como ela se desenvolve a partir desse princípio formal de felicidade formal – como ela se desenvolve significa como ela se determina ao determinar no concreto o princípio formal da universalidade sem a qual ela seria apenas um dado e sujeita à negatividade do ser que, mesmo querendo ser concreto, quer também ser livre. O conceito do dever para consigo mesmo exprime a unidade indestrutível da vontade do indivíduo razoável: escolhendo ser razoável, ele se recusa ao nada da inação e do silêncio.

d. Tomado no sentido que acaba de ser fixado, o dever para consigo mesmo constitui a totalidade do dever. Com efeito, só tenho dever para com o outro na medida em que *quero* agir dessa maneira, não agir de outra, porque, seguindo outra linha de ação, eu estaria em desacordo comigo mesmo e, em contradição com a razão em mim, eu seria infeliz. Serei forçado a trair a razão? Isso só ocorrerá na medida em que eu recusar as consequências da minha resistência: é ainda por minha escolha que eu me deixaria submeter e sou eu quem decide conservar minha vida quaisquer que sejam as condições a preencher; a coerção exterior só é real para mim porque decido me inclinar, e mesmo minha regra imoral só me compromete diante de mim mesmo.

O conteúdo, se é que esse termo tem lugar aqui em que só se trata da forma, mas de uma forma que se determina ao concreto ao se desenvolver, o conteúdo do dever para consigo mesmo aparece claramente no primeiro princípio do estoicismo (primeiro na ordem do pensamento, primeiro também na ordem da história, na qual, entretanto, ele foi rapidamente obscurecido pelas tentativas de "precisá-lo"): a virtude do estoicismo não é mais que uma vida conduzida segundo um único e mesmo *logos* (*homologouménous zen*), uma vida unida e de acordo com ela mesma. É possível que não se tenha observado suficientemente que é essa determinação da sabedoria, da virtude, do bem, da felicidade, todos não só unidos entre eles, mas idênticos, que levou o estoicismo a nunca tomar totalmente a sério os deveres para com o outro: o sábio cumpriu seu dever, todo seu dever, se ele é feliz, se ele mostra assim aos homens a felicidade que eles devem buscar e podem alcançar, isso não é um dever no sentido de que ele deveria visar a esse resultado; ele simplesmente preencheu sua função no mundo ordenado e razoável. É certo que existem deveres para com o outro; mas eles são secundários, a ponto de o sábio ser totalmente desengajado deles, pois ele sabe que eles têm sua raiz nas necessidades dos homens não sábios e encontram suas formas precisas no contexto de uma sociedade que não é natural, vale dizer, não é regida pela sabedoria nem organizada em vista dela; até mesmo o termo pelo qual o estoico os designa mostra suficientemente que eles são essencialmente exteriores: são as coisas que nos vêm ao encontro e das quais nos ocupamos na ocasião do seu aparecimento (*kathékonta, officia*), e mesmo aí sob a condição de que não nos desviem da busca da sabedoria e que jamais nos esqueçamos da sua natureza não essencial. Não é o mundo humano tal como existe que pode impor suas exigências ao sábio, é só o sábio que julga aquilo que, do ponto de vista da sabedoria, é exigência admissível (mas que nunca se torna exigência absoluta para ele), e é uma prova do progresso para a sabedoria compreender a importância totalmente relativa desses deveres que, em última análise, apenas tornam suportável a vida da comunidade dos insensatos.

Há vários pontos a destacar nessa visão da moral. Em primeiro lugar, a insistência na coerência necessária de toda moral que pretende ser fundada em razão e não simples preferência pessoal por esse "ideal". Em seguida, a consciência clara do fato, também ele essencial, de que todo dever para com o outro só é e só pode ser se deve ser fundado filosoficamente e na moral, dever para consigo mesmo, dever de coerência e de felicidade razoável. Enfim, a constatação de que toda exigência exterior só pode se tornar obrigação moral para um ser livre sob a condição de que ele a receba em si mesmo, como querida por ele mesmo e para ele mesmo: só existe obrigação moral livremente aceita, imposta ao indivíduo empírico pela sua própria razão.

Entretanto, essa redução dos deveres para com o outro ao único dever para consigo mesmo produz, por uma espécie de inversão, uma afirmação aparentemente (e, quanto ao estoicismo, historicamente) contrária, de fato complementar. O dever para consigo mesmo se cumpre no ato da vontade que pretende ser razoável, isto é, livre (razoavelmente, na razão e pela razão). Ora, esse ato só pode se realizar, só pode mesmo se conceber como ato de um ser que não é inteiramente razão, liberdade, coerência: o dever é dever de um ser finito e que, consequentemente, ainda não é moral. Ele ainda não é sábio, ainda é insensato: ele ainda não realizou o acordo consigo mesmo, ainda sofre da contradição e da divisão, apanágio do indivíduo empírico. Para ser sábio e feliz, ele não só deveria dominar suas tendências, seus desejos, suas paixões, ele deveria estar desembaraçado delas a ponto de os dados naturais não terem mais poder sobre ele, a ponto de não encontrar mais a menor resistência em si mesmo, de ter deixado de ser indivíduo e ter se tornado pura universalidade, puro *logos*. O fato é que ele ainda está a caminho e esse caminho se prolonga indefinidamente: ele dominará sempre mais seu caráter, resistirá sempre mais e sempre mais facilmente às tentações, e nem por isso será sem caráter definido, portanto, finito, nem sem tentações.

Ora, ele só poderá efetuar esse progresso no qual ganha constantemente terreno sobre si mesmo com a ajuda dos outros, no mínimo ele só poderá fazer isso em referência à comunidade dos insensatos, essa comunidade à qual ele ainda pertence, malgrado toda a sua vontade de escapar dela. Sozinho, ele não saberia o que é paixão, o que é razão; sozinho, ele estaria necessariamente de acordo consigo mesmo, não com um acordo razoável, mas porque ele viveria sem horizonte, aprisionado no instante, numa coincidência consigo que seria igual à do animal ou a da pedra, unidade instantânea e, porque instantânea, sem discurso e sem *logos*, sem possibilidade de desacordo, sem negação. É só a oposição das paixões de uns e de outros, entre suas necessidades, seus desejos, seus temperamentos, a necessidade de lutar e de vencer, o medo, enfim, e a experiência da derrota nessa luta que deram ao homem o desejo de uma regra apta a substituir a luta entre os homens pela luta dos homens contra a necessidade, que, enfim, fizeram que a moral empírica, ainda em conflito com outras regras semelhantes e com o mesmo fim, se mostrasse insuficiente e submetida ao juízo da pura universalidade, do *logos*. O homem moral, na verdade, só tem dever para consigo mesmo; mas esse dever só aparece sobre o fundo do dever para com o outro, e só se torna real por essa referência aos outros. O progresso para a felicidade só é, e só pode ser, progresso para a universalidade pela submissão de tudo o que é individual. Mas o desejo não universal, individual, pessoal, só se mostra assim por oposição a outros da mesma natureza: o indivíduo só pode se educar, só pode se moralizar situando-se, como se diz correntemente, do ponto de vista do outro: o primeiro progresso para a universalidade é o progresso para o reconhecimento do direito igual de todo desejo à satisfação.

A universalidade só pode ser visada na generalidade dos desejos em conflito: isso não significa que ela mesma se torne generalidade empírica em vez de universalidade, pois a universalidade, que não poderia ser a do desejo e só pode ser a da vontade razoável, opõe-se aos desejos em geral (seria mais exato dizer que ela se superpõe a eles); mas ela nasce, para o homem, para o indivíduo que, no começo, é apenas indivíduo determinado, desse conflito e só tem sentido por referência a esse conflito, que ela se destina a arbitrar e a regrar ao desenvolver um critério universal e ao visar unicamente à universalidade. Numa palavra, querer ser razoável, buscar a coerência, aderir ao critério da universalidade, tender para a felicidade, tudo isso, que é uma só e mesma coisa sob seus diferentes aspectos necessários, só é concebível e só é praticável num mundo da desrazão, da incoerência, do não universal, da infelicidade. O sábio é perfeitamente razoável; é por isso que ninguém entre os que falaram dele foi capaz de indicar como o sábio, perfeito e perfeitamente feliz, poderia ainda levar uma vida de ação no mundo ou somente continuar a viver. Só o indivíduo finito vive, e mesmo os que parecem ter saído vivos do mundo dos vivos para entrar no vazio e no silêncio aí entraram *ao sair* do mundo, no qual eles *viveram* e tiveram de viver antes de ganhar, nessa vida, a saída que lhes permitiu escapar dele (ainda se trata de uma suposição, dado que é impossível verificar se o silêncio exterior corresponde ao vazio interior: os testemunhos são suspeitos, pois vêm dos que falam do silêncio).

Decorre daí que a sabedoria do estoico constitui um ideal que orienta a vida sem que a vida jamais chegue a ele. A felicidade do sábio não existe, no sentido mais estrito do termo: onde houvesse sabedoria, não haveria mais possibilidade de felicidade, pois a felicidade é a de um ser para o qual a infelicidade constitui uma possibilidade onipresente. Nem por isso é menos verdade que o homem pode ser feliz (razoavelmente) a cada instante, pois a cada instante ele pode provar para si mesmo que é capaz de se submeter à razão em si mesmo, capaz de vencer a duplicação que o divide; o que lhe é interditado é uma felicidade estabelecida para sempre, uma felicidade que não seria vitória sempre nova, sempre precária quanto aos seus desdobramentos, mas gozo de uma vitória definitiva e que tornaria supérflua toda luta ulterior. O dever do homem moral é para consigo mesmo; e porque ele é dever para consigo mesmo como ser de discurso e ser no tempo, ser finito que, ao pensar o infinito, pretende ser infinito sem sê-lo, esse dever só se determina, e assim só existe para o homem sob a forma do dever para com o outro: é somente enquanto ele está em contato moral com outros seres humanos que ele está em contato consigo mesmo, e ele só pode desenvolver o conceito, e o sentimento, de um dever desse tipo na medida em que ele tem a ver com os outros.

Seria possível apresentar essa relação de outra forma, de outro ponto de vista. Só é possível, dir-se-á, falar de dever para consigo mesmo sob a condição de que se tenha a possibilidade de *falar* disso – e o indivíduo verdadeiramente só consigo mesmo não fala, a tal ponto que a expressão "só consigo mesmo" torna-se absurda, pois essa duplicação já supõe o discurso no qual o ser constataria a sua solidão. Pela sua própria natureza, o conceito do dever, sentido, reconhecido, pensado, remete a uma pluralidade de seres humanos em contato entre eles, e o dever para consigo mesmo aparece, nesse aspecto, como obrigação (não necessária ou primitivamente como dever moral) para comigo enquanto um entre outros, portanto, para com o outro (em mim), acolhido na sua consciência e por ela. Acrescentar-se-á que a história confirma essa interpretação: o conceito do dever e, antes, o dever vivido nasceram da obrigação imposta e da coerção exterior.

Entretanto, esses desenvolvimentos, por válidos que sejam, têm o inconveniente, precisamente porque são mais satisfatórios do ponto de vista da filosofia sistemática, de proceder de uma concepção da moral que não é a do homem moral. No quadro da moral, o dever para com o outro repousa sobre o dever para consigo mesmo, de tal modo que este só se torna real naquele: a felicidade do ser razoável, para voltar ao princípio da presente investigação, consiste no respeito legítimo de si mesmo, na consciência da vitória conseguida pela razão em mim sobre mim mesmo como ser determinado, vitória que só pode ocorrer no campo em que se dá o combate, o do conflito das necessidades dos desejos de seres finitos. A felicidade do ser razoável só se realiza, o dever para consigo só se torna concreto no cumprimento dos deveres do ser razoável para com outros seres humanos, igualmente finitos e razoáveis.

17. Os deveres do homem moral para com o outro decorrem do dever fundamental de justiça, que se desenvolve graças à sua referência à moral concreta e dá origem aos deveres de moderação, de veracidade e de coragem.

a. Decorre do que precede que o dever para com o outro é circunscrito pelo conceito de justiça (cf. § 12 *a*). A justiça exige que eu trate o outro como a mim mesmo e a mim mesmo como outro: antes da ação todo indivíduo é, para a moral, equivalente a qualquer outro indivíduo. A justiça exprime assim o princípio da universalidade no interior do mundo histórico. Formal e negativa, ela interdita, mas não prescreve; mais exatamente, se ela prescreve, é de maneira indireta, ao interditar a falta por omissão. Ela proclama assim o dever de ajudar o próximo em perigo ou em necessidade, de retribuir aquele que agiu bem e de punir o que agiu contra a justiça. Ora, essas regras, que se apresentam como positivas, recebem seu conteúdo da situação histórica da comunidade: que é a necessidade (razoável)? Que é o perigo (a ser temido razoavelmente)? Que é o crime, o ato que não se deve cometer, nessas condições, sob nenhuma condição? A regra formal interdita somente a introdução do passional e do egoísmo nas máximas da ação; não se sabe *a priori* o que é justo, mas sabe-se com certeza o que não o é. Injusto é não levar em conta o desejo legítimo do próximo, não agir em vista da satisfação desse desejo, mas o que é o conteúdo desse desejo legítimo, isto é, concretamente universal ou universalizável, isso só se determina com referência à moral e à situação histórica do lugar e do momento: um desejo reconhecido e partilhado por todo mundo aqui e agora pode ter sido, foi de fato, incompreensível a outra civilização ou à nossa em outro momento da sua evolução, e o que é nova exigência de universalização pode chocar a massa dos contemporâneos, que só veem destruição e traição nessa renovação da moral concreta. A regra moral não dá resposta direta e imediata a nenhuma dessas questões. Mas é essa regra formal que, aplicada na sua negatividade ao mundo positivo, dá a este uma estrutura moral.

b. Uma concepção da justiça como esta dá motivos de repugnância ao sentimento. Está fora de dúvida que esse dever para com o outro carece de coração ou, em outras palavras, de caridade, que ele não leva em conta as aspirações que se designam como as mais pessoais do outro. A resposta da filosofia e da moral é simples: quando se trata de universalidade, o que é mais pessoal é também o que possui a menor importância – mais exatamente: possui a importância do imoral, a importância de uma forma "nobre" do arbítrio que é preciso vencer e eliminar tanto quanto possível. Mas, mesmo sem apelar para a filosofia, o simples bom-senso, se reflete adequadamente, dirá a mesma coisa. O que se chama altruísmo, caridade, coração, é ambíguo, para dizer o mínimo. Se devo agir levando em conta os desejos do outro, é porque o outro é meu igual, e a equação entre ele e mim pode e deve ser lida nos dois sentidos: se seus desejos são razoáveis, eles serão compreendidos por mim porque os encontro em mim, mas nada mostra que os seus deveriam ser satisfeitos antes dos meus. O altruísmo, que estabelece como princípio o interesse do próximo acima do interesse do sujeito moral, corre o risco de desaguar num egoísmo de transferência, que não vale mais que o egoísmo solitário. Que o amor possa inspirar sacrifícios a que nenhuma moral, mesmo a do amor enquanto moral, pode obrigar, isso constitui a grandeza do amor; mas essa grandeza não existe no nível da moral estrita, e sua grandeza consiste precisamente nisso. A moral sabe apenas que o indivíduo é definido, universalmente, pela existência de desejos e de interesses pessoais, nem universais nem universalizáveis em si; ela deduz daí que o desejo pessoal deve ser respeitado na medida em que não é violento e conduz à violência; ela não vê por que o desejo de um teria, por ser o dele, a precedência com relação ao de outro, mesmo que esse outro fosse eu.

Isso não tira nada dos direitos do sentimento. Mas esses direitos não são aqueles de que fala a moral; mesmo que ela possa reconhecê-los: ela não recusará sua aprovação, sua admiração, a quem abandona, por amor do outro ou para preservar a paz e a comunidade malgrado a desrazão dos outros, aquilo que poderia exigir. Ela somente fará notar que esse abandono não deve aumentar a desordem e a violência – e, de novo, ela está de acordo com o bom-senso e a experiência: é preciso que o desejo do outro seja legítimo para que seja legítimo escutá-lo, sem isso um bando de malfeitores constituiria uma associação moral, e o educador que, por preguiça e negligência, ajudasse os que lhe são confiados na execução de seus projetos estúpidos e violentos realizaria o seu ofício. O sentimento por si só é mau conselheiro, ele não é conselheiro; para preservá-lo de seus desvios é preciso, ao contrário, que ele seja disciplinado e conduzido pela justiça que, por sua vez, não procede do sentimento. Só sob esta condição o sentimento pode coroar a obra da justiça. Se a sensibilidade e o sentimentalismo dificilmente o reconhecem, isso não julga a justiça, mas os julga.

c. A justiça exprime o princípio da universalidade no interior do mundo histórico: para mostrar isso podemos nos servir de um conceito já utilizado (cf. 15 § *g*), o de expectativa legítima. Como conceito equivalente ao de desejo legítimo, ele só recebe sentido e conteúdo por meio de uma remissão às convicções (o que quer dizer: à moral concreta) da comunidade e da época. É nesse contexto, e só nele, que o dever para com o outro se torna positivo.

Toda comunidade pressupõe que seus membros cumpram seus deveres, isto é, que nas questões que os ligam aos outros não decepcionem a expectativa legítima daqueles com os quais estão relacionados. A moral filosófica não conhece essas questões, ela sabe que é plenamente incapaz de determiná-las, até mesmo de captá-las sob o aspecto que as torna questões e questões importantes para a comunidade: para retomar nosso exemplo, ela não sabe se uma comunidade deve ou não conhecer a instituição do depósito. O que ela sabe, ao contrário, e afirma com o máximo rigor, é que as regras da comunidade devem ser observadas (mesmo que possam ser contestadas, modificadas, substituídas – cf. *infra*, *d*) e que a expectativa legítima, tal como a define essa moral concreta, não deve ser decepcionada sem razão legítima, porque toda falta contra essa regra (negativa quanto à forma e como regra de moral filosófica, mas que funda moralmente todas as obrigações positivas da moral concreta, de toda moral concreta) reintroduz a violência no mundo dos homens e assim destrói, para o homem que quer ser moral, a possibilidade de se universalizar no e pelo contato e a colaboração com outros seres humanos que, como ele, embora talvez inconscientemente, buscam a felicidade do ser razoável, não a satisfação imediata da necessidade e do desejo.

É isso que explica o papel preponderante que a maioria dos sistemas reconheceu à "virtude" da veracidade. Nada mais natural que isso, dado que é o discurso que constitui a comunidade e, antes da comunidade, a comunicação que a torna possível; dado que toda falta contra a veracidade constitui um pecado contra o princípio da vida em comum e um perigo para a possibilidade da existência moral, isto é, razoável e cujos atos procedem da justiça: para o mentiroso, o que é enganado é um objeto manejado, não o seu igual. É desnecessário acrescentar que a mentira não é limitada ao discurso: não só a expressão, o gesto, o silêncio podem mentir, atos que diretamente não exprimem nenhuma opinião podem servir à mentira; não há nada de humano que não possa enganar o homem, tudo pode ser posto a serviço da astúcia, a tal ponto que a própria verdade não só pode enganar, mas pode desempenhar as funções da mentira, segundo a intenção daquele que assim "diz a verdade". Nos meios civilizados, a verdade pode ser a forma perfeita da enganação, e a história está repleta de verdades ditas em determinadas condições e com fórmulas que, parecendo inacreditáveis e interpretadas como jactância ou contraverdade, prestaram a seus autores mais serviços do que o teria feito a dissimulação mais hábil de um pensamento e de intenções que, por um cálculo hábil, se expressaram com uma franqueza brutal – suficientemente brutal para ser considerada mentira.

Nesse contexto é importante dissipar um erro que não é menor por ser o de um grande filósofo. Trata-se da pretensa obrigação, quaisquer que sejam as circunstâncias, de dizer a verdade sem dissimulação nem segundas intenções, de observar sempre e rigorosamente o dever de veracidade. A regra não exige tanto, dado que ela decorre da regra da justiça que interdita enganar a expectativa legítima do outro. Ora, é evidente que, em uma moral concreta, não se espera uma veracidade mecânica, e todo homem em qualquer civilização sempre contou com certas contraverdades; igualmente, em toda parte se considerou prova de inabilidade, ou seja, algo incompreensível e aberrante, a recusa dessas mentiras. Um médico que engana seu paciente porque sabe que o conhecimento de seu estado reduziria suas chances de cura mente em sentido material, mas não mente do ponto de vista da moral, dado que a expectativa legítima do doente refere-se à sua cura e não à aquisição de conhecimentos biológicos ou fisiológicos: o critério da universalidade das máximas não se opõe a isso a ponto de que o próprio médico estaria razoavelmente de acordo em ser enganado se, no papel do enfermo, se encontrasse na mesma situação.

Outro exemplo esclarecerá melhor o problema. Num breve escrito dirigido contra Benjamin Constant, com o significativo título "Sobre um Pretenso Direito de Mentir por Humanidade", Kant sustenta que, interrogado por um assassino, sou obrigado a lhe revelar o paradeiro daquele que ele quer matar; a razão é que ao mentir destruo, em mim, o crédito de todas as declarações e, consequentemente, privo de força todo direito fundado num contrato. É possível que eu prejudique a vítima ao dizer a verdade (é possível, porque o sucesso da empresa do perseguidor não é inevitável); em todo caso, não leso o perseguido, pois é lógica e moralmente impossível construir um direito do outro que me obrigará a mentir para ele. – Não seria suficiente opor a esse argumento kantiano o sentimento, provavelmente unânime, que considera essa veracidade como uma ação inumana e imoral. A filosofia não se contentará com os protestos do sentimento; se ela deve levá-lo mais em conta do que o fez Kant, porque só a moral sentida e vivida dá à lei moral da filosofia um conteúdo ao lhe garantir seu uso de maneira formadora, é perfeitamente concebível que, por difundido que seja, esse sentimento seja mal informado. O que decide a questão é que o assassino do exemplo rompeu o contrato da não violência: o argumento kantiano não se sustenta, porque a ruptura ocorre no momento em que o problema se põe. Ou, para voltar ao conceito aqui proposto, não é mais possível falar de expectativa legítima no momento em que a violência já negou toda legitimidade; se o assassino recebesse uma informação dada sem hesitação, seria provavelmente tão penetrado da verdade dessa observação que desconfiaria da resposta.

A possibilidade de qualquer contrato, em termos kantianos, seria verdadeiramente abolida se uma obrigação qualquer pudesse pôr o ser moral a serviço da violência. Não existe mais obrigação diante de quem me trata como puro meio para obter seus fins arbitrários; ao me submeter, eu renegaria não só a possibilidade do discurso como laço essencial entre os seres razoáveis, mas também toda possibilidade de moral concreta qualquer que ela seja. Em última análise, o erro kantiano provém de seu esquecimento da função da moral formal e filosófica, que não é nada senão em referência a uma moral concreta, que ela pode e deve julgar, mas cuja existência sempre pressupõe. As máximas que devem ser submetidas ao imperativo categórico não podem ser dadas pelo imperativo; elas só encontram seu conteúdo em função do interesse "natural" e só se tornam universalizáveis na medida em que o interesse o é; ora, esse interesse, por sua vez, é função da moral concreta (dos costumes, das tradições, dos "valores"). E a única expectativa legítima que o assassino pode alimentar no quadro dessa moral é a da sua própria punição e da resistência de todos. Não existe só um direito à mentira, existe uma obrigação de mentir em certas situações – o que, ademais, não traz nenhuma justificação ao mentiroso interessado e habitual: é preciso que, em cada caso, esse direito seja estabelecido pelo recurso ao único critério moral, o da universalização possível. Em suma, trata-se de uma interpretação errônea do dever para consigo mesmo, que seria concreto na mediação da moral concreta e da vida em comum de homens que razoavelmente querem se tornar razoáveis; uma espécie de egoísmo moral busca proteger-se de toda responsabilidade na realidade e da realidade e se retrai sobre uma boa consciência que, para permanecer pura de toda impureza possível, deveria se esvaziar de todo conteúdo e abjurar todo contato humano. – Voltaremos a esse problema ao falar da unidade e do conflito entre a moralidade das intenções e a da responsabilidade.

d. Os intérpretes e os críticos da moral filosófica de Kant não observaram suficientemente que esta se afasta de toda tradição ao silenciar sobre duas das "virtudes cardeais".

Compreende-se que ela não trate expressamente da moderação, porque essa virtude (esse dever) constitui implicitamente todo o seu conteúdo concreto. Mas ela não trata também da *sophia* prática, da prudência, e tampouco trata, o que é ainda mais curioso, da *coragem*. Esquecimento curioso, porque se essa virtude tivesse desempenhado seu papel na reflexão kantiana, não se teria produzido o dilema que acabamos de discutir: com efeito, supondo que existe uma obrigação absoluta de nunca mentir, teria sido natural dizer que quem se encontra sob a ameaça da arma de um assassino e não quer trair seu princípio só tem que lutar e, se suas forças não lho permitem, aceitar a morte – solução análoga à que foi pregada por numerosos pensadores que, não podendo aceitar a lei de seu país, mas também não querendo reintroduzir a violência na comunidade, recomendaram a obediência passiva, mais claramente: a recusa de executar ordens injustas, juntamente com a aceitação das consequências, penais e outras, dessa recusa. Kant, que no seu conflito com o governo prussiano por causa de sua filosofia da religião certamente teria seguido essa conduta se se tentassem lhe impor um ensinamento contrário às suas convicções, nem sequer vislumbrou ao tratar do dever de veracidade.

A razão pessoal é, se temos o direito de avançar explicações quando a consciência íntima de um autor está em jogo, que Kant se empenha sobretudo – somos tentados a dizer: a todo preço – em conservar sua tranquilidade de alma, a paz interior, e não deseja pôr em questão o acordo consigo mesmo, a felicidade do homem razoável, mesmo que ela tivesse de ser assegurada pelo abandono de todo contato com a situação concreta e, em última análise, pelo sacrifício de toda possibilidade de uma moral concreta. A essa razão pessoal corresponde, todavia, uma razão filosófica, a saber, a interpretação insuficiente do conceito do dever para consigo mesmo que, do ponto de vista da moral pura, funda a totalidade dos deveres: Kant, assim como os que o seguiram, não o viu, e é porque também não viu que esse dever só se torna apreensível, só se torna real, a ser realmente cumprido, pela mediação do dever para com o outro: meu dever para comigo mesmo, em vista da minha felicidade, consiste em fazer meu dever para com todos os homens, pois é só em contato com eles que a questão do dever para comigo mesmo pode se pôr para mim, porque é só nesse contato que efetuo a separação primeira entre o arbitrário e o universal. Devo buscar minha felicidade razoável, devo buscá-la como ser que quer ser razoável? Ora, só posso visar à tarefa de me tornar razoável porque, sempre e previamente, estou ligado aos outros, em conflito e em colaboração com eles, e porque só descubro o que me impede de ser razoável e feliz ao descobrir primeiro neles e só depois em mim o que é violência e arbítrio.

O dever ou, para seguir o uso, a virtude da justiça nasce diretamente daí, e, nesse sentido, seria correto considerá-la a virtude fundamental. Entretanto, o caso de Kant o mostra suficientemente, a justiça, precisamente por causa da sua função primordial, deve se desenvolver, deve desenvolver o que ela contém de modo envolvido, se ela não deve conduzir – e desta vez logicamente e sem que intervenham questões de caráter – ao simples medo da injustiça cometida por mim, medo que terminaria rapidamente por ajudar a injustiça dos outros.

Repitamos, mais uma vez, que essa atitude de retraimento constitui uma das possibilidades da moral do indivíduo; mas é uma atitude do silêncio e da violência sofrida, da aceitação do absurdo. Ela é perfeitamente coerente e é impossível reduzi-la a uma contradição entre, de um lado, seus preceitos e seus atos (ou não atos) e, de outro, seus princípios. Ela representa a negação da violência no homem, mesmo se essa violência é transformada e, o termo conserva aqui seu sentido original, civilizada na comunidade e pela comunidade, transformada em desejo legítimo aos olhos de todos; mas ela nega a violência interior em proveito da violência exterior; ela é a negação do caráter finito do indivíduo humano, não por meio da superação (nunca acabada, a bem da verdade) desse caráter, mas pelo abandono de tudo o que constitui o indivíduo e, consequentemente, o homem na vida da comunidade. Pode-se simplesmente observar que uma opção como essa se opõe radicalmente, na sua coerência, à opção da filosofia (para a filosofia): ela é opção contra o discurso, ela só pode produzir, no limite, o homem que, silencioso, vive sem linguagem e sem ação, na morte. O erro filosófico nasce quando se considera possível a reconciliação das duas atitudes – erro filosófico, porque se exprime num discurso incoerente (segundo seus próprios princípios) – e porque se visa a um sistema moral que preserva ao mesmo tempo o acordo imperdível consigo mesmo fora de toda relação com o outro e o acordo na universalidade concreta de uma comunidade.

Do ponto de vista da filosofia, no qual se pode, ou não, situar-se, mas que não se pode ocupar de maneira intermitente, a justiça não se reduz a simples vontade de pureza e não permanece desejo exclusivo de salvar a paz de sua alma no silêncio pela recusa de todo conflito. Ela é também *coragem* e, com uma expressão familiar à qual é preciso restituir sua força, coragem moral, a coragem do homem que aceitou que entre o critério formal da universalidade e suas próprias máximas se interponha a moral concreta – uma moral concreta que ele não criou, mas sem a qual não encontraria nem matéria para a ação, nem mesmo máximas a submeter à moral filosófica –, a coragem de quem se compromete a agir, não só segundo a moral concreta, mas também sobre essa moral, que ele sabe estar obrigado a tornar mais universal e, portanto, mais moral.

Habitualmente, a coragem é considerada a virtude de quem, pronto a afrontar a morte desde que o serviço da moral o requeira, não teme nenhum perigo exterior. É a vontade firme e permanente de fazer seu dever a qualquer preço, preço que se mede com a intensidade (definida pela moral histórica) das necessidades e dos desejos sacrificados; ora, entre esses desejos, o de conservar sua vida é o primeiro, ele comanda todos os outros, pois quem não tem mais interesse na própria vida não possui mais nenhum outro interesse: a coragem diante do risco da vida é, consequentemente, a mais elevada para toda moral positiva. Mas essa concepção tradicional da coragem não é a mais elevada (ou a mais profunda): não é certamente fácil vencer o medo animal da morte – só os que fizeram essa experiência poderiam se pronunciar com conhecimento de causa, e mesmo seus testemunhos não seriam probantes, porque muitos fatores (temperamento, educação, etc.) interveem aí; todavia, é um fato observável que essa coragem pode constituir o apanágio de homens no ponto mais elevado, isto é, conscientemente, imorais, e é um fato que existe uma coragem do animal e do bruto humano. Do ponto de vista moral, a coragem é simplesmente pressuposta, pois a moral pressupõe que o homem esteja decidido a submeter sua animalidade à sua exigência: ser corajoso é dever nesse sentido primeiro e simples. Exige-se uma coragem de outra natureza quando não basta renunciar à vida e a seus bens; mais ainda, essa renúncia, sob muitos aspectos, pode se revelar a máscara do laxismo.

Com efeito, para a reflexão, morrer é pouca coisa para o ser moral: uma vez saído da vida, ele não só está livre de todo sofrimento, de todo perigo, de toda dor, mas também está livre de todo problema moral, em particular do mais grave de todos, o da moralidade da moral concreta sob a qual vive e sem a qual não poderia viver moralmente, a não ser que proponha outra moral concreta em lugar daquela que ainda rege todas as relações entre os homens e que faz delas relações humanas. O que está em questão não é, sobretudo, o fato de entrar em conflito com os mais respeitáveis entre seus iguais, aqueles que, por oposição aos simples hedonistas e aos laxistas, que se apegam a essa moral que ele se sente obrigado a condenar; é muito mais o fato de que ele não pode nunca estar seguro do valor do seu empreendimento (não se fala aqui de suas chances de sucesso) e porque não ignora que, ao se apegar ao que regra a vida da comunidade, ele se arrisca a destruir aquilo cuja existência é a condição necessária de toda melhoria, essa regra relativamente universal que é a tradição moral encarnada nas leis, nos modos de viver, nos hábitos: não correria ele o risco de fazer esquecer até mesmo o conceito de regra e de desencadear o arbítrio e a luta violenta? Podem surgir situações em que precisamente o homem mais altamente moral se verá obrigado a decepcionar a expectativa mais legítima (segundo as ideias morais reinantes) daqueles aos quais ele se encontra mais estreitamente ligado pelo respeito da moral – situações nas quais a morte voluntariamente aceita, às vezes buscada, pode ser querida como o único meio de fazer penetrar a nova moral concreta na consciência dos contemporâneos e das gerações futuras, mas pode ser também a prova, não da coragem, do abandono.

Essas considerações já mostram uma relação estreitíssima entre as "virtudes", isto é, os deveres, da coragem e da prudência. Mas antes de falar dessa última "virtude", será útil acrescentar algumas observações suplementares, tanto mais que o conceito de prudência introduzirá um problema relativamente autônomo, ou que foi levado a sê-lo pela incompreensão de que há tempo é vítima.

Nada é mais cômodo do que se dar aparências de homem de coragem moral. Basta opor-se a tudo o que é estabelecido; como o problema só existe nas circunstâncias em que a moral tradicional é abalada em seus fundamentos, o procedimento tem uma atração irresistível para uma vaidade que sabe muito bem que a revolta está na moda e que a crítica moral paga em moeda de glória e de sucesso público, sem que uma ou outra, enquanto se mantém nos limites da legalidade, preservam de graves perigos. A coragem moral da qual acabamos de falar e que se recusa a esse jogo se exerce, por assim dizer, contra o próprio indivíduo moral, a quem ela faz aceitar o perigo, extremo para ele, de destruir todo sentido de sua existência. Nada disso inquieta os vaidosos: para eles o sentido de sua existência consiste precisamente no puro protesto contra a mentira da moral reinante – puro, porque sem interesse pelos interesses do mundo. A coragem moral não tem nem sequer lugar aqui: a crítica pura tem sempre razão, necessariamente, porque ela mede imediatamente a moral concreta com o padrão do universal formal. É verdade que a coragem terá ocasião de mostrar que os que apelam para essa moral não a seguem, que, malgrado todas as suas profissões de fé, eles são injustos em seus atos, mentirosos em suas palavras e iludem a si mesmos suficientemente para não mais distinguir a verdade da mentira: ninguém contestará que essas análises morais concretas tenham o mais elevado mérito e, mais ainda, sejam úteis, não talvez aos que se tornaram presas de suas próprias astúcias, mas aos que poderiam deixar-se prender por elas. Mas, tomada desse modo, essa censura salutar se apoia na moral positiva que reconhece implicitamente, e essa moral refuta os que só aparentemente aderem a ela.

O crítico puro não se contenta com tão pouco: a conclusão que ele tira da hipocrisia do mundo e dos homens não é que seria preciso, que é preciso levar a sério a moral, ele deduz daí que a moral, qualquer que seja seu conteúdo histórico, produz a mentira e a hipocrisia. Num sentido completamente simples e raso, essa observação é evidentemente verdadeira: na ausência de toda moral reconhecida, de toda expectativa legítima, seria muito difícil mentir e enganar, e a moral é assim a mãe da imoralidade, pelo menos da sua possibilidade. Se se tirassem as consequências disso, haveria pouco a dizer: tendo adquirido essa convicção, tendo proclamado que nada vale a não ser só a pureza, retirar-se-ia do mundo para escapar às exigências do dever de coragem moral. A história conhece casos de homens que tomaram esse caminho, como Tolstoi e Rousseau no final de suas vidas. Entretanto, esses exemplos não acrescentam nada à pesquisa filosófica e apenas ilustram uma opção a que ela visou desde o começo, a opção que quer escapar e, efetivamente, escapa do problema moral em vez de resolvê-lo ou de buscar uma solução para ele. Quando essa consequência é recusada sem que a tese da mentira universal seja abandonada, surge um problema filosófico (o que não quer dizer que os adoradores da pureza o vejam).

Esse problema se apresenta de duas maneiras complementares, das quais uma insiste sobre a particularidade de toda moral concreta, enquanto a outra opõe à "mentira" a sinceridade, a autenticidade, a ausência de toda máscara no defensor da moral "verdadeira". Ambos se mantêm próximos: nenhuma moral é absolutamente universal, ela poderia ser diferente do que é e por isso é arbitrária. Ora, aderir a uma moral da qual se desvendou o segredo é tornar-se culpável de mentira, porque se prega como válido aquilo que, em direito, não o é; todavia, a adesão a ela só se compreende na suposição de que o indivíduo encontra seu interesse, de modo nenhum moral, na preservação dessa moral: só uma sinceridade total preservará da mentira. Mas uma sinceridade assim é impossível, pois, na medida em que se fala, fala-se a linguagem do mundo e da sua moral: não se sai do mundo, mas, ao proclamar a impureza do mundo, absolve-se a si mesmo ao confessar a sua própria falta como falta do mundo, não do sujeito, e se purifica a si mesmo pela exposição de sua impureza: nesse mundo particular e arbitrário, é-se o representante da universalidade e, fixando abertamente sua própria particularidade e seu arbítrio, chega-se ao reconhecimento sincero da mentira inevitável, reconhecimento que restitui ao indivíduo sua inocência.

A moral não tem nada a ver com uma sinceridade desse tipo. Indubitavelmente é importante que o indivíduo se conheça: ele não poderia agir sobre si mesmo, não poderia se modificar se não reconhecesse a tentação interior, a paixão, o interesse pessoal. Mas a moral procede do conhecimento da natureza violenta (interessada, passional, etc.) do indivíduo e da exigência razoável de *informá-lo* pela razão, de submetê-lo à vontade: a análise do próprio caráter é uma necessidade técnica da moralização do sujeito empírico, ela não é mais que isso e não tem em si nem valor positivo, nem valor negativo. Para falar a linguagem da teologia, a confissão sem vontade de conversão não tem sentido moral e, psicologicamente, produz uma piedade complacente para os próprios sofrimentos, junto com o desejo de sofrer ainda mais para poder se apiedar de si mesmo como caso de sensibilidade moral refinada e não comum – tudo isso é muito pouco apto a conduzir o indivíduo à razão e à vontade razoável. A moral não conhece originalidade no nível dessas questões, ela é a negação expressa da originalidade; o moralismo vazio que está aqui em questão tenta, ao contrário, esconder sua indigência atrás da cortina do que o indivíduo, com seu caráter único, *vive* e não pensa. No fundo encontra-se, com as aparências da mais elevada coragem – aparências porque essa coragem só serve para chocar os que gostam de ser chocados –, a lassidão moral (ou imoral) que deseja escapar ao juízo do universal sob a forma concreta em que ele é, não oposto à moral, mas juízo sobre a moral concreta no interior dessa moral e em vista de uma moral concreta mais moral.

Os fenômenos nem sempre se apresentam com essa clareza. Frequentemente o indivíduo, mesmo se estabelecendo num ermo particular, tenta reencontrar o contato com a realidade moral e chega então a questões cuja profundidade o impressiona. Ele se pergunta como as consciências podem entrar em contato, como a justiça pode ser realizada nas condições presentes ou a partir delas, como imaginar uma moral que seja autêntica e não deixe lugar à mentira e à hipocrisia. A primeira dessas questões tem certamente um sentido, ela é mesmo inevitável, se se parte da ideia de um indivíduo originalmente isolado; o que está errado é esse ponto de partida, é supor o que ninguém encontrou e nem mesmo pode imaginar, um ser humano que não seja membro de uma comunidade: o homem o é a tal ponto que aquele que se separou de todo laço apenas se separou daquilo que o mantinha. A segunda dessas questões é igualmente inevitável; o que não impede que se a formule de modo a torná-la insolúvel: se a justiça é concebida como a igualdade total de todos os indivíduos em todas as situações, se toda diferenciação (de moral concreta) é declarada falta contra a justiça, introduz-se um ideal (em plena consciência, pode-se supor) cuja única função é desvalorizar não só toda moral que possa ser vivida e agente, mas também toda possibilidade de uma moral que seja assim. É por isso que se compreende igualmente, e se desfaz, a terceira questão, a de uma moral sem hipocrisia: como notamos anteriormente, toda moral contém, mais exatamente constitui, a possibilidade da hipocrisia e da mentira. Dir-se-á que não se trata disso: toda moral, para um "absolutismo" moral como esse, é hipócrita. Com efeito: porque ela é moral para seres interessados, passionais, individualizados por aquilo que neles nem moral nem razoável, e porque as regras morais prescrevem um comportamento e máximas que se opõem a essa individualização, basta interpretar como descrição da humanidade existente o que é exigência dirigida a ela, exigência sensata precisamente porque os homens têm necessidade dela, isto é, não a obedecem naturalmente, para chegar a essa observação desencantada de que a humanidade vive na afirmação de princípios que ela não respeita, para chegar, portanto, ao mesmo "ideal", nobre e confortável ao mesmo tempo.

É uma constatação banal, ou que deveria sê-lo depois de ter sido feita pela primeira vez, que toda moral concreta poderia ser diferente do que é e que, nesse sentido, ela é arbitrária; contudo, não é de modo algum arbitrário que uma moral concreta, qualquer que seja, seja indispensável para que a ideia de uma moral pura, de uma universalidade das máximas, de uma imoralidade da moral reinante possa ser concebida e, com mais forte razão, possa servir à moralização do indivíduo, do grupo, da humanidade. A coragem moral, no seu ponto mais elevado, consiste na aceitação desse fato, penoso para uma reflexão que preferiria, se pudermos usar essa expressão nesse contexto, salvar-se lavando as mãos de toda responsabilidade. Uma pureza como essa só traz vantagem para quem, mesmo permanecendo no mundo, aí não quer fazer o seu dever: as acusações dirigidas contra a sua própria natureza constituem a escusa mais apresentável da lassidão que não tem absolutamente vontade de combater o que na sua perspicácia prefere que seja constante e imutável na sua insuficiência. Nem por isso a invocação da universalidade e da moral formal e razoável torna-se o signo de uma opção pela sinceridade insincera e pelo imoral moralizante, longe disso: só o universal permite falar de problemas morais. Mas a moral sincera é precisamente a que aceita agir na moral concreta e sobre ela, sobre ela porque no seu interior, e que busca, não um ideal cujo atrativo principal consiste em permanecer irrealizável, mas a moralização do mundo e do indivíduo *hic et nunc*.

18. *Ao dever de justiça, primeiro e fundamento de todos os deveres para com o outro, corresponde o dever de prudência moral, resumo de todos os deveres fundados na justiça e que determina a maneira de sua realização na comunidade, tanto diante dela como diante dos indivíduos que a compõem.*

a. Desde que se contou a coragem entre as virtudes morais, entre as exigências permanentes do indivíduo razoável para consigo mesmo, insistiu-se também, sobre o laço entre a coragem e a sabedoria prática, a prudência. Com efeito, só a prudência do *homo prudens* distingue a coragem moral da insensibilidade, da cretinice que corre qualquer perigo por ser incapaz de vê-lo, da temeridade do agressivo, da audácia do violento e do ser amoral ou antimoral. Ainda não se é corajoso por ter simplesmente arriscado a vida: pode-se ser um jogador e nada mais, pode-se buscar uma ocasião, não de ter sucesso no seu empreendimento, mas de morrer gloriosamente ou sem escândalo. Um observador pessimista acrescentaria que os homens aceitam com mais boa vontade, mais facilmente, morrer por uma causa violenta e moralmente má do que pela moral e pela moralização.

A prudência deixou de preocupar a filosofia moral a partir do momento em que a coragem se tornou virtude e dever de estado, reservada a certas corporações, mas que não se impõe mais ao homem moral enquanto tal. Cada um se compraz em render homenagem ao homem corajoso, mas transformando a coragem em *virtude* no sentido moderno desse termo, atitude admirável, extraordinária, não dever, mas fonte de atos sub-rogatórios aos quais ninguém está obrigado. Não se condenará o próximo porque ele faltou com a coragem; é seu direito, como é o meu; se lhe recusa apenas a admiração, porque, afinal de contas, ele não vale mais do que eu. Seria, ademais, desagradável encontrar muito amiúde homens que, pelo respeito que me inspiram, me inspiram um pouco de desprezo por mim mesmo. Intervém então certa concepção da prudência, não aquela a que o homem moral está obrigado, mas outra, que protege melhor esse respeito por si: o outro não é corajoso, *porque* é prudente, porque reflete antes de agir e ao agir, não busca o martírio sem se perguntar se seu testemunho converterá alguém, não corre na direção da morte, mede os riscos; e não se pergunta mesmo se não pesa os riscos de sua causa, mais do que os de sua pessoa. A coragem torna-se a do soldado e do guerreiro, do alpinista e do homem de laboratório, formas da coragem que não excluem a coragem moral, mas que não a implicam, pelo menos necessariamente; e a prudência torna-se a astúcia daquele que, como todo mundo, isto é, como eu mesmo, gostaria de salvar a pele junto com a reputação e que encontra sempre bons pretextos para não se expor.

Seria preciso ser muito ingênuo para não reconhecer que a desconfiança diante do homem prudente é amiúde fundada. Uma experiência antiga e constante a reforça e ensina que o homem não é naturalmente moral (o que seria uma contradição nos termos) e que tudo pode se tornar pretexto, subterfúgio, veículo da mentira. Pode-se ir mais longe: nada é mais frequentemente posto a serviço da hipocrisia do que a prudência. Mas esse acordo sobre os fatos mostra também que não se trata de um problema de (ou para a) moral filosófica: a hipocrisia pressupõe a virtude, ela não a nega, e as tentativas de opor coragem e prudência para se subtrair a ambas indicam – do contrário não se empenharia tanto nisso – que se reconhece a força da obrigação, senão para si mesmo, pelo menos para todos os outros (com o que é preciso normalmente se contentar quando se trata de determinar o sentido no qual os termos são tomados em moral).

b. A prudência é a "virtude" que leva à perfeição todas as outras, o dever que torna praticáveis os deveres de justiça. Só o homem prudente saberá o que é ser justo numa situação determinada, ser verdadeiro, ser corajoso, limitar em si mesmo seus interesses e desejos dos quais ele sabe não poder se desfazer sem renunciar a toda ação moral. É pela prudência que as implicações formais da exigência de universalidade são desenvolvidas, no mais elevado grau de concretude que possa esperar a reflexão formal. É nela que se subsumem todos os problemas concretos que se põem ao ser moral se ele recusa a negação do mundo e a pureza vazia, se ele quer agir moralmente e, no seio de uma moral concreta, quer ser moral.

A prudência não fornece, por isso, um sistema de regras fixas de uma vez por todas: o que a aproxima do concreto é que, no caminho para a ação, ela põe as últimas questões morais, as questões às quais só a decisão dará uma resposta. Trata-se, portanto, de um concreto da forma, que não é menos forma por ser a mais próxima do ato. Ela não é libertação de todo problema moral, noutros termos, de toda responsabilidade e de toda liberdade: a liberdade exclui, por seu conceito, toda regra ao mesmo tempo absoluta e concreta; ela pressupõe uma moral concreta, mas não pode fornecê-la, não pode nem mesmo querer fornecê-la, *porque* ela é capaz de submeter essa moral histórica ao seu juízo formal. A prudência não constitui uma regra positiva, na acepção jurídica dessa palavra: ela constitui ainda menos uma sabedoria astuta que permitiria subtrair-se, com a ajuda de raciocínios semijurídicos, aos outros deveres.

O problema com o qual a prudência tem a ver pode ser definido como o da relação entre a qualidade moral das máximas e a responsabilidade moral pelas consequências dos atos inspirados por essas máximas. É evidente que esse problema será inadmissível ao juízo de quem recusa toda responsabilidade pelas consequências de suas ações; para ele é necessário e suficiente que a máxima tenha sido universalizável, e tenha sido querida assim, isto é, moralmente boa. O homem moral busca a felicidade do ser razoável, e essa felicidade consiste no acordo do sujeito consigo mesmo enquanto ser razoável, no respeito de si fundado na consciência da pureza da máxima: se uma responsabilidade de outra natureza, a responsabilidade pelas consequências, é introduzida, essa felicidade não se torna impossível? Como ignorar que, se somos senhores de nossas decisões, não somos de modo nenhum de seus efeitos numa realidade que não nos é nunca totalmente conhecida, contra a qual nossas forças não conseguiriam prevalecer, da qual somos mais objetos que senhores?

Nada mais exato do que essas observações. Entretanto, elas não atingem o problema ou, mais exatamente, quando remetidas ao problema, elas produzem, estritamente, absurdos. Se uma responsabilidade pelas consequências só pudesse ser imputada a quem é senhor de suas condições, só Deus seria moralmente responsável – posição absurda, pois o próprio conceito de moral perde todo sentido quando se o aplica a um ser que, por definição, não possui (ou não é possuído por) uma natureza finita e não conhece nem necessidade, nem tentação.

Responde-se que é isso mesmo que se queria dizer e que, efetivamente, essa responsabilidade prática não é a do indivíduo, que só deve agir segundo sua consciência para estar em paz: quanto ao resto, tem-se o direito de se contentar com um "seja o que Deus quiser".[8] Que vale o argumento? Não

---

[8] Sabe-se que é a posição tomada por Kant, para não mencionar seus numerosos predecessores entre os teólogos. Mas esse abandono das consequências produz, no interior do sistema kantiano, uma contradição: a regra fundamental, o imperativo categórico, só se aplica às máximas com a ajuda de uma referência explícita, e inevitável, às consequências: a máxima é imoral se, pensada como universalmente seguida, produz um mundo incoerente, um mundo da violência e da desrazão; todos os exemplos kantianos, que dificilmente poderiam ser substituídos por outros que escapassem a essa crítica, só se compreendem em virtude do que sua máxima transformada em lei natural produziria na realidade: seu caráter moral ou imoral só pode ser determinado por referência aos resultados da ação. Não que Kant não tenha visto esse problema: toda a *Típica da judiciária* prática é consagrada a ele; mas na medida em que ela o resolve, ela mostra também que o imperativo categórico, para agir, pressupõe a vontade de felicidade razoável (e que essa felicidade não é só artigo de esperança para uma vontade que só busca a pureza de seus motivos). – Aqui, como em toda parte, a dificuldade vem de que a regra moral não é deduzida, mas descoberta a título de *fato*.

se trata, responder-se-á, de optar por uma moral das consequências em oposição à moral da inspiração pura. Trata-se, ao contrário, de mostrar que esse dilema não existe para quem quer ser moral no mundo: basta considerar as implicações – e as exigências – de uma moral só da pureza para ver que, de fato como de direito, só existe uma escolha, que já foi feita, aquela entre uma moral da ação e uma moral do silêncio e do isolamento total. Toda moral da ação, isto é, da comunidade, exige ao mesmo tempo a pureza (a possibilidade da universalização) das máximas *e* a prudência da ação e da máxima. A máxima deve ser pura *e* prudente. A contradição da moral kantiana e de toda moral da pureza vem do esquecimento do fato de que a moral pura exige a existência de uma moral histórica: é *nessa* situação moral presente que é preciso buscar a moralização e agir em vista de um bem maior, portanto, em vista da situação moral que resultará de minha ação.

Isso não impede, declara o purista, que o indivíduo, o grupo, toda a humanidade permaneçam, senão sem armas, pelo menos sem poder absoluto, ninguém o ignora, diante do curso das coisas: se a moralidade das ações e das máximas deve ser julgada pelos resultados, como ainda falar de liberdade e de responsabilidade morais do indivíduo? Quem sustentaria ainda que Édipo é culpável depois que a humanidade descobriu o valor absoluto da boa vontade e da razão, depois de ter compreendido que toda interpretação do mundo que exige ou somente autoriza que um Édipo seja punido é moralmente inadmissível? Quem sustentaria que Édipo, ao se privar da luz do dia, se tenha punido por um *crime*, que só é crime segundo o direito de deuses exteriores ao homem e à sua consciência moral, um ato que, ademais, enquanto crime, foi estranho à vontade do herói? Diante dessas consequências (ou pressupostos) o cristianismo e, no seu seguimento, Kant têm razão de situar a moralidade só nas máximas, não nos atos, menos ainda em suas consequências.

O sentimento e o juízo moral de todo mundo conhecem, todavia, responsabilidades que não se escolheu. Não existe ninguém que não diga ou não tenha dito: a intenção foi boa, mas era preciso ater-se a ela de outro modo para agir bem; e raros são os que, diante dos resultados de seus atos, acham-se suficientemente "morais" para recusar endossar-lhes a responsabilidade. As escusas que em caso de fracasso se dá a si mesmo e se dá aos outros o mostram: não se as buscaria se não se tivesse necessidade delas, e fala-se de sua boa intenção como de uma circunstância atenuante, não como de uma prova de inocência. Não se acha que seja contrário à moral que as leis conheçam sanções penais e civis para faltas involuntárias, resultados de intenções em si excelentes. E se as leis admitem circunstâncias atenuantes, elas só o fazem nos casos em que antes estabeleceram uma responsabilidade. Se se quisesse escapar disso declarando a legalidade das ações pura exterioridade com relação à moral, como a obediência à lei seria ainda da ordem da moral, com a qual a lei não teria mais nada a ver? Certamente é possível declarar toda lei como pura coerção, mas só se chegará a isso sem contradição ao renunciar ao mundo, à ação, a toda moralidade das máximas concretas, porque toda máxima, exceto a do silêncio total, remete às consequências, ao mundo no qual os homens são tentados a lutar entre si com os meios da violência e da mentira para satisfazer seus desejos e suas necessidades, mundo no qual eles também trabalham na paz, no qual as consequências contam e no qual a lei justa pode exigir uma obediência fundada na moral da universalidade – a lei que encarna, para uma moral histórica determinada, a moral das máximas que visam às consequências.

O fato é que o argumento tirado do conceito das circunstâncias, ao mesmo tempo em que mostra a responsabilidade do indivíduo relativamente às consequências de suas decisões, indica que essa responsabilidade não é total. Não há nada de paradoxal nisso: porque o poder do homem não é absoluto, sua responsabilidade também não poderia sê-lo. Mas a diferença é essencial entre responsabilidade limitada e ausência de responsabilidade. Tragédias se produzem na realidade, e o homem mais conscencioso, o que age após madura reflexão, com o maior cuidado, a maior prudência, verá às vezes que alcançou o resultado que ele mesmo mais detesta. O sentimento e o juízo de todo mundo dirão que, nesse caso, o indivíduo tem o direito e até mesmo o dever de se ater à pureza de sua máxima e ao valor de seu esforço. Entretanto, uma absolvição como essa diante do tribunal da moral razoável pressupõe precisamente que o indivíduo tenha feito o que estava em seu poder para evitar essa saída: não basta, tanto aqui como em política, em medicina ou em qualquer outra forma de ação, proclamar que não se quis aquilo. Também a atitude do personagem que se apresenta a si mesmo como trágico é suspeita: ela é demasiado cômoda, dado que não se imagina fracasso que não possa ser atribuído às circunstâncias, à maldade dos outros, aos fatores imprevisíveis. O outro pode ser trágico; há boas chances de que aquele que se estabelece nesse papel careça de coragem moral, dessa coragem que aceita a prosa da vida e as responsabilidades prosaicas da ação. Nunca é demais destacar, com frequência e com força, que a moralidade das ações é, indubitavelmente, *fundada* na moralidade das máximas; mas isso não é mais que seu fundamento, a condição necessária e insuficiente de uma vida que quer se moralizar no interior de um mundo e do discurso razoável.

Será assim possível responder à questão posta anteriormente: se as consequências importam, como se pode ainda falar de um dever de felicidade? E como a felicidade do ser razoável pode ser concebida, e mais ainda realizada, se a tragédia, o que quer que se diga, espreita o homem, o homem razoável tanto quanto qualquer outro, sempre e malgrado todos os seus esforços? A resposta é que nada promete ao homem o sucesso: a única coisa que está em questão é o dever de ser razoavelmente feliz. A satisfação dos desejos não é buscada aqui, por normais, isto é, relativamente universais, que sejam esses desejos no quadro da moral histórica; trata-se da felicidade de quem sabe estar de acordo com sua própria razão e sabe que não cometeu falta moral. É possível que esse indivíduo, tendo preenchido todas as condições morais, se proclame culpado sem ser capaz de indicar o ponto preciso no qual ele teria podido e, portanto, devido agir diferentemente e melhor do que o fez: seria simples questão de caráter, de constituição, de temperamento, uma questão de psicologia ou de psiquiatria, a menos que se queira ver aí, o que seria mais exato, uma falta contra o dever de felicidade. O homem é *finito* e, enquanto tal, inadequado à razão; o dever de felicidade do ser razoável não pode ser identificado a um dever de satisfação do ser humano na sua totalidade (assim como a moral não poderia ser identificada com a filosofia desenvolvida na sua totalidade), dever que pode existir para com os outros, mas que não tem nenhum sentido quando se trata da relação da razão no indivíduo finito com esse indivíduo enquanto necessitado. Para resumir, fracassar não é uma falta moral; é uma falta moral ter negligenciado um só dos meios moralmente admissíveis e tecnicamente indispensáveis para ter sucesso: o exame de consciência dirige-se às máximas *e* à técnica, a menos que se aceite o círculo vicioso de uma moral das intenções que imporia como necessária a máxima de querer ter sucesso nos empreendimentos morais.

c. A prudência é essa sabedoria prática que determina a execução e conduz ao sucesso os empreendimentos do indivíduo moral. Ela constitui um dever. Mas como ela está voltada para as condições positivas da ação, ela forma também o conceito de escusa válida. Não existe senão uma; é a do homem que fez seu possível para ter sucesso num projeto moral e que só fracassou porque, materialmente, não podia ter sucesso. Entretanto, o ser moral produzirá essa escusa mais no momento em que julga o outro do que no momento em que deve apreciar suas próprias ações: como estar seguro de que fiz tudo, de que me preparei suficientemente para uma situação que eu sabia, ou deveria saber, que podia se produzir, como estar seguro de que me eduquei o bastante para resistir aos traços de meu caráter que, para mim tal como me conheço ou deveria me conhecer, podiam constituir uma tentação de fazer mal ou um freio para a ação e decisão morais? O homem moral não se absolverá facilmente quando o fracasso não resultar exclusivamente de circunstâncias objetivamente imprevisíveis, pela simples razão de que tudo o que é escusado tem necessidade de escusas e, portanto, não é moralmente satisfatório.

Essa severidade consigo mesmo, para repeti-lo, não tem nada a ver com a angústia do ansioso, mesmo quando se a chama de metafísica, que, moralmente, não é mais que uma falta de coragem moral. O arrependimento e a condenação de si são tanto menos morais quanto mais próximos da justificação do próprio ser na e pela abjeção reconhecida: fica-se à vontade num abaixamento que confessa sua insuficiência para nela se instalar. A coragem moral exige, ao contrário, que o reconhecimento da própria falta liberte dela, o que só é possível a quem, como se diz normalmente, tira dela uma lição para o futuro. O homem não é nunca virtuoso, se essa palavra quer dizer que ele seja completamente adequado a seu dever de ser razoável; ele deve se moralizar, e a vontade de moralização não pode coexistir com o vão lamento das faltas passadas: a vida moral começa a cada instante e só tem um futuro, o passado cai no domínio da individualidade histórica e faz parte do que no presente deve ser moralizado com seu passado, com as faltas do seu passado, com os traços presentes desse passado. Aquele que se debruça sobre seu passado em vez de tirar proveito dele foge da responsabilidade e se estabelece num imoralismo que não deixa de ter charme para quem sabe se comprazer com suas lamentações. O arrependimento moral existe, mas é voltado para o futuro. Ele pode desculpar a falta cometida, mas a desculpará verdadeiramente ao privar a falta do seu peso pela decisão de não ter mais necessidade de escusas.

A prudência como atitude moral, como "virtude", revela-se assim como a vontade de estar pronto para a decisão moral em qualquer situação concreta. O dever que ela define é o de se conhecer e de conhecer o mundo: é do modo como se é que se age no mundo tal como ele é. A inconsciência é uma falta moral, assim como a ignorância, e provavelmente não existe ninguém que já não tenha dito: eu devia ter me conhecido melhor, eu devia ter pensado nesse ou naquele fato, nessa circunstância, naquele fator.

Entretanto, no domínio da prudência – não ocorre o mesmo com as outras "virtudes" se se descartam, por abstração, seus laços, de fato indestrutíveis, com a prudência –, o caráter finito do ser humano funda uma escusa válida. Mas esse fundamento não poderia bastar para definir a escusa: em toda parte o recurso imediato ao princípio último só produz confusão; no domínio da moral ele conduz à abominação. É simples invocar a qualquer momento a finitude; ela será sempre boa para *explicar* qualquer erro. Ora, essas explicações, destinadas a estabelecer um direito à irresponsabilidade – o mais curioso e o menos pensável de todos os pretensos direitos –, não têm nada a ver com a moral. Certamente é uma exigência primeira de toda ciência objetiva (se não for preferível falar aqui de ciência objetivante) postular o caráter inexplicável de todo dado; mas nada mostra mais claramente o quanto o recurso a esse princípio é fútil em moral do que a atitude da maioria dos homens, que atribuem suas faltas a *dados* dos quais eles não falam mais quando pensam ter agido bem. Só o recurso ao conceito de moral concreta permite evitar esses erros e circunscrever o conceito de escusa válida: é escusa válida a que é reconhecida na e por uma moral determinada – proposição que só aparentemente constitui uma identidade, porque ela faz depender a validade da escusa dada pelo indivíduo do reconhecimento dessa escusa pela comunidade moral.

Com efeito, o conceito de escusa válida existe em toda moral concreta, como um sistema de conhecimentos de alcance moral; em toda parte se espera de cada indivíduo sadio, numa espera definida por isso como legítima, que saiba, em certo grau, se orientar no mundo, se conhecer, se dominar. É certo que as morais diferem, e o que uma considera natural será para outra sobre-humano ou bestial. A filosofia moral não tem de entrar nessas considerações históricas, basta supor uma determinada moral com seus deveres concretos, acrescentando que ela mesma permanece o juiz de toda moral e que o seu dever (de prudência) é propor, se for o caso, outros critérios e novas exigências. Mas se ela não se faz historiadora, a moral filosófica se submete ao dever de prudência e tenta se compreender no mundo histórico. O conceito de escusa válida, tal como se apresenta concretamente, a ajudará para isso.

As discussões morais da praça pública giram comumente sobre a questão de saber o que é ou não desculpável em determinado crime ou em determinado ato das autoridades políticas julgadas de valor moral duvidoso. Na medida em que a moral tende para uma universalidade maior, os partidos do rigor e da clemência se opõem com maior nitidez. A causa de que haja discussão é que a moral concreta não é mais evidente: é porque nada mais é inescusável que a moral se torna problema. Mas essa situação provoca uma reação: se tudo é justificável ou, pelo menos, escusável, se, para ser mais preciso, todo ato pode encontrar lugar num sistema moral que o justifique e que, também ele, parece ter direito a uma espécie de reconhecimento (espécie de reconhecimento, porque o reconhecimento absoluto é desconhecido), a violência voltará a entrar no mundo dos homens. Ora, a violência apresenta, aos olhos da esmagadora maioria, o grande inconveniente de tornar a vida perigosa, as relações entre os indivíduos imprevisíveis, o trabalho da comunidade de rendimento incerto. A violência de um aparelho de coerção será, portanto, erguido contra a dos indivíduos, e a falta e o crime serão determinados, como se diz, objetivamente, isto é, segundo os danos que causam, abstraindo de toda moralidade das intenções e das máximas. O que, por sua vez, provoca protestos da consciência moral dos indivíduos, consciência não só humilhada, mas à qual todo papel positivo na vida da comunidade é recusado; e a essa interioridade, imposta de fora, tudo se torna agora compreensível, porque tudo tem sua causa e suas razões no interior: o indivíduo tem o direito de ser o que ele é. Tudo compreender é tudo perdoar.

O que acaba de ser dito sobre a relação dos fatos e das explicações com a moral mostra que temos aqui um contrassenso: seria igualmente justificado dizer que tudo compreender seria nada aprovar, porque boas e más ações seriam igualmente "compreensíveis" pela redução às suas causas e porque, consequentemente, a escolha entre o perdão automático e a condenação universal seria uma questão de gosto e de temperamento. A incoerência moral da época, inquieta mas pouco desejosa de se reformar, parece titubear entre esse sentimentalismo e a "objetividade", não menos absurda, da repressão. De fato, tudo escusar e nada escusar é o mesmo para a moral: toda moral concreta que pretende ser moral tem em comum com a moral formal o fato de estabelecer a distinção entre o que pode ser perdoado e o que não podia sê-lo; as duas o têm em comum precisamente porque a moral formal remete a uma moral concreta, embora exerça sua crítica diante desta – e porque ela o faz e só faz isso. O que as distingue é que a moral formal é mais exigente que a moral histórica, mais exigente também que o direito que se funda sobre esta última e formula suas exigências irredutíveis e que não pode não ser menos severo do que essa moral, visto que, levando em conta os hábitos e o comportamento da média dos membros do grupo, ele exige e interdita a cada um só um mínimo, o mínimo necessário para afastar a violência da sociedade.

d. A lei não tem relação *direta* com a moral da universalidade, ela só leva diretamente em conta a moral histórica (ou do que resta dela numa sociedade em decomposição moral); a exigência de uma moral universal, mais exatamente: de uma moral mais universal, é uma questão do indivíduo moral, que julga insuficiente a moral proclamada e, mais ainda, a moral seguida pela média. O desenvolvimento, a elevação do que se pode chamar de nível moral de uma comunidade, é também o problema de quem não se contenta com a observação da lei, mas exige que a lei seja justa, a vida moral sincera. Ora, sabendo que está obrigado a observar as regras da prudência, ele não acreditará ter feito o suficiente quando tiver simplesmente condenado o mundo: ele quer, razoavelmente, que o comum dos mortais se moralize, e não quer se salvar sozinho, mesmo que isso lhe parecesse possível, sabendo que a salvação alcançada pelo indivíduo sozinho significa a morte desse indivíduo no mundo e para o mundo.

Eis porque ele se vê obrigado a compreender e a perdoar, mas em vista do futuro: ele não esquecerá que o que compreende e perdoa tem necessidade de compreensão perdoante e é, portanto, em si moralmente incompreensível e imperdoável. É a prudência que o obriga a compreender e perdoar, mas simplesmente para que a moral, uma moral mais pura, torne-se aceitável e acessível aos homens de seu tempo tais como eles são, para que deixem de ser o que ainda são.

Também o que é obrigação para com os outros seria imoral no mais alto grau se o indivíduo quisesse se prevalecer disso quando o que está em questão são seus próprios atos. O fato, frequentemente minimizado, da existência de duas morais, uma para uso pessoal, outra para julgar o próximo, possui uma significação moral e não remete só à psicologia e ao tribunal dos "moralistas". Do ponto de vista da moral, a distinção das duas significa o contrário do que querem, ademais a justo título sob o ângulo da análise empírica, esses "moralistas": a moral para uso pessoal não é menos exigente que a outra, ela o é infinitamente mais, pois o é absolutamente. "Todo mundo age assim", "cada um se compreende a si mesmo assim e compreende assim os outros" são proposições do mais elevado interesse para quem não quer negligenciar o dever de prudência; ele é obrigado a conhecer o mundo dos homens, é obrigado, pela mesma razão, a se conhecer a si mesmo na sua natureza psíquica, biológica, histórica. Mas o que é compreensão, escusa, perdão, quando se trata do outro, não é senão exigência de mudança quando se trata de si mesmo. O dever fundamental é o dever de ser feliz enquanto ser razoável, de estar de acordo consigo mesmo, e esse acordo não poderá ser estabelecido sobre a escusa e a exceção, que não são mais que a constatação e o reconhecimento do desacordo e da contradição entre ser empírico e ser razoável, do insucesso do empreendimento no qual o indivíduo razoável quer submeter os dados do seu caráter e tudo o que o determina à vontade razoável, para ele infinitamente mais interior do que todo dado. Pode-se explicar as próprias faltas, mas a explicação só é boa sob a condição de me ensinar a me conhecer e a evitar a falta: se a perdoasse a mim mesmo, ela se tornaria escusável para sempre. Ora, não se tem o direito de presumir o fracasso moral e de justificá-lo antecipadamente: aceitar a falta futura seria querer ser infeliz, querer ter necessidade de consolação; não existe contradição mais profunda para a moral, não existe máxima mais imoral.

O que produz confusão aqui é que a moral rigorosa é frequentemente compreendida como o sistema das exigências que posso legitimamente dirigir aos outros. Mas ela não é isso: as exigências legítimas para os outros são definidas pela lei e, antes disso, pela moral histórica. O homem que quer ser moral só tem dever fundamental e, portanto, só tem exigências irredutíveis, para consigo mesmo, e só conhece obrigações nas relações com seus congêneres. Ele não é, porque não quer ser, "um homem como os outros", não porque se coloque acima deles, mas porque ele sabe que está ligado a eles por obrigações que não lhes imporá com a mesma severidade. Ele busca uma moral para si mesmo, e é só depois de se ter entendido consigo mesmo que porá a questão dos seus direitos com relação ao outro, muito distante nisso da atitude de quem quer fazer passar suas exigências como moralmente fundadas aos olhos de um mundo, considerado por ele imoral na medida em que não está a serviço de seus próprios interesses arbitrários e, nesse caso, "naturais". Antes de tudo e depois de tudo, a moral é e permanece em busca da própria felicidade (razoável e, como tal, moral). Existem exigências diante dos outros e podem ser moralmente legítimas; elas não são nem o fundamento, nem o problema primeiro da moral, elas decorrem da moral a título de condições necessárias da moralização do positivo: posso exigir o respeito da minha dignidade de homem, não porque sou eu que o exige, mas porque não posso exigi-lo *de mim* sem o exigir para todo ser humano, portanto, igualmente *para mim*. É outra questão saber se devo tentar impor aos outros o reconhecimento de meu direito – e a essa questão só a prudência pode responder. Para comigo mesmo, a questão não se põe: a moral me liga absolutamente; eu não me sirvo dela para ligar o outro, dela só extraio o direito de me defender contra a violência dele.

O homem que põe para si mesmo a questão da moral ou, como ele diz, da verdadeira moral, não pode não reconhecer, se quer permanecer coerente, que não pode pô-la para outro indivíduo concreto: ele a põe universalmente, mas não a impõe para os que não a põem para si mesmos. Ele deseja que todo homem seja moral, sabe que está obrigado a fazer todo o possível para que cada um o seja; o que ele não pode nem postular nem esperar é que todo homem ponha para si a questão da moral sob a forma em que ele mesmo a vive e a pensa. Mais ainda, ele deseja que uma moral concreta, informada pela regra da universalidade, *seja evidente*: não é bom sinal para a saúde moral de uma época se a moral é duvidosa para cada um, se, diante de cada questão, todo homem se pergunta e, portanto, ignora o que se deve fazer, qual seria a reação sadia, natural, evidente. Ele sabe que o aparecimento da reflexão moral é o sintoma de uma crise, da crise mais grave que um grupo humano possa conhecer, e se essa reflexão começa, sob uma forma aparentemente anódina, com a literatura e o discurso dos moralizadores, dos pregadores, dos profetas de novas revelações, de inventores de remédios para a enfermidade do arbítrio e da dúvida, ela assume rapidamente o rosto da violência e da mentira, até que a luta revele a todos as dimensões do seu interesse comum e uma nova moral histórica se imponha aos indivíduos sem moral viva, pela lei, pelos tribunais, pela polícia, por um senhor. A reflexão consciente da filosofia não tem outras origens senão em situações como essas. Mas, consciente, ela conhece o mal de suas origens como mal, e o homem moral, portanto, prudente, só pedirá uma coisa: que a moral concreta, histórica, encarnada nas leis e nos costumes, porque é necessário que haja uma moral, seja justa, isto é, tão universal quanto se a possa pensar e querer nesse momento, noutros termos, que ela possa ser observada sem mentira e sem hipocrisia por ele mesmo e por todos entre os membros da comunidade que não optaram, conscientemente ou não, pela violência.

No entretempo, o homem que quer ser moral e feliz enquanto moral não pode esperar que um estado de coisas morais como esse exista: é aqui e agora que se joga a sua sorte, não será no final desse período de decomposição moral e de dúvida que o lançou sobre si mesmo. Ele não só desejará que o mundo seja moralizado, ele quererá isso no sentido preciso desse termo. Mas também essa vontade deverá ser verdadeira vontade; transformada em sonho e em predição, a visada de um mundo justo torna-se a inescusável escusa da imoralidade presente para pregadores "realistas" que, substituindo a obrigação moral pela promessa de um inevitável estado de perfeição sem problema moral, tornam muito pouco provável seu advento: não se vê uma moral concreta nascer lá onde cada um, ou mesmo aquele que se encarrega de pensar a moral, declara que a ação moral e a máxima justa serão para amanhã. A mentira, a injustiça, a falta de prudência e de moderação no imediato não transformarão a espera "histórica" nessa decisão moral que, só ela, fará do sonho um projeto de ação no presente em vista de um futuro moralmente superior. O projeto, evidentemente, poderá fracassar; mas pelo menos tem uma chance de ter sucesso, enquanto com homens que se contentam com ser imorais no presente só a violência que luta com a violência, e não a vontade razoável e prudente, construirá um futuro moral. Não se pode moralmente obrigar ninguém a pôr para si o problema moral, porque não há nenhum meio de refutar quem recusa os princípios da discussão; no máximo pode-se coagi-lo e eliminá-lo. Aquele que põe esse problema se obriga a se moralizar, sem esperar que a moral lhe venha de um futuro eternamente por vir, que ela lhe seja fornecida do exterior, imposta pela lei, oferecida pelo espírito da história ou pela evidência científica.

Não que a história seja insensata, que a lei não desempenhe um papel importante na sociedade dos homens, que toda ciência objetiva do homem possa ser descartada com um gesto altivo; entretanto, nem uma nem outra poderiam fundar a moral, porque só a moral – a moral histórica primeiro, a moral pura em seguida – dá um sentido à história, justifica e julga a lei, e sem a moral a lei não seria mais que a expressão do arbítrio tirânico. Nesse caso ela seria imposta, não reconhecida, porque é a moral que revela o que é a ciência para o homem, sem o quê o homem se tornaria, como lhe ocorre na ausência de toda reflexão moral e filosófica, objeto para essa mesma ciência que, contudo, só ele constituiu. Não há pior falta contra a prudência do que querer ser demasiado prudente, dessa má prudência que se crê inteligente, porque compreendeu que a espera é mais confortável que a decisão – bela descoberta, com efeito, mas que não dispensa de agir enquanto ainda é tempo, aqui, hoje: o conhecimento do mundo e da história, o conhecimento dos homens e de si não servem para tornar supérflua da ação, mas existem para torná-la eficaz: a prudência quer a coragem.

e. A prudência, dever que resume todos os outros, remete o homem, que pretende ser moral no mundo a este mundo: não se é prudente na solidão absoluta, assim como não se é justo sozinho. Nenhuma virtude, até mesmo a do domínio de si ou da coragem moral, nascerá na solidão absoluta, pois o dever para consigo só se torna concreto por meio do dever para com o outro – e a virtude não é mais que a atitude de quem faz o seu dever.

Será útil partir, também aqui, do conceito de escusa válida, conceito necessário, como vimos, quando se trata do juízo sobre o outro e sobre seu próprio passado, sem valor quando se trata da decisão a tomar, do ato a cumprir. As escusas valem para os outros (e para mim, na medida em que me tornei outro para mim mesmo, em que tenho um passado, em que passei); no que lhes concerne, é um dever de prudência levar em conta as escusas válidas, consideradas válidas por todo mundo, noutros termos, levar em conta a moral histórica da comunidade, por insuficiente que ela seja segundo o critério da universalidade e segundo a exigência de uma universalidade maior.

Dever de prudência: o fato é que o homem moral tem um interesse no mundo, porque ele decidiu viver e agir no mundo. Entretanto, o ser moral não poderia reconhecer o valor e a validez de um interesse simplesmente dado pela simples razão de que é o seu. Seu interesse, enquanto ser moral, deve ser interesse de todo homem enquanto ser razoável. Ora, um único interesse corresponde a essa exigência, o da moral pura pela moralização da moral existente, pelo aparecimento de uma moral histórica superior: é do interesse da moral (pura) que todo mundo viva segundo a moral (concreta) que seja a melhor possível – possível, isto é, de modo que mesmo os que não põem o problema moral sob a forma reflexiva, portanto, a massa da humanidade e, para começar, da comunidade reconheçam no que lhes é proposto uma forma de vida que lhes dá satisfação. O homem moral pecaria contra a prudência se esquecesse que a moral, hoje como na sua origem na noite dos tempos, procede do que não é moral, informa o que não é moral, tem a ver com o que não é moral: é da luta dos interesses naturais (dos interesses que, pelas diferentes morais, são considerados naturais e que não são sempre os mesmos: é natural ao homem ser histórico até naquilo que ele considera sua natureza e seu natural) que surge a moral como daí sempre surgiu; uma moral mais elevada só será admitida pelos homens se eles pensam encontrar nela seu interesse: se bastasse declarações dos filósofos e projetos não filosóficos de morais perfeitas, o problema teria desaparecido há muito tempo. O homem que quer ser moral não tem e não conhece para si escusas para ser imoral; eles as encontrará facilmente para os outros que têm interesses, desejos, necessidades "naturais", todos suficientes aos seus olhos para tornar ridículas, fantásticas, "idealistas" as exigências da moral: é neles que pensa o homem que quer a moral e sua justiça no mundo e para o mundo.

Dado que ela não é mais natural, evidente, sem problemas, a moral concreta está sempre em perigo de desaparecer. Ela corre o risco de ceder o lugar à violência simples ou à de um poder moralmente (nem sempre politicamente) arbitrário que, violentamente e sem outro fim senão o que ele define como a eficácia, domina a violência dos indivíduos. Domados, esses seres só terão um único interesse, o de não morrer de fome nem de cair nas mãos do carrasco; eles terão esquecido até a busca da felicidade, vale dizer, de toda satisfação além da biológica. Isso não é um pesadelo da razão, a história está aí para prová-lo, e nada indica que situações como essa não possam se reproduzir, por real que seja o progresso material da humanidade (ou de suas partes mais avançadas), por maiores que sejam as vantagens obtidas na luta contra a necessidade: o homem moral poderia ser o último de sua espécie, possibilidade que a prudência o obriga a considerar e a combater. É aí que ele conhece um interesse, o da moral – o que não significa que ele tenha um interesse na permanência do problema da moral; ao contrário, sua vontade é que todo homem seja moral, isto é, não tenha mais de buscar uma nova moral no lugar de uma moral inexistente, pelo menos insuficiente na medida em que impõe a busca de outra.

Assim aparece o papel moral da exigência de satisfação das necessidades e dos desejos legítimos. Não é em primeiro lugar para si mesmo que o homem moral busca a satisfação. É verdade que essa busca não lhe é vetada: ele é necessitado e sabe que é, e, como indivíduo na comunidade, tem necessidades e desejos legítimos; mas ele não busca a sua satisfação enquanto ser moral, decidido a subordinar ao universal o que traz em si de individual, pondo a felicidade acima da satisfação e não deixando que esta influencie as decisões que quer tomar em função daquela. Ora, precisamente enquanto moral, ele leva a sério o interesse da moral concreta, a universalização dessa moral: a busca da satisfação dos desejos e das necessidades dos outros se torna para ele dever, obrigação para com os que sentem a ausência de uma moral que eles possam viver e que nos seus comportamentos mostram esse sentimento pela sua violência gratuita, pela busca de uma salvação imaginária e arbitrária, pelo desespero de seus discursos. A moral não quer apenas ser pregada, ela quer ser realizada no meio dos homens que não se põem problemas morais ou os põem de maneira absurda.

O que move esses outros é o que eles consideram seus interesses legítimos, interesses que são legítimos no único sentido que pode ter este termo, a saber, que são reconhecidos como "naturais" pela moral reinante (que se define assim), em seguida, tornados explícitos e consistentes pela lei e proclamados assim por uma autoridade que formula e aplica uma lei eficaz, enfim, quando o comportamento dos indivíduos não é mais regrado por nenhuma moral coerente. O indivíduo moral não tem necessidade dessa lei: na medida em que ele é moral, viverá (e morrerá) sob qualquer moral concreta segundo a lei da universalidade, porque *quer* viver assim: lei mais severa do que todo regulamento da comunidade ou do Estado porque o liga absolutamente, lei de uma liberdade maior que toda liberdade que poderá conceder uma autoridade exterior, lei dada à vontade pela própria vontade. Mas a lei exterior é necessária para todos aqueles e a todos aqueles que não se preocupam com a moral e com a busca consciente da dignidade, de um sentido da vida que não depende da razão; ela é necessária no interesse da moral: uma moral concreta passível de ser vivida e, efetivamente, vivida é a condição de toda moralização. É verdade que para o homem moral o sentido da vida consiste na moralização da sua própria individualidade, na vontade de elevar-se ao universal na medida – que não conhece limite *a priori* – do possível; ele não esquecerá por isso que ele mesmo não se guiaria por essa vontade e com a ajuda dessa razão se o mundo no qual ele busca esse fim fosse um mundo da pura violência, da simples defesa da sobrevivência, no qual ninguém, ele mesmo não mais que qualquer outro, escaparia da pressão da necessidade primitiva e do medo animal da violência animal. O fato é que a luta dos indivíduos necessitados produziu, senão a razão, pelo menos alguma razão, e que instituições, formas suficientemente elaboradas da colaboração social, uma administração da justiça, por pouco justa que ela seja do ponto de vista do universal, afastaram essas pressões: foi assim que ele pode pôr essa questão moral que, agora e só agora, se tornou a mais importante de todas, a única importante, porque, em última análise, é a que dá a conhecer o que é, ou não é, verdadeiramente importante. O homem que reflete sobre a moral reflete, sem dúvida, para si mesmo; mas sua reflexão lhe mostra também que ele não pode só refletir para si nem para os que buscam como ele (e, portanto, não têm absolutamente necessidade da sua reflexão); em função da sua moral ele quer que todo mundo seja moral, que ninguém tenha necessidade de uma lei imposta, que todos queiram o que a lei contém de razão; portanto, ele quer que os que não buscam uma moral concreta mais elevada possam pelo menos sentir que essa busca tenha um sentido para eles e que eles aceitem assim seus pressupostos e suas exigências – que a moral da universalidade seja acessível e aceitável, e o seja para os homens como eles são.

f. Por isso, a prudência toma a forma concreta da justiça histórica. Deve-se convir que esses termos são perigosos: é de temer, particularmente, que a palavra *concreto* leve a esperar encontrar o que a linguagem cotidiana entende por essa palavra. É preciso então lembrar que o concreto da filosofia não é mais que a determinação do conceito, determinação que produz o próprio conceito quando ele – quando aquele que dele se serve ao pensá-lo – quer captar e informar o que ainda é seu *outro*, mas que só é *outro* em função do conceito e não lhe é imposto como realidade estranha e impenetrável, esse exterior sensível que se costuma opor ao conceito como o que lhe escapa para ser acessível só à captação imediata, à impressão, ao sentimento. É verdade que o individual, embora contido nesse conceito, embora (isso é mais importante) só se torne apreensível no e pelo conceito, permanece sempre inadequado ao conceito, dado que o indivíduo é definido pelo que tem de único, noutros termos, de acidental (e, portanto, de *abstrato* do ponto de vista do conceito, que é o próprio pensamento que se desenvolve em vista do discurso coerente). Mas aqui ele mesmo quer ser universal e não tem nada a ver com essa espécie de pseudoconcreto que se torna a negação de toda universalidade quando se o opõe ao conceito; na moral, ele mesmo pensa essa abstração e a remete ao concreto, ao captá-la como seu outro, o arbítrio, sobre o qual ele quer e deve agir e que, por outro lado, lhe permite e impõe se determinar no concreto pensado.

Essa observação afasta ao mesmo tempo um segundo equívoco, que poderia nascer do termo *histórico*. Notou-se anteriormente que a história, que possui um sentido, mas que só o possui por referência à moral e à filosofia, não pode servir de pretexto para a recusa da decisão e ação morais: ela também não pode servir de escusa para a preguiça moral que remete para as calendas gregas o cumprimento do dever, sob o pretexto de que no mundo de hoje (e o mundo é sempre o de hoje) a justiça absoluta é impossível. A moral não espera a justiça da história, que deve recebê-la da moral; mas se a justiça deve ser realizada ou mais bem realizada hoje, ela o será sob as condições atuais, as da moral concreta que define o que os homens consideram legítimo e natural em matéria de necessidades e de desejos, de interesses e de direitos. Contudo, não é essa moral que forneceria um critério à moral universal, a qual, ao contrário, julga a primeira para elevá-la acima de seu nível atual – partindo desse nível.

Não há qualquer chance de moralizar um mundo no qual os homens não acreditam mais poder alcançar, com meios que julgam morais, um estado em que sejam satisfeitos, no sentido em que eles mesmos o entendem. Evidentemente, indivíduos podem *se universalizar*, querer a paz consigo mesmos na razão: o homem moral, o sujeito da presente reflexão, é o representante deles. Mas essa possibilidade do indivíduo moral, para o indivíduo moral, não é uma possibilidade para todo mundo, mais exatamente, só o é formalmente: cada um pode buscar a felicidade razoável, se *poder* significa simplesmente que nenhuma contradição interna torna esse projeto impossível. Mas a possibilidade de moralização que se busca no momento deve precisamente constituir uma possibilidade para os que de outro modo não teriam, humanamente falando e para usar uma expressão corrente, nenhuma razão para captá-la, porque não teriam nenhuma razão para buscá-la: eles se encontrariam num mundo caracterizado aos seus olhos pela violência, pela mentira, pela astúcia, pela injustiça, no qual veriam os proprietários e os poderosos explorar o sofrimento dos fracos e dos pobres, um mundo em que as virtudes e os deveres só seriam apresentados para cobrir a busca de novas vantagens para os que já as possuiriam em demasia. Sabe-se que, para comunidades, para estratos, para grupos inteiros, o mundo pode chegar a esse ponto; se isso ocorrer, não é uma moral particular que será desacreditada, é a moral simplesmente, que se mostrará como para-vento das paixões e dos interesses arbitrários, meio de opressão nas mãos dos poderosos, hipocrisia por essência: de fato, se diz, não existe moral, existem apenas interesses, e mais vale jogar o jogo tal como é jogado pelos que aí encontraram o modo de se atribuir todos os ganhos. Falar de dignidade a homens para os quais os dignitários de seu mundo não reconhecem nenhuma dignidade, ou só a reconhecem em discursos que não os comprometem com nada, aparece como zombaria para quem sente que se tornou instrumento a serviço de senhores arbitrários, violentos e que só veem seus interesses, os últimos a levar a sério a moral que eles pregam aos outros.[9]

Nessas circunstâncias, não se dá crédito à moral por meio de discursos morais. Se os homens devem buscar sua dignidade e a paz consigo mesmos na razão, se, noutros termos, a moral deve sobreviver ou renascer, é preciso primeiro que a justiça penetre no mundo,[10] uma justiça que não seja simples

---

[9] É evidente que esse raciocínio, que, enquanto fato histórico, põe um problema para a moral, não é por isso justificado em direito – cf. *supra*, § 8.

[10] A justiça no mundo não coincide com a justiça, dever primeiro (cf. § 17): ela deriva desta por meio da prudência.

igualdade formal, igualdade relativamente a direitos que uns exercem a expensas de outros que, privados de toda possibilidade real desse exercício, não descobrem nele nenhum interesse. Não basta conceder a todos e a cada um o direito de comer o suficiente se se recusa a determinado grupo a possibilidade de adquirir seu alimento, não é suficiente permitir a cada um elevar-se a todas as funções que correspondem a seus direitos se não se o ajuda a descobrir e a cultivar seu talento, é inútil reconhecer a todo cidadão a liberdade política e social se, ao mesmo tempo, se o situa (ou se o deixa) em condições tais que só a venda dessa liberdade lhe fornece o estrito necessário. Limita-se a proclamações? O apelo da moral e à moral não se fará ouvir; não é uma objeção o fato de, quaisquer que tenham sido as condições, sempre se ter encontrado indivíduos que desprezaram todos os bens desse mundo: aqueles mesmos que os citam os consideram santos e heróis e reconhecem assim que eles constituem exceções – exceções que cada um pode imitar, mas no sentido em que cada um *pode* recusar vender sua independência, sob a condição de estar pronto a renunciar, não só aos chamados bens da vida, mas à própria vida. A moral só será real, só informará o mundo se levar em conta as necessidades e os desejos dos homens que querem viver; e ela só se compreenderá a si mesma como moral razoável da vida e do discurso, não do silêncio e da morte, se assumir essa responsabilidade moral para a moral viva, para o advento de uma moral que possa ser vivida pelos que, no presente, não se põem o problema moral, mas vivem no sentimento da insegurança, do insensato, da injustiça.

Efetivamente, é uma questão de injustiça e de justiça; não de caridade ou dureza de coração. O próximo não é obrigado a esperar que, por assim dizer, eu queira me salvar às suas custas, mesmo esforçando-me por endireitar suas costas curvadas: ele tem direito à justiça – pleonasmo corrente e tanto mais característico de uma época em que a justiça, apesar de formal, apesar de ser a que mantém a ordem exterior da sociedade, caiu num esquecimento tão profundo quanto a prudência; época na qual é preciso relembrar que não é a busca do meu mérito que deve determinar minhas máximas e meus atos, mas o dever moral para com a moral, relembrar que, quando se trata de moral, não existe sub-rogatório e mérito particular, e que não se realizou uma façanha quando se fez o que se é obrigado a fazer. A justiça não é uma virtude que se pode, ou não, possuir; ela constitui uma obrigação absoluta para todo indivíduo que quer ser moral – obrigação absoluta e, por essa mesma razão, obrigação que é preciso interpretar a cada momento segundo a obrigação igualmente absoluta da prudência.

A grande descoberta hegeliana nesse domínio foi a do conceito de reconhecimento. Hegel foi o primeiro a ver que o que o homem pede antes de qualquer outra coisa é ser reconhecido como livre e razoável pelos outros, pela comunidade e pelas instituições. Reconhecimento real, não só reconhecimento de princípio e de declarações: meu valor humano, meu valor de homem não é reconhecido quando todos declaram que não sou um animal, uma planta, um mineral; ele o é quando se reconhece meu direito a tudo o que é reclamado como direito por qualquer um a título de ser humano: condições de vida materiais, intelectuais, morais. Não que todos sejam iguais de uma igualdade matemática: a criança não é o igual do adulto, o criminoso não é o igual do homem de bem, o louco, do homem que goza de todas as suas faculdades; o que dirige não é o igual do que recebe dele suas ordens; mas essas desigualdades são desigualdades justas, justas porque reconhecidas como tais por todos os homens que vivem numa comunidade organizada, dado que a organização se define, sob este aspecto, pela distinção de papéis e de funções. O que torna a desigualdade imoral não é que alguém, desempenhando uma função e ocupando um lugar, possua certas vantagens e desvantagens, ela nasce a partir do momento em que um indivíduo ou um grupo é chamado a preencher uma função, enquanto outro, previamente e sem que tenha podido dar suas provas, é excluído dela em razão do que se designa como sua natureza inferior ou superior, *natureza* significando aqui uma determinação irredutível. A justiça é realizada se cada um pode aceder a qualquer função e a qualquer papel aos quais se pode aspirar legitimamente, segundo o conceito de legitimidade que é o de todos os membros razoáveis da comunidade, dos que renunciaram à violência e ao arbítrio.

É evidente que essa justiça não é intemporal, que ela evolui, depois de já ter evoluído. Ver nisso uma objeção contra seu conceito, tal como acaba de ser desenvolvido, seria um erro perigoso: a moral e, em particular, a justiça só podem se realizar num mundo determinado, histórico. Daí não se segue que não haja justiça sobre a terra: uma consequência como essa só decorreria se se aceitasse o paralogismo moralista, a exigência do absoluto no imediato. Ao contrário, o que daí resulta é que existe *alguma* justiça no mundo e que essa justiça é mais ou menos próxima da justiça da universalidade, de uma universalidade que não desenha um estado final, mas define o critério de todo estado presente. É dever buscar a justiça, buscá-la aqui e agora, e porque é preciso buscá-la aqui e agora deve-se também buscá-la para esse aqui e esse agora, para os homens desse momento histórico e com eles. O mundo da moral é o mundo dos homens, seres finitos, necessitados, passionais, razoáveis porque expostos à violência exterior da natureza e da necessidade, à violência interior do caráter, do temperamento, do arbítrio individual. Não é preciso uma profunda reflexão para descobrir que um mundo como esse é imperfeito. Parece ser mais difícil admitir, embora se trate de uma evidência e de uma identidade, que a moral só tem sentido num mundo dessa espécie e que é aí que se constitui a única realidade ou, se se preferir, a única grandeza da moral, da justiça, de todo dever, de toda vontade razoável.

g. O dever de justiça, junto com o de prudência, conduz à política. Tratamos disso em outro lugar,[11] e não voltaremos

---

[11] Eric Weil, *Filosofia Política*, particularmente § 18.

sobre esses desenvolvimentos aqui, quando se trata da moralização do mundo só na medida em que essa moralização importa à do indivíduo. Basta observar que a prudência torna-se concreta (no sentido definido em mais de uma ocasião) na medida em que obriga o indivíduo a trabalhar para se moralizar, para a moralização do mundo. O que se deve notar, ao contrário, é que a forma política da prudência e da justiça não é a única – observação que seria supérflua se o aspecto político desses deveres não escondesse frequentemente seu caráter de exigência imediata e pessoal. É verdade que um mundo que parece insensato a todos os seus habitantes, com a única exceção do homem da moral pura, não será moralizado a menos que esse filósofo seja rei (o que não o tentará absolutamente); é igualmente incontestável que cada um, em seu lugar, pode contribuir para a transformação desse mundo. De novo não são válidas as escusas da lassidão e da preguiça que remetem para amanhã a obrigação de fazer o que depende de cada um a cada momento: é a comunidade que deve ser moralizada, mais exatamente, que deve ser levada ao ponto em que queira se moralizar; mas a comunidade é composta de indivíduos sobre os quais agimos e que agem sobre nós, e ela não avançará se cada um permanecer em seu lugar ou recuar. Sem dúvida, há injustiças contra as quais o indivíduo não pode nada. Há até mesmo injustiças que é preciso preservar, com medo de demolir o que resta de moral concreta: o que é injusto do ponto de vista de uma moral mais pura pode fazer parte integrante da moral do momento e aí ser considerado como a própria justiça, e os homens da época poderiam entender só o que há de negativo na crítica, sem compreender o positivo que funda e que visa a essa crítica. Nada obrigará o homem moral a praticar o que ele reconheceu como imoral; sob essas condições, entretanto, poder ser que ele evite erigir em exigência dirigida a todos o que ele impõe a si mesmo como evidente: ele poderá não estar seguro de que seu exemplo frutificará, nem mesmo que não seria compreendido como loucura e aberração; ele agirá, discretamente se for preciso, segundo sua consciência razoável, pois ele busca sua felicidade nesse acordo.

Não se trata de escolher entre justiça e prudência, entre uma moral do sucesso e uma moral da pureza (ou das intenções). Uma não existe sem a outra, e o problema moral concreto é precisamente fazer que as duas não se contradigam. Que essa vontade não tenha sempre garantia de sucesso não tira nada da validade absoluta da exigência. A coragem moral não consiste senão na aceitação desse risco, o maior que existe, de produzir uma situação menos moral do que a que se quis modificar para torná-la mais moral – risco, contudo, inevitável para quem não quer se dobrar sobre si mesmo até a negação de todo *si mesmo* concreto, determinado, preso num mundo e participando de sua vida: só quem está morto para o mundo pode lavar as mãos daquilo que acontece de moral e de imoral nesse mundo, e a escolha inicial, entre a vida e a morte, entre o discurso agente e o silêncio do vazio, já não é mais possível para o homem que optou pela moral dos vivos, para quem quer pensar a moral e não eliminá-la ao se eliminar. Querer, ou, com um pleonasmo escusável, querer ser moral é assumir esse risco, aqui e agora, nesse mundo e para esse mundo.

A coragem assim só é dever e virtude quando ligada à prudência: o dever não ordena destruir o que só é relativamente bom para instalar em seu lugar o mal, e ele obriga a pesar os riscos – não os seus próprios, mas os que se fará a comunidade correr –, antes de agir, mas também para agir. A prudência dirige assim a coragem em vista da justiça.

Mas se juntas elas visam ao mundo e aí se realizam, elas permanecem deveres do indivíduo: justiça, prudência, coragem e o domínio de suas próprias paixões e interesses, essa justiça em sentido primeiro, são deveres do indivíduo para consigo mesmo antes de ser deveres para com os homens; eles só constituem deveres porque são as condições da felicidade razoável do indivíduo. Eles não são reservados para o uso externo, para as ocasiões solenes ou literárias nas quais se fala do ideal, do progresso moral da humanidade, isto é, dos outros e, sobretudo, das gerações futuras às quais se tem a vantagem de não pertencer. É preciso desconfiar das pessoas que pregam o bem universal e fazem o mal particular: não que elas estejam erradas com seus discursos, é que suas próprias declarações as condenam precisamente porque contêm a verdade moral: o diabo é sempre diabo mesmo que cite a Bíblia. A moral é moral do indivíduo, porque é moral para o indivíduo; se ela se amplia, necessariamente, para englobar, mais precisamente, para fundar o dever político, este nasce daquela e não é nada sem ela. Do contrário, a política não seria mais que paixão, interesse arbitrário, não pensado, indomável e que domina toda a vida do indivíduo. Ora, nenhuma paixão é moral em si mesma; que ela seja de natureza intelectual ou pretenda ser assim não muda nada: ser apaixonado pela virtude é não ser virtuoso. Só o indivíduo que se moralizou poderá agir moralmente em política: ele não levará para ela pretensas regras morais que, a crer nelas, o autorizam tanto a não agir como a violentar a consciência do outro, e, em todo caso, a se subtrair a seu dever para com a moral concreta. O indivíduo só será moral em política, isto é, só terá vontade e fim razoáveis, universais, se pratica o que exigem dele na sua vida cotidiana o domínio de si, a justiça, a coragem e a prudência.

3. A Vida Moral

19. *A moral informa a vida do indivíduo em sua totalidade.*

a. Quando se olha a moral da universalidade do ponto de vista do historiador, ao estudar as obras nas quais ela se apresentou, ela mostra, em contraste com as morais antigas, a particularidade de não falar da vida do homem que quer ser moral segundo seu critério e sua exigência de universalidade. Isso não a impede de ser infinitamente superior às morais do passado. Infinitamente, porque exprimiu, compreendeu, pensou um princípio novo, o da liberdade na responsabilidade, o princípio da razão agente que se pensa a si mesma como princípio de pensamento tanto quanto de ação, enquanto as que a precederam se limitavam a dar regras de vida, políticas ou não, pelas quais o homem presumivelmente podia chegar, quaisquer que fossem as circunstâncias, a uma felicidade que não era só a do acordo consigo mesmo, mas também a satisfação de seus desejos (se necessário, pela redução desses desejos à medida do desejo declarado natural) ou, o que dá no mesmo, a abolição do desejo. Não que essas regras fossem falsas ou inoperantes: pode-se sempre viver como estoico ou epicurista, morrer para o mundo com o sábio de Platão (pois o Estado ideal não é para amanhã), viver, como Aristóteles, na visão do cosmos e para os raros instantes de união com o intelecto, imitar os animais segundo os preceitos cínicos ou buscar o prazer com Aristipo, buscar ou esperar a felicidade naturalmente sobrenatural das religiões reveladas. O que não se encontra assim é o meio de efetuar, entre essas vias e possibilidades, uma escolha que não seja arbitrária: daí a superioridade infinita da moral pura, a da razão que se compreende como razão no ser finito e para ele.

Também não é surpreendente que os mestres da moral pura tenham negligenciado o que se pode chamar de vida do homem moral. Não que Kant, para nos atermos ao fundador e ao representante mais puro dessa moral, tenha ignorado o problema; ele o levou a sério a ponto de recusar aderir ao estoicismo, do qual é, contudo, tão próximo, porque este esquece a vida do homem moral, esquece que esse ser não é pura razão, mas somente animal razoável, "ser, como ele diz frequentemente, finito e razoável". Epicuro, segundo ele, deve corrigir o que a Stoá tem de deficiente. Entretanto, o problema não encontra assim solução adequada. De um lado, o desejo de satisfação só será satisfeito num além que Kant evita, por boas razões, determinar: a razão acreditará (trata-se da razão, não do "coração") numa justiça que proporcionará os méritos e os gozos; ela não pode, mais ainda, não deve fazer dessa exigência inevitável do ser finito e razoável o motivo da ação. De outro lado, um desenvolvimento detalhado (e difícil de defender em seus detalhes) das leis e dos deveres deve dar à moral um conteúdo e resolver as questões morais da vida corrente. Mas mesmo os deveres para consigo, relações quase jurídicas do indivíduo consigo mesmo, remetem à legalidade: o próprio Kant situa alhures, na cultura da sensibilidade, a *vida* do sujeito moral, vivida fora de todo aparelho dos regramentos exteriores e interiores, todos remetidos à ideia da universalidade exterior; se essa vida se submete à coerção da vida social, ela não tem nada a ver, enquanto vida vivida, com suas regras, válidas, mas puramente restritivas, que decorrem só do princípio de uma lei que faz de todo indivíduo o igual de todo outro, lei à qual cada um deve se submeter, *deve* se submeter, porque, e isso é muito importante, é tão recalcitrante quanto o seu próximo. Não existe vida moral, só existe uma vida sob a moral.

A reação não se fez esperar. O que Kant propõe, declarou-se, é inadmissível e insuportável. Toda vida moral torna-se impossível se o mérito é fundado na impossibilidade de ser moral, se só o mau que se domina possui um valor moral, se o homem que age moralmente porque isso corresponde à sua natureza, ao seu sentimento, ao seu gosto, é sem dignidade, se o prêmio é dado aos maus que se submetem a uma lei que eles não podem deixar de temer e de detestar: nenhum homem normal admitirá uma moralidade desse tipo ou preferirá aquele que faz seu dever para com o outro o detestando e de má vontade àquele que age igualmente, mas sem desgosto nem ódio. Permanece, contudo, inquestionável – esquece-se disso facilmente para se insurgir contra a dureza do rigorismo – que só existe ação moral se for fundada sobre uma decisão moral, que é um puro acidente se alguém é ou não naturalmente levado à gentileza, à misericórdia, à caridade: de um homem de boa natureza, mas ao qual falta o conceito do dever, por válidas que sejam suas exigências, por legítima que seja sua expectativa, ninguém está seguro de receber o que lhe é devido, e o mais indigno terá uma forte chance de ser preferido ao que tem direitos, simplesmente porque se apresentou em primeiro lugar ou num momento em que o bom temperamento está em grande forma, como dizem os homens de esporte. Entretanto, não se segue daí que o único mérito moral consistiria na vitória sobre um caráter duro, mau, agressivo. Uma virtude penosa para quem a observa é ainda mais penosa para aqueles sobre os quais ela se exerce e aos quais humilha porque de fato faz deles objeto de ações meritórias e lhes recusa assim a igualdade: o outro não é capaz de fazer o seu dever, mas só de sofrer que eu faça o meu por ocasião dele.

Existe um sinal característico dessa atitude moralizadora: o desprezo da humanidade, que só conhece uma exceção, a da própria pessoa. Os homens são maus, eu sou bom, senão de fato, pelo menos na minha intenção e nas minhas intenções. Os outros não são verdadeiramente homens, se ser homem quer dizer ser moral. Eles podem nutrir a meu respeito esperanças, sua expectativa será legítima no que me concerne; quanto a mim, não espero nada deles, não entro em comunhão de pensamento e de vontade com eles, suporto sua companhia porque as necessidades da vida e da moral me obrigam a isso. – Seria imprudente afirmar que essas constatações desencantadas a respeito da humanidade, mesmo que se contentem com ser simples constatações, carecem de todo fundamento: a humanidade empírica não é de tal modo que não se possa às vezes desejar que seja diferente. Mas o que pode ser admitido a título de constatação significa na maioria dos casos algo totalmente diferente: o esquecimento do fato fundamental da moral, da vontade de felicidade e do que daí decorre. Não se é feliz sozinho; querer sê-lo é um contrassenso moral para quem não abandona a moral e a vida, ou, para falar nos termos da moral da universalidade, é não reconhecer ao outro a dignidade que se pretende e se deve pretender: o outro nunca agirá moralmente, nunca buscará a felicidade de ser razoável, só eu conheço e reconheço o dever, não espero nada de ninguém, enquanto todos podem esperar tudo de mim.

O homem dessa atitude revela um conhecimento aprofundado, não da natureza humana, mas da sua própria natureza: o que se observa em si mesmo projeta-se nos outros, e a maldade do meu natural torna-se a natureza humana no sentido mais naturalista do termo, uma constante a ser dominada por um esforço permanente, mas que ninguém consegue modificar, pois eu mesmo não espero mais chegar a isso. Tem-se aqui algo mais importante do que uma simples observação psicológica (de moralista, como se diz): proclama-se o fracasso da moral, da moralização do indivíduo. A natureza dominada (mal dominada normalmente e que escava no azedume desses senhores de seu natural) permanece o que ela foi desde sempre, desde antes do começo da moralização: ela não foi educada, não foi levada a consentir com a moral, foi reduzida à escravidão. Ora, o senhor de um escravo constantemente revoltado encontra-se numa triste situação, tanto mais triste quando mais próximo lhe for esse escravo e quanto mais ligado a ele: aqui senhor e escravo vivem no mesmo corpo, numa mesma consciência, na mesma alma, no mesmo homem, e para esse senhor, que não é mais que senhor desse escravo, tudo o que ele faz, tudo o que vê que deve fazer, não é mais que repressão, repressão de si mesmo. Numa palavra, esse senhor não quer ser razoável e por isso não o é; ele estabelece um abismo entre o que é a razão nele e o que ele é empiricamente para si mesmo, abismo que só é atravessado pelos seus próprios gritos e pelos grunhidos do escravo, abismo que não deve ser preenchido para que o senhor continue a se sentir senhor e não tenha de ver sua própria escravidão. Repitamos: não é o aspecto psicológico do problema que nos ocupa, por interessante que seja e ainda que esse aspecto possa dar a explicação de fenômenos ademais difíceis de apreender e de compreender (em linguagem técnica, falar-se-ia de uma pseudorrazão no papel de um superego obsessivo); o que nos interessa é o fracasso sempre ameaçador quando se trata da unificação do indivíduo na razão e pela razão, o fracasso da busca da felicidade razoável, razoável para o indivíduo que quer ser feliz no acordo consigo mesmo.

b. A moral é real como moralização. Isso significa que a primeira tarefa, a única se se levar em conta o que foi dito da relação entre dever para com o outro e dever para consigo mesmo, consiste em se moralizar, não em querer ser moral e permanecer imoral com essa vontade, mas tornar-se sempre mais moral. O dever não é o inimigo do homem moralmente educado, que não é escravo da lei moral e para quem a moral não é o carcereiro dos interesses, das paixões, das tendências: para esse homem as suas paixões, tendências, interesses deverão ser *informados* pela razão. Ao contrário, o angelismo dos que querem o homem livre de toda moção sensível e não reconhecem graus na moralização conduz a um desencorajamento que certamente não é feito para avançar o que diz respeito a anjos. Se a vida moral devesse começar só no momento em que o indivíduo se tivesse libertado de tudo o que lhe é pessoal e particular, ela jamais começaria; mais ainda, ninguém a pregaria enquanto ela conservasse um traço desse bom-senso que não basta para fazer filosofia, mas sem o qual ninguém jamais fez filosofia. A isso se acrescenta, para voltar do bom-senso à filosofia, que somente um ser que não é razão pode querer ser razoável e moral: a paixão, o interesse, a tendência, a natureza do indivíduo e da comunidade, numa palavra, a violência e o arbítrio são móveis da busca tanto quanto da moralização, móveis cegos, é verdade, e que precisam de uma direção para produzir o que, por eles mesmos, não poderiam nem mesmo buscar, mas sem os quais um órgão de direção (que, historicamente, é sua criação involuntária) não só não teria utilidade, mas não existiria.

Fez-se bem em defender os direitos da vida do indivíduo contra o formalismo moral. A infelicidade, constatou-se, quis que essa defesa fosse, na maioria dos casos, apoiada com a ajuda de argumentos sem valor e que muito fizeram para desacreditar o que eles se destinavam a fundar. Não foi para a universalidade que se quis encontrar apoio, foi contra ela que se levantou, apelando, como para um princípio primeiro, para o valor dessa pessoa humana que cada um sente que é. Ora, esse valor de experiência não é reconhecido na bolsa de valores empíricos, onde, ao contrário, nada tem menos valor que o indivíduo – senão o princípio da individualidade, que se contenta com proclamar que determinado indivíduo não é o equivalente de outro, não pode ser trocado por ele, não pode prestar os mesmos serviços. O fato de eu ser único só interessa na medida em que o outro, igualmente por sua individualidade empírica, me ame ou me deteste, na medida, portanto, em que qualquer um queira desenvolver arbitrariamente, fortuitamente, determinados sentimentos a meu respeito: fora disso, a empiria afirma que ninguém é insubstituível. Com efeito, o indivíduo possui um valor infinito; mas ele só o possui em função dessa universalidade que se obstina em considerar como o pior dos adversários, e a tese só se salva porque essas pretensas provas não são as únicas: é a universalidade que funda em razão o direito do indivíduo à sua individualidade, à sua personalidade, como se diz. O direito, isto é, o dever de ser feliz tal como ele é, na medida em que ele, tal como é, quer ser razoável, não pela extirpação de tudo o que nele é interesse, paixão, tendência, mas precisamente ao dar forma a esses dados da sua vida moral, sem renunciar a ser ele mesmo, mas querendo ser moral no seu ser empírico. É assim que o indivíduo adquire o direito de se fazer defensor da sua individualidade, da sua unicidade, não apesar de submeter essa única individualidade à sua vontade razoável que quer que cada um submeta a violência em si mesmo e que a justiça reine entre todos, mas porque ele quer essa informação pelo universal.

c. Seremos novamente tentados a opor ao que acaba de ser dito que o indivíduo permanece, mesmo assim, outro para si mesmo. Mais uma vez reconheceremos a justeza da observação e nos contentaremos com contestar seu valor de objeção. No plano da moral, o indivíduo nunca coincide consigo mesmo; tudo o que foi dito anteriormente não só admite isso, mas o pressupõe: o homem em perfeito acordo consigo mesmo, seja no bem, seja no mal da violência sem discurso, não tem problema moral, porque para ele nada mais está em questão. A vida moral não deixa de ser caracterizada pela vontade de coincidência: ela nega, por sua inspiração tanto quanto por sua prática, essa duplicação do indivíduo que ela mesma desvela, mas só desvela para trazer o remédio. Se frequentemente virmos uma objeção contra a moral na constatação da duplicação da qual ela procede, a explicação deve ser buscada na atitude moralista, que faz da luta, não da vitória, a realidade da vida moral, e que funda a moral sobre a impossibilidade de uma vida moral.

O indivíduo, efetivamente, é outro para si mesmo. Mas isso não significa de modo algum que eu seja um estranho para mim mesmo. Não são relações de direito e de legalidade que ligam o ser empírico que sou à razão em mim; é o ser ao mesmo tempo razoável, interessado, sensível que quer se moralizar, o homem inteiro. A divinização estoica do homem conduz à petrificação do indivíduo: o sábio estoico só sabe morrer; a vida moral deve ser a do homem inteiro, razão e desejo, sob o controle da razão, mas de uma razão que, para permanecer viva, deixa viver o que ela controla e na ausência do qual ela seria vazia e sem utilidade. Não foi a própria razão que exigiu, não que só a razão encontre sua felicidade, mas que, para tornar o indivíduo capaz de buscar a felicidade razoável, ele possa, tal como é, buscar sua satisfação?

Entretanto, a tese da duplicação não sai daí mais reforçada do que refutada? Eu reconheço a mim mesmo um direito à satisfação porque, e somente porque, o reconheço a todo homem: que sou eu senão um desses outros que são outros de mim mesmo? E se eles têm o direito de buscar, se eu tenho, na medida de minhas forças, a obrigação de lhes oferecer a satisfação para que eles possam se moralizar, como não ocorrerá o mesmo comigo a não ser que eu seja eu mesmo diante de mim mesmo?

A resposta negará a existência de um direito como esse para mim. Por isso ela não estabelece a duplicação, mas a rejeita; se não tenho esse direito para comigo mesmo é porque não sou outro para mim mesmo: entre mim e mim mesmo não pode haver direito. Com efeito, eu sou duplo: *eu* falo de *mim*, *eu* quero a *mim mesmo* como ser moral; mas essa duplicação não é o produto e a deficiência da moral; ela é um fato que a moral quer e deve transcender; o *eu* que quer para *si* mesmo ser moral quer também coincidir como o *eu* que deve ser educado. Mesmo tendo razão, a moral foi muito modesta quando reconheceu, voltando-se contra o moralismo, que ela não era o todo da vida (cf. § 15 *e*): se ela não é, pelo menos quer vir a ser. Ela não via essa obrigação e não podia vê-la enquanto o moralismo limitava seu campo de visão – limitava-o ainda quando ela o combatia, por essa mesma razão. Ela a descobre no momento em que reconhece aos outros o direito à satisfação. E se o homem que quer ser moral não deduz daí nenhum direito para si mesmo, ele capta aí a obrigação de ser moral por inteiro, razão e sensibilidade, vontade e caráter. Ele deve pensar a moral, mas não basta pensá-la, ele deve vivê-la e a vive do modo como ele é. A moral informa o que não é moral; mas essa matéria não é sem forma, ela também não é exterior à moral ou neutra: ela é imoral e, por isso mesmo, refere-se à moral. Afinal de contas, é dela que surgiu a moral e, em última análise, é ela que se informa na moral – ela significa aqui o homem finito, determinado, ser de necessidades e desejos, violência. A moral não quer simplesmente viver e ser vivida; o fato é que a partir do momento em que o homem põe a questão moral para si mesmo, ele quer se moralizar por inteiro.

Não se fala assim em favor do hedonismo, da liberação dos instintos, do nobre desencadeamento da besta, embora se tenha tirado daí essas conclusões. A moral, entretanto, não quer somente ser reconhecida, ela deve informar a vida do homem, isto é, do indivíduo. A individualidade do indivíduo não se torna por isso um dado constante, um caráter inato e fixo; mas é essa individualidade determinada que quer se transformar, que a razão quer transformar, informar, educar, não uma individualidade abstrata e, portanto, não individualizada: eu, que sou o que sou nesse momento, quero me moralizar, quero me pôr de acordo comigo mesmo sob a condução da razão, e sei que não permanecerei o que sou hoje. Mas nem por isso deixarei de ser eu; tendo me tornado outro, serei ainda eu; conseguirei, pelo menos espero consegui-lo, submeter o que há em mim de violento, fazer meu dever para comigo mesmo e assim para com o outro. Terei sempre a submeter algo em mim, mas em vez de afastar-me de mim, é nesse esforço que me encontro, eu que só me conheço verdadeiramente por essa tentativa de me dominar na qual descubro o que faz que eu seja eu e não outro e o que faz que a razão em mim seja a minha razão, minha vontade de razão. Eu sou esse caráter e, ao mesmo tempo, razão: é por essa razão que eu, caráter razoável, posso me educar, tornar viva a razão e razoável o caráter. Mais simplesmente: se não chego a amar meu dever, se o dever permanece meu inimigo e meu tirano, conhecerei a moral, mas não serei moral.

d. O que se encontra assim é ao que o aristotelismo visa com seu conceito de *habitus*, de *héxis*: o homem leva uma vida moral quando o cumprimento do dever se tornou natural para ele, um estilo de vida, uma atitude espontânea. Não é o fato de se estabelecer na tragédia e na dilaceração que enobrece; é o conflito apaziguado, a paixão informada, a tendência educada que constituem o homem moral; não são nem o desespero romântico nem o desprezo universal diante da insuficiência do indivíduo finito que elevam o homem, são a aceitação corajosa dos limites e a vontade clara de partir do que é dado para transformá-lo. A educação, a moralização é a aquisição desses *habitus* que permitem ao indivíduo agir e, sobretudo, reagir de um modo que não o ponha em contradição consigo mesmo.

A teoria moral da pura universalidade constantemente deixou de lado esse aspecto da vida moral, como também negligenciou essa vida em sua totalidade. Ela se contentou com analisar o juízo moral, e a vida do sujeito para ela não era mais que uma sucessão descontínua de deliberações e de escolhas. Não que ela esteja errada em começar assim, é preciso lembrar isso aos que desejam livrar-se de todo dever com o pretexto de que o edifício da moral é inabitável: de fato, ele o é. Mais ainda, um edifício como esse ainda não existe. Mas isso não traz nenhuma informação sobre a necessidade e a solidez do fundamento lançado por essa moral. Entretanto, se é indispensável dar aos termos da moral um sentido preciso e se só a moral da universalidade é capaz de fazê-lo, a teoria moral não será completa enquanto se limitar à discussão do juízo e de suas implicações, do uso correto das palavras que aparecem na discussão moral e a respeito da moral: ela não é teoria pura (ou, como foi dito diversas vezes, ela não é a filosofia), e o fundamento teórico que só ela constrói deve permitir edificar uma teoria da vida moral. Ora, essa teoria, análoga nesse ponto à filosofia moral que se descobre como moral filosófica, revela a teoria da vida moral a ela mesma como ação do homem sobre si mesmo: precisamente segundo a teoria, não basta falar da moral, por coerente e fundado que seja o discurso, também não basta que a moral compreenda esse discurso como o seu discurso próprio; é preciso que a moral informe aquele que a pensa e por que a pensa – na medida em que é aquele que é.

Essa volta sobre si mesma presta à teoria moral o serviço decisivo de conduzi-la a reconhecer que ela é e só se compreende como teoria constituída por um indivíduo limitado e válida para um indivíduo limitado, agente num mundo que o limita no mais profundo do seu ser individual. É verdade que o indivíduo nas suas decisões morais começa, por assim dizer, sempre num ponto zero do tempo e que em nenhum momento ele tem o direito de se considerar condicionado e desculpado por seu passado; entretanto, a decisão moral, que, para ser moral, se submete ao critério da universalidade, não é tomada por uma universalidade mítica, mas por mim, esse aqui, sob essas condições, referido a essa moral histórica, nessa comunidade. Sou responsável pelo que sou no presente, por não ter sido aquele que, segundo meu próprio julgamento, eu deveria ter sido para decidir como se devia decidir; não adquiri o que deveria adquirir, e é minha falta se, aqui e agora, deixei-me conduzir por meu passado em vez de decidir como se tudo começasse; eu não soube, como se diz amiúde sem pensar no sentido da expressão, *me conduzir*. Mas isso indica outra coisa que o formalismo não tinha visto: eu maltratei a parte sensível de meu ser, não soube me colocar inteiramente à disposição da vontade razoável; fui surpreendido e, como era preciso saber como proceder e decidir, comecei uma reflexão moral para a qual a situação não dava mais tempo. Não foi o critério que se mostrou insuficiente, eu é que não soube usá-lo; eu pensei a moral, mas não aprendi a vivê-la.

Contrariamente à tradição de uma moral pura que desembocou no moralismo (ou no angelismo), o aparecimento de casos de consciência é mau sinal para a vida moral do indivíduo. Aquele que deve se pôr essas questões não está moralmente educado e não leva uma vida moral, embora possa encontrar grandes satisfações nas boas decisões, heroicas ou trágicas segundo ele, mas que de fato só mostram a imoralidade do sujeito pelo fato de ainda deverem ser tomadas: o homem moral está além dessas dificuldades e não tira sua felicidade de uma pretensa superioridade que, no caso mais favorável, só produz aquilo que todo mundo considera moralmente "normal".

É certo que surgem situações nas quais a moral concreta de uma época deve ser submetida ao juízo da moral pura; também não resta dúvida de que essas épocas se caracterizam pela hesitação, precisamente dos melhores, diante das regras e dos tabus da comunidade. Entretanto, é a moral concreta em sua totalidade que então é posta em questão, e daí não decorre para o homem "superior" nenhum direito de desprezar modos de proceder criticáveis, mas só criticáveis do ponto de vista, e em vista, de uma moral mais exigente, mas sempre moral: a hesitação e a dúvida concernem à exigência do homem moral de uma moral mais elevada; é possível que ele tenha de reinterpretar os deveres para consigo mesmo e para com os outros, tais como existem, mas ele não os dará por abolidos. Enquanto isso, a diferença entre o homem moral e o que não satisfaz as exigências da moral é evidente aos olhos de todos, mesmo dos que, com argumentos cuja validade contestaria se fossem proferidos por outro, gostariam de construir posições excepcionais para si mesmos. Dizer que alguém não é digno de confiança, que é um mentiroso, mau amigo e companheiro, que tem modos maçantes, que é de convivência desagradável não constitui cumprimento em nenhum grupo social, em nenhuma comunidade, embora aquilo que, aqui e lá, é considerado prova e sinal desses traços possa diferir: cada um espera de qualquer outro que ele seja moralmente educado, e, relativamente a isso, aqui importa pouco saber em que ele vê os caracteres distintivos de uma educação. Noutros termos, pressupõe-se que o homem moral terá reações espontâneas, não que elas sejam resultados de uma inspiração repentina, mas porque se tornaram, graças a um exercício prolongado, graças ao hábito, uma segunda natureza: ele não se porá questões morais que não teria tempo de resolver, ele agirá convenientemente, de acordo com a situação, com a sua individualidade, com o critério concreto da universalidade, tal como ele é no contexto da moral histórica de sua comunidade.

e. Compreende-se assim um fato que de outro modo seria misterioso, a saber, que a moral dos tempos passados, dos tempos que, entre outras coisas, ignoravam, pelo menos sob a forma filosoficamente explícita, os conceitos de universalidade, de liberdade, de dever, falem imediatamente à consciência moderna. Não estamos desamparados diante dos problemas dos personagens de Homero ou do Antigo Testamento, não temos dificuldade em compreender as análises e as regras morais de Platão, Aristóteles, Epicuro, Epicteto. Não partilhamos necessariamente seus sentimentos, não subscrevemos a todas as leis de seus diferentes códigos; mas também não se trata disso; o que importa é que mesmo quem rejeita determinada moral, determinada atitude, em vez de olhá-las como puras curiosidades, sente-se movido a refutá-las, a entrar em discussão com elas e a proclamar assim seu parentesco com o que o preocupa hoje.

Os homens não mudam: esta seria uma constatação errada se se pensasse nos modos de viver dos grupos humanos, nas formas de organização social e do trabalho das comunidades. Mas quando essa constatação se encontra entre os que chamamos moralistas, ela significa outra coisa, a saber, que o indivíduo não muda, quaisquer que sejam as mudanças nas suas condições de vida, que ele está sempre submetido às suas paixões e segue seus interesses, que toda moral deve sempre combater as mesmas resistências interiores, que, numa palavra, não existe progresso moral. A moralização da individualidade como tal só existe nos discursos, e tudo mostra que esses discursos só são bons para esconder dos ingênuos motivações que não têm nada de elevado. O egoísmo, a vaidade, a busca do prazer e do poder governam o mundo, e todas as profissões de fé morais, religiosas, políticas só existem para tornar respeitável um arbítrio natural que até mesmo os que acreditam ser sinceros só negam para poder seguir com boa consciência.

Uma apresentação como esta faz uma curiosa mistura de verdades e de erros evidentes. O homem, considerado como indivíduo, de fato é limitado nas suas faculdades e nas suas possibilidades, permanece sempre e essencialmente um ser necessitado, a tentação não é só obstáculo para a ação segundo o dever, mas também o móvel dessa ação, o motor na ausência do qual a ação seria inconcebível. Nesse sentido, é verdade que o homem não muda. É verdade ainda que a moral pode, precisamente na medida em que é reconhecida por todos os membros de uma comunidade ou pelo grupo que lhe dá o tom, conduzir à hipocrisia dos discursos, hipocrisia que pode ir tão longe que o indivíduo acaba por não compreender mais suas motivações reais, que essa crítica informada lhe revelaria se ele a escutasse. Mas nisso mesmo já aparecem os limites dessa visão: se não estou seguro de poder descer ao último subsolo – que não é mais que um mito – dos meus motivos e móveis, nada me impede de progredir nessa via, na qual nenhum limite intransponível me deterá: as próprias revelações dos pessimistas pressupõem isso, pois elas pretendem ter acesso a um estrato escondido ao comum dos mortais. A isso se acrescenta[1] que a hipocrisia é, em sentido muito sério, a homenagem que o vício presta à virtude: o vício não se daria a esse trabalho se não aderisse por sua má consciência a uma moral que ele pretende que seja válida para os outros e que olha como suficientemente influente para tirar o máximo proveito dela. É útil lembrar ao indivíduo que a moral não é fácil de praticar e de viver; é um erro, e não só de ordem moral, concluir da dificuldade à impossibilidade e declarar que a vida moral não é mais que uma vida na hipocrisia.

Entretanto, é verdade que o indivíduo, enquanto tal, permanece essencialmente o mesmo na história – mas desde que se acrescente que isso se refere ao que constitui cada um como indivíduo, abstraindo do que ele tem de diferente e além disso. Falar de indivíduo é, indubitavelmente, falar de diferença, e seria ridículo afirmar a identidade de Caim e de Abel, de Tersites e de Aquiles, de César e do general Boulanger. Todavia, é certo que todos são movidos por interesses e paixões, que os indivíduos são, sob esse aspecto, todos iguais malgrado suas diferenças, e que essas diferenças podem ser classificadas e assim identificadas por classes.

---

[1] C. § 17 *d, in fine*.

Elas são assim comparadas do ponto de vista do universal, primeiro do universal relativo da ciência psicológica, em seguida do universal moral. Parte-se do conceito de natureza humana para constatar que uns e outros não agem, não decidem, não escolhem da mesma maneira; mas essas diferenças observáveis prestam-se a uma análise por fatores, e podem ser descobertas constantes assim como relações constantes. O fato de o homem não se bastar a si mesmo, de ser determinado, funda o conceito de uma natureza. Basta – e é importante – acrescentar que essa natureza do homem nunca é dada de uma vez por todas, mas que o dado nunca desaparece e permanece cognoscível em sua permanência.[2]

Ao que foi dito podem-se opor duas objeções a partir de horizontes opostos. Remete-se, de um lado, à liberdade fundamental do homem; de outro, insiste-se sobre a realidade da mudança histórica. O primeiro argumento foi respondido nas análises anteriores. É verdade que o homem é livre no sentido de que, em todas as situações, ele pode escolher e que a qualquer ordem, a qualquer tentação que venha do exterior ou de si mesmo, ele pode responder com um *não*, capaz, no limite, de sacrificar sua existência à sua vontade. Mas essa possibilidade só lhe é dada *porque* ele é também determinado, e a liberdade só se concebe com referência aos determinismos.[3]

O segundo argumento é mais interessante porque insiste sobre a natureza histórica da moral, até mesmo e sobretudo da moral da universalidade. É absurdo afirmar, declara-se, que o homem é sempre o mesmo, pois isso significaria, particularmente, que todo homem poderia viver segundo a moral concreta de sua época, e mesmo em qualquer época segundo a moral da universalidade. Ora, que pode significar para o escravo a moral de seus senhores? ou como o homem de uma moral primitiva e exclusiva conceberia a ideia de

---

[2] Cf. § 10 c.
[3] Cf. *Logique de la Philosophie*, p. 46 ss. – e *supra*, § 11 a.

universalidade? Sem dúvida, continuar-se-ia, em lugar nenhum se encontra grupo humano sem moral, até os bandidos possuem uma; mas daí não decorre nada para a validade de uma moral. Tudo o que se pode dizer, se não se quer tomar posição e passar de homem de ciência a pregador e profeta, é que o homem muda radicalmente e que a afirmação de uma natureza constante, assim como a afirmação da onipresença de uma moral, só é fundada enquanto abstração formal, tão verdadeira e tão pouco interessante quanto a constatação de que todos os animais possuem corpos. Não existe uma moral das formigas, e ela se distingue da do homem primitivo que faz o que a tribo espera dele?

É preciso admitir que os defensores da moral filosófica normalmente se desvencilham muito rapidamente essas objeções. Para isso, eles têm razões válidas, das quais falamos ao analisar as relações lógicas entre os fatos e o que se chama valores (§ 10 c). Com efeito, pode-se responder que um fato não refuta um valor e que o fato, na sua estrutura conceitual e enquanto resultado de uma atividade de pesquisa, é fundado sobre uma moral. Essa resposta é peremptória; entretanto, ela se desvencilha da objeção sem resolvê-la. Ora, só se a resolverá se a resposta acolher o que ela tem de verdadeiro e de importante. O homem muda; ele não é o que foi, ele não será o que é no presente; toda moral tem sua história, mesmo a moral da universalidade não caiu do céu, mas se formou a partir das morais particulares, mais ainda, ela as pressupõe e elas são as condições históricas que lhe dão seu conteúdo. Isso é incontestável. O sociologismo não compreende o que o homem quer dizer quando fala de dever, de virtude, de obrigação, ele não vê que quem usa esses termos designa com eles aquilo que, aos seus olhos, é absoluto, fundamento não fundado de seu discurso, sentido da vida que é mais importante para ele do que a própria vida. Ao contrário, ele vê muito claramente que o conteúdo desses termos e as condutas às quais eles correspondem e que lhes correspondem não permanecem os mesmos. O homem se transforma. Mas não decorre daí que ele não seja o mesmo, pois toda transformação pressupõe um sujeito permanente: é só porque o homem se reencontra e se reconhece em seu passado que ele pode escrever a história de suas morais. Não se trata de identidade abstrata, de pura identidade lógica; a identidade do ser vivo está em devir e a do homem só se revela a ele no curso do seu desenvolvimento, nessa história que lhe mostra, nas suas próprias ações, o que ele é e foi sem o saber. A própria análise sociológica prova isso: ela não poderia começar, ela seria incapaz de alcançar o mais banal dos resultados se não contivesse, explicitamente ou não, uma *antropologia*, uma teoria do que *é* o homem, pelas suas mudanças e malgrado elas. A história transforma o homem, mais exatamente a humanidade se transforma, em todos os seus traços, porque ela transforma todas as condições de sua existência. A maior prova dessa tese é que a moral tem uma história, a verdade da moral formal da universalidade nasceu e só pode nascer em condições que a pesquisa é capaz de revelar e compreender. Mas ela não leva mais longe do que a observação de que o homem, a certo ponto de sua evolução, aprendeu a contar – o que estritamente não indica nada sobre a coerência e a verdade formal da aritmética. O fato de o homem ser determinado *e* razoável (livre) funda toda interpretação, até a mais positiva, da moral nas suas transformações e na diversidade de suas formas.

É verdade que as morais não procedem da unidade, elas tendem para ela, e só o ponto de vista tardio da unidade (captada pela filosofia) permite constituir uma história, ademais sempre tipológica, do devir *da* moral. A visão sociológica é assim correta quando não se tira dela mais do que ela contém, a saber, a observação tão importante quanto banal de que as morais são essencialmente históricas. Ela conduz a um absurdo quando pretende que toda moral não seja mais do que é reconhecido como regra numa comunidade e por uma comunidade: ela seria isso, e exclusivamente, se a moral não tivesse chegado ao ponto em que ela mesma se põe em questão e busca sua verdade, se, em termos de sociologia, jamais tivesse havido uma sociologia das morais que pergunta o que é *a* moral e se, com sua vontade de objetividade e de eliminação de todos os "juízos de valor", ela mesma não se erigisse em critério último da universalidade. Que ela se recuse a refletir sobre seus pressupostos não muda nada. Se a situação filosófica for o que é, deve-se admitir que a culpa não é só dos defensores do sociologismo: os fiéis da moral pura os provocaram ao não entrar em discussão com os que, antes que a disputa assumisse sua forma moderna, afirmavam, muito justamente, que a moral pura só pode se realizar com a ajuda e pela mediação das morais concretas; afirmavam que, para voltar ao nosso ponto de partida, não basta querer a moral, mas é preciso ser moral, e que não se é moral fora de uma comunidade determinada e histórica, afirmavam, finalmente, que a vontade de ação moral de um ser finito deve se encarnar e só pode fazê-lo ao aceitar o mundo, certamente não para aprová-lo tal como é, mas para poder transformá-lo a partir do que existe e age como moral concreta. Falar ao antropófago do direito imprescritível de todo homem ao reconhecimento de sua dignidade não tem muito sentido, e o escravo acorrentado no fundo de uma mina não se interessará pelo princípio da universalidade: a sociologia e a história fazem bem de recordá-lo ao moralismo. Mas a ideia de universalidade e do direito do homem *entrou* no nosso mundo, e o problema moral aí existe, existe para todos que, livremente, querem fundar em verdade o sentido de sua existência. Não é uma questão de todo mundo nem uma questão à qual se possa conduzir todo ser humano. Mas o problema não deixa de existir para uns se outros não querem abrir os olhos, se esses outros optam pela violência e pela luta cega das paixões, invocando o fato de que essa luta produziu a consciência do princípio da moral e esquecendo que ela *o fez*.

Todavia, o indivíduo é sempre indivíduo, não basta a si mesmo, depende da natureza interior e exterior, da comunidade da qual não se separa sem morrer ou sem cair no silêncio absoluto; e toda moral, por primitiva que seja, o submete a uma educação do arbítrio, das paixões, dos instintos. Porque sempre deve ser educado, o indivíduo não muda, porque é educado, sua situação muda completamente numa história que é a da sua educação por ele mesmo. O progresso da humanidade é real e as condições de vida que a sociedade moderna oferece, pelo menos em princípio, a cada um de seus membros libertam cada vez mais o indivíduo da pressão da natureza exterior e, por consequência, o franqueiam daqueles desejos que, progressivamente, são satisfeitos na medida em que são desejos de todo homem. Nesse sentido é permitido falar de um progresso moral da humanidade. Mas exclusivamente nesse sentido: independentemente das condições em que se encontre, o indivíduo não nascerá perfeito e a luta da sua razão com o que essa razão nele descobre de desrazoável nunca termina, pois a violência pode sempre ser capaz de se declarar insatisfeita. O homem é o mesmo, o mesmo para si mesmo, porque, querendo ser e se tornando outro, ele se descobre como dado para si mesmo, dado cognoscível e, ao mesmo tempo, a ser submetido. Ocorre o mesmo com a natureza exterior, cujas leis imutáveis é preciso conhecer para poder transformá-la.

20. *A moral é real no indivíduo moralizado.*

a. O parágrafo precedente estabelece que a moral não é essencialmente discurso sobre a moral nem mesmo discurso moral: ela é a forma da vida do indivíduo que, nela, alcança a felicidade. Essa forma é *informante,* não é um molde que impõe seus contornos a uma matéria em si informe, não estruturada e que existiria nalgum lugar em estado puro e bruto: o homem não é nunca sem moral, no sentido de uma ausência de toda relação com a moral.

Sem dúvida, o homem, como se diz, tem necessidade da moral, e isso significa que ele não é necessariamente moral. Entretanto, essa observação, justa em si, oculta duas afirmações: ela constitui o reconhecimento da existência de uma natureza humana, sempre subjacente ao esforço de moralização e, para a análise, separável dele; ela constitui, por outro lado, o reconhecimento de que o indivíduo não é nunca moral, embora se aproxime sempre de uma vida moral. Mas a ambiguidade esconde também um duplo erro. A natureza humana de que se fala existe de fato; o homem é violento, mas essa violência só é violência para o homem, que, enquanto violento, é também razoável: só um ser moral pode ser imoral, a besta só tem caráter violento aos olhos de quem vê nela uma espécie de homem inferior. Também não é falso dizer que o homem não é nunca moral se ser moral significa ser de uma vez por todas: a cada instante o homem pode cair na violência, seguir o desejo e a paixão; daí não se segue que o homem não possa ser moral, que sua vida não possa ser informada pela moral, desde que se admita que a sua moralização nunca é definitiva, o que ela não pode ser sem que o indivíduo se torne deus ou uma pedra. Se Sócrates fosse absolvido, teria tempo de cair em toda espécie de crimes; ele não seria por isso menos moral e feliz no momento de seu processo.

A moral pode, portanto, ser real na vida do homem moral. Como toda forma, ela é apenas possibilidade enquanto não for encarnada, a possibilidade mais elevada do indivíduo, mas possibilidade e que deve provar que é possibilidade ao se realizar: uma eterna possibilidade não é mais que uma impossibilidade de fato, malgrado sua possibilidade lógica e a ausência de toda contradição interior. Eis porque o discurso moral é necessário e permanece insuficiente: só ele protege o homem da contradição, mas essa não contradição só tem importância ao se mostrar como possibilidade real, isto é, sempre já realizada, mais ou menos perfeitamente, porém realizada. A reflexão moral se funda sobre a vida moral, que se compreende nessa formalização de si mesma, que é forma vivificante e vivida do homem e que assim é.

b. Em nossas análises fomos levados a falar das virtudes. Nós as definimos como atitudes, *héxeis*, do homem que faz constantemente seu dever. Entretanto, se os termos lembravam a moral aristotélica, eles foram tomados numa acepção que não é a de Aristóteles, pelo menos que só retomavam incompletamente essa acepção. A virtude de que se tratou até aqui é unicamente a virtude moral, com exclusão das virtudes intelectuais, e mesmo a virtude moral só foi captada de maneira oblíqua, pela redução da virtude ao dever. Com efeito, a virtude moderna é uma atitude de conflito consigo e não se identifica de modo algum com o que visa à tradição grega, um modo de viver que, mesmo sendo moral no sentido moderno, tornou-se natural ao indivíduo e não se apresenta mais como mandamento, lei, injunção de uma autoridade superior, mesmo que essa autoridade fosse estabelecida no interior de sua própria consciência. A virtude grega é excelência, perfeição do indivíduo segundo os caracteres de sua espécie, segundo as possibilidades que são as suas.

O sentido original da palavra não é mais acessível e só existe para os historiadores da filosofia e do pensamento: o aparecimento do cristianismo e a subsequente revolução do pensamento, com a tomada de consciência da liberdade infinita do homem, fizeram que a ideia de perfeição humana do homem se tornasse quase invisível. Por isso é ainda mais importante discernir aqui o seu sentido autêntico, para que a direção dos próximos desenvolvimentos seja fixada e fique clara: os inevitáveis desvios da reflexão que se volta sobre si mesma tornam isso necessário. Acrescentemos somente que nada seria ganho se se evitasse o termo em favor de, por exemplo, o de sabedoria, designação mais correta, de um ponto de vista histórico, da perfeição da vida do indivíduo, mas que, em vez de facilitar a tarefa, a complicaria, pois a palavra sabedoria é ainda mais perigosa que a palavra virtude, se é que isso é possível.

Para isso, bastaria relembrar o ensinamento daqueles cuja influência foi maior e mais durável: Aristóteles, Epicuro, os Estoicos (e o cristianismo estoico de um Santo Ambrósio e de seus inumeráveis sucessores, dos quais o mais conhecido – e talvez o menos cristão – foi Descartes). Sem dúvida, no interior dessas diferentes seitas, com mais forte razão entre as escolas, não reina unanimidade. Todos estão de acordo, quando se trata da virtude do indivíduo vivente no mundo (não do sábio perfeito), para afirmar que a virtude é o desenvolvimento tão completo quanto possível da humanidade do homem em vista da felicidade razoável e da satisfação do ser necessitado. A ênfase difere, os primeiros princípios não são os mesmos: Epicuro, ao falar da finitude do homem, vê na razão apenas o instrumento necessário para fixar aos desejos seus limites e assim se opõe à mediania de Aristóteles e, mais ainda, aos estoicos, que, assim como seus discípulos cristãos, subordinam, mas só em princípio e por princípio, a satisfação à felicidade, de tal modo que a felicidade razoável, presente ou a esperar de um futuro transcendente ou temporal, basta para dar um sentido à vida humana. Essas divergências, por importantes que tenham sido em seu tempo, têm pouco peso relativamente ao que lhes é comum, um conceito da virtude como domínio de si que não conhece escravo interior e que torna feliz o homem todo. Também, em todos, a lei e a regra exteriores não são mais que parapeito para os insensatos que não sabem se conduzir segundo sua própria razão no mundo tal como ele é: trata-se de viver livremente e na alegria nesse mundo, e isso vale mesmo para os que pensam encontrar sua pátria num *kosmos* acessível só ao intelecto.

O que os separa da moral da universalidade é que neles o conceito é sempre apenas subjacente. Subjacente ao papel decisivo que desempenha em todos a ideia de uma natureza humana universal, que, é verdade, pode decair, mas cuja queda só se compreende por referência a essa natureza tal como é em si e de direito, assim como é decisiva a função central que preenche em todos a ideia de justiça, seja sob a forma da justiça exterior, seja sob a forma mais secreta da amizade que torna universalmente iguais todos os homens que querem (razoavelmente) ser homens. Mas o conceito de universalidade, plenamente explícito no e para seu pensamento teórico, não constitui tema para a reflexão moral desses filósofos. A moral não é ainda fundada sobre o formalismo ou, o que é o mesmo, sobre o conceito da liberdade – razão infinita do indivíduo, capaz de recusar todo dado, toda regra, toda prescrição positiva.

Não se negará que o ideal de uma vida perfeita em si mesma constitui um coroamento necessário da moral. Mas o justo sentimento – pois só muito raramente se trata de pensamento, de discurso coerente – do arbítrio que caracteriza as diferentes morais antigas e de tradição antiga produziu a desconfiança com o conceito de vida feliz na virtude alcançada. Uma compreensão adequada não só da moral antiga, mas das próprias implicações da moral pura pode e deve, é verdade, remediar isso ao mostrar que esse arbítrio *ex parte ante*, que é o da história, se compreende, mas só *ex parte post*, como o devir livre da moral pura e que a própria moral da universalidade não deixa nunca de exigir a presença dessa mesma história como necessária à sua própria ação real. Entretanto, o conceito de mediação histórica pela moral particular pode parecer insuficiente: como conceito da reflexão, ele não se mostra à consciência moral, mas só à consciência que reflete sobre a moral, enquanto o que está em questão aqui é essa vida moral que, aos seus próprios olhos, é e só pode ser imediata, vida vivente e vivida.

A dificuldade é insolúvel e inevitável: todo imediato é compreendido como imediato por um discurso que constitui uma mediação entre a consciência (teórica tanto quanto prática) e o que se dá (e se recusa) a essa consciência: falar do imediato é mediatizá-lo. Evidentemente existe uma saída, saída de desespero filosófico: o recurso à saída vivida, à *Erlebnis*, graças à qual se elimina o discurso. Esse recurso é possível; todavia, ele comporta a exigência do fim do discurso, exigência que muito frequentemente cai em orelhas surdas, ou em orelhas ensurdecidas pelo ruído dos que pregam o silêncio aos gritos. Mesmo que essa condição fosse realizada a solução não deixaria de ter o inconveniente de que só o porrete (e seus avatares aperfeiçoados) decidiria entre duas saídas morais imediatas em competição e que tivessem abjurado os vãos jogos do discurso não violento. Em poucas palavras, seria a antiquíssima, a eterna saída para a violência, silenciosa ou barulhenta, infligida ou aceita. É possível a cada um optar por ela e contra a filosofia. Quem não segue esse caminho está obrigado a encontrar outro, filosófico, e que seja sensato para quem adere ao discurso e à livre recusa da violência; encontrar uma solução que, certamente, não fará desaparecer a dificuldade, mas a compreenderá e assim tornará aceitável o fato de, num sentido determinado, permanecer insolúvel.

A dificuldade, no fundo, é a da existência da violência, não só fora do discurso, mas para ele e, nesse sentido, nele. Essa dificuldade, quando se trata de moral, é mais chocante do que em outra situação: é em si mesmo que o indivíduo encontra esse outro do discurso, ao mesmo tempo em que constrói esse discurso e o encontra de maneira sempre mais consciente à medida que progride sua reflexão. A moral deve informar a vida; a moral é o discurso do ser que quer ser moral; esse discurso, que faz parte da vida moral do indivíduo, não coincide nunca com essa vida, que, contudo, só ele é capaz de mostrar, de designar como fim para a moral; e ele não pode negar, quando tiver chegado a esse ponto, que é inadequado a uma captação (ou à análise) exaustiva dessa vida que ele informa sempre e nunca acaba de informar.

O problema surgiu sob uma forma histórica aparentemente anódina, a da oposição entre unidade e unicidade da virtude e pluralidade das virtudes. A dificuldade, pouco tratada atualmente, não desapareceu, e a reencontramos ao longo de nossa investigação: o dever, uno e único, se desenvolvia a partir de seu conceito para se tornar concreto numa pluralidade de deveres dos quais cada um só era dever porque dependia do dever primeiro. Dito de outro modo, uma pluralidade de virtudes nasceu, das quais cada uma definia um *habitus* de obediência para um dos deveres particulares, virtudes de caráter derivado e secundário, pois sua independência relativa e passageira se fundava só sobre aquela, não menos relativa, dos deveres que as havia definido e separado. Com o conceito de vida moral vivida efetua-se um retorno à unidade fundamental, mas que representa agora, em vez de um início conceitual, o coroamento na realidade: a unidade da vida moral revela as virtudes como simples abstrações, aspectos necessários, mas parciais, *da* virtude, de uma vida que, sem ter necessidade de *se submeter*, na e pela reflexão, às regras positivas de uma moral histórica, mesmo informada pela moral pura, *submeteu-se a ela*, nela vive naturalmente e nela se encontra livre e satisfeita, "como o peixe na água", que só parece condenado a seu elemento para quem não o partilha com ele.

O discurso mostra assim a dupla mediação que, da perda da certeza moral, leva à reflexão moral e, em seguida, à exigência de uma moral vivida, de uma virtude que seja perfeição de todo o homem, satisfação do ser sensível na felicidade do ser razoável, felicidade do segundo na satisfação justificada do primeiro. O que se impôs reiteradamente no curso de nossa pesquisa recebe aqui seu fundamento: não é só a lembrança de uma certeza perdida que faz que toda moral busque se tornar supérflua enquanto lei dada ao homem, mesmo que fosse pelo próprio homem; mais do que isso, a própria moral, se se compreender, quer se realizar, se aperfeiçoar numa vida informada por ela e que, por essa mesma razão, não vê mais nela uma regra exterior que teria de observar ao preço de um esforço a ser sempre renovado e sempre penoso, numa vida que não sente mais a lei e a regra no que o observador separado (e imoral para o homem moral) só discerne coerção e submissão forçada. A virtude é una porque a vida o é; mais exatamente, a virtude é una porque nela a vida do ser finito e razoável quer ser una e se faz una.

21. *A vida do indivíduo moral é vida no mundo. Essa vida age, a partir e em vista de uma moral histórica, enquanto exemplo, pelo sentimento moral que ela exprime.*

a. O uso corrente chama virtuoso o homem que não só cumpre as obrigações que lhe impõem a lei e os costumes, mas que não se contenta com a simples obediência. A filosofia, evidentemente, não está ligada pelo uso comum; contudo, ela encontra seu interesse em levá-lo a sério, e por duas razões: livre de purificá-lo, ela é obrigada a falar a linguagem de todo mundo, se não quiser se tornar monólogo e se privar de toda possibilidade de discussão, isto é, do único meio de verificação que tem à disposição; mais grave ainda, ela se impediria, por esse desprezo da linguagem corrente, toda compreensão do que é, e *é* porque é para os homens de sua época.

É esse uso corrente que relembra aos filósofos da moral um fato facilmente negligenciado: cada um, portanto, também o filósofo, conhece homens que se situam acima do comum, não por considerar a humanidade má, egoísta, vaidosa e por saudar quem participasse em grau menor dessas qualidades negativas, mas porque acha que esses homens são, como se diz, *de bem*. É útil se perguntar sobre o fundamento desse juízo, que permanece juízo aos olhos do filósofo, muito embora, quando expresso pelos que só sentem a sua justeza e a sua justiça, ele não seja acompanhado do que se espera dele.

Parece que a esses homens se atribui uma espécie de sensibilidade moral que, segundo o reconhecimento de todos, não é o apanágio de todo mundo. Eles são mais conscienciosos, mais exigentes consigo mesmos, dominam-se melhor, não buscam aproveitar-se de escusas que a lei e a tradição põem à disposição dos que, em determinada situação reconhecida como especial pela opinião comum, acham muito pesado o peso de uma obrigação. Certamente, é imaginável, e muito frequentemente se pode constatar, que o sentimento de obrigação pessoal só se deva a uma obsessão, ao medo da impureza e do pecado, a uma coerção interior; sua natureza aberrante se revela pelo fato de que – de novo apelamos para o uso corrente – ninguém que seja sensato teria a ideia de imitar semelhante comportamento. Isso não ocorre só nas situações em que as exigências e os atos não têm nenhuma relação com o que os homens que pertencem à mesma comunidade chamam de realidade ou consideram como moral; o caso é o mesmo quando a observação de regras universalmente reconhecidas é tão estrita, meticulosa, temerosa a ponto de descartar a prudência e não deixar mais espaço para uma escolha entre possibilidades, pontos de vista, fins igualmente, ou quase, justificáveis. O *fiat justitia, pereat mundus* nega a justiça, porque a justiça deve ser realizada no mundo; a atitude de que falamos, para julgá-la num plano que não é o da linguagem corrente, nega a moral, pois interdita para sempre toda felicidade razoável a um ser que não estará nunca de acordo consigo pelo temor de ser muito cedo, e porque, por outro lado, recusa a satisfação das necessidades e dos desejos mais legítimos, não só ao próprio sujeito, mas a todos que, de algum modo, dependem dessas obsessões da moral, que se tomam a si mesmos e se consideram mártires, santos, profetas e mostram assim onde encontram a recompensa, extremamente egoísta, pelos sofrimentos que inventam para si.

Na verdade, a confiança do sentimento moral em certos homens pode ser enganada e se enganar. Entretanto, a existência de obsessões não torna impossível a existência de heróis autênticos, de homens verdadeiramente morais; ao contrário, ela a supõe. E o sentimento moral, perfeitamente capaz de se enganar, não se engana nunca em longo prazo; ele dispõe de um critério tão simples quanto eficaz: não é moral o que torna impossível a vida moral de todos e de cada um. O que é o caso de todo moralismo: precisamente porque só conhece a lei moral e não admite o que, ao distinguir a vida moral e a reflexão, constitui a mediação entre os dois, a saber, a existência de uma moral histórica e concreta, ele desvaloriza a ação em favor só da intenção, que, paradoxalmente, perde aos seus olhos todo valor a partir do momento que deixa de ser intenção. O homem virtuoso, longe de desvalorizar essa moral, a cumpre; mais – e é isso que o sentimento sabe sem conseguir pensar – porque a cumpre, porque, depois dele, ela não precisa mais ser cumprida (e, nesse sentido, não é mais problema), ele a supera e exprime a exigência de uma moral mais elevada, mais universal. Ao realizar na sua vida e na sua ação o que a moral existente prega, mas do que ela não conseguiu fazer um *habitus* verdadeiro, ele apresenta aos outros uma nova exigência. Não que ele queira algo diferente do que querem seus concidadãos, seus correligionários, os que vivem na mesma tradição; ele os inquieta porque pratica o que eles consideram louvável e se contentam com venerar, porque, ao viver segundo seus preceitos, ele sai da moral que eles praticam e que é caracterizada pela distância, reconhecida e admitida, entre a norma e o normal.

Portanto, não se trata de uma originalidade nas ideias e nos ideais; pelo contrário, a existência dessa originalidade indica a aberração. O homem moral não se põe a voar ou a se deixar morrer de fome para se distinguir dos outros; se ele é original, é pela ausência de toda originalidade dessa espécie. O que com ele chega ao mundo do seu tempo é um realismo moral maior, não um "idealismo" mais ousado: ele vê o roubo, o assassinato, a mentira onde os outros veem ações imperfeitas, mas escusáveis ou permitidas. Ele discerne a injustiça onde os outros invocam a legitimidade ou a necessidade técnica. Ele descobre a brutalidade e o egoísmo nas reações declaradas compreensíveis e naturais, a vaidade e a mentira na vontade de santidade. Ele, portanto, não exige ser libertado da moral existente (Sócrates e Jesus cumprem a lei), ele aí não se encontra encadeado e privado de sua liberdade; se ele não se contenta com ela, é porque julga insuficiente a moral do seu entorno e da sua época, essa lei que permanece sempre lei e obriga à vida, mas que não se torna a vida. Portanto, ele não quer novos laços exteriores. O que ele busca é uma moral à qual o indivíduo, em primeiro lugar ele mesmo, possa aderir livremente, enquanto ser finito e razoável. Certamente, vista de fora, essa moral exigirá um domínio maior sobre si; mas isso é uma visão de fora, e ele não quer a escravidão das paixões e dos interesses, ele quer um gênero de vida digna de um ser razoável e que dá satisfação ao indivíduo empírico que quer ser razoável. Ele quer viver, no mundo, com o mundo e para o mundo tal como ele é, necessitado e capaz de universalidade de vontade.

b. Nesse sentido, o homem que é moral supera a moral concreta tal como é vivida "normalmente". Toda moral histórica conhece o permissível, isto é, o que não importa à moral. Ele, que leva essa moral a sério, conhece exigências que, segundo a moral interpretada num sentido legalista, não são válidas. O que ele leva a sério nessa moral é precisamente o que a interpretação legalista se esforça por ocultar da sua reflexão, a saber, os conceitos primeiros, os princípios dessa moral: ele não busca ser justificado ao demonstrar que sua ação não ultrapassou os limites do admissível, ele é justo. É nesse sentido que o homem virtuoso carece de originalidade; mas é também por essa razão que ele aparece aos outros como um original, que eles louvam ou lastimam: porque leva a sério as exigências da moral, mais ainda, porque não se limita a seguir regras exteriores, ele terá o ar de um santo aos olhos dos que, confusamente, sentem nele a exigência da realização de sua própria felicidade, mas não chegam lá e, no fundo, não desejam chegar como ele, ele terá o ar de um louco, de um estraga-prazeres, de um criminoso para os que situam a boa ordem da vida normal acima de qualquer outra intenção. Nele mesmo e para ele mesmo, ele não é nem um nem outro: ele faz o que está convencido que todos querem, ele está de acordo consigo mesmo.

Notar-se-á que se trata, formalmente falando, de um sentimento afinado, mais desperto, que, no limite, pode querer se traduzir em conceitos, mas que não visa a isso em primeiro lugar. O fenômeno tornou-se difícil de ser descrito e captado: o mundo moderno, na medida em que ainda pensa na moral, é dominado pelo moralismo, pela vontade de uma moral de juízo e de escusa, não de vida moral, e separa o que ele chama de aspecto estético do aspecto moral. Então, é moral quem obedece a uma regra, mesmo que estupidamente, sem coração, sem sensibilidade para o que a sua superioridade (extremamente irreal) traz de males e sofrimentos. Está do lado da estética aquele para quem tudo é questão de senso artístico, de uma inspiração que, de um golpe, se eleva acima do formalismo, das regras, dos interditos, tudo é questão de uma iluminação cujo valor é imediatamente visível mesmo aos que, sem ter a ela um acesso direto, são pelo menos capazes de admirá-la e de discernir a beleza dessa independência.

As duas visões são igualmente deformadoras, ambas procedem de abstrações (cujas raízes históricas não nos interessam aqui). Existem, certamente, fariseus no mau sentido da palavra, como existem homens que, sem pensar nas leis, sem buscar sua justificação e, com ela, escusas, vivem uma moral "pessoal", boa ou má, mas essencialmente diferente da moral dos que se limitam a observar o que não podem esquivar sem maior inconveniente, constituído por remorsos de uma consciência obsessiva. Entretanto, uma vez reconhecido esse fato, explode a insuficiência dessas abstrações. Não se admite facilmente, como implica a segunda tese, que a moral só seja oferecida aos que nasceram sob um astro benéfico; mais difícil ainda é conceder que o resto da humanidade esteja condenado a uma existência que só teria com a vida moral as relações do falsificador com o banco central. O protesto contra o moralismo e o legalismo é perfeitamente fundado, mas se dirige contra abstrações que, por serem às vezes vividas, não deixam de ser abstrações, e erige para seu próprio uso um ideal que é apenas o negativo do que ele detesta. Permanece o fato de que a exigência da moral concreta subsiste com toda sua força, mas também que a obediência não é tudo, embora seja sempre requerida. Em suma, a moral existente não é superada pela simples negação que clama o arbítrio; ela também não é lei eterna, ela pode e deve ser superada, mas numa superação exigida por essa mesma moral, pelos conceitos que a fundam, superação que, na sua "normalidade", ela não realiza.

Visto desse modo, o que se chama coração, sensibilidade, *poética* não são apenas papéis e fatores: sem essa sensibilidade não há vida moral. É ela que produz toda moral concreta nova, não ao pensá-la, mas ao pensar a antiga e ao descobrir, ao criar *poeticamente* uma forma de vida diferente e superior, não ao demonstrar que seu projeto é preferível para essa razão, não ao arguir, mas ao propor concretamente outra vida por sua própria existência e na sua própria existência, ao convencer pelo que se torna exemplo. Ora, isso não ocorreria se essa vida se apresentasse como *original*, isto é, incompreensível ou a ser compreendida só como caso único. Fenômenos como esse podem ter seu sucesso junto a um público que fala deles porque neles vê tudo, menos um exemplo a ser seguido; ele vê aí um remédio para o tédio de uma vida social tão bem regrada que as regras não são mais sentidas como opressivas, mas cujo bom andamento revela aos indivíduos, ou a certos grupos, o insensato de uma existência que dispõe das condições materiais para a busca livre de um sentido, mas não sabe ou não ousa pôr a questão do sentido e prefere deixar-se distrair para não ter de escutar sua própria inquietação. O homem exemplar, que se liga à moral de sua comunidade, será de pouco interesse para esses contemporâneos; ele agirá sobre a moral dos homens comuns, sobre os que constituem, por definição, a grande maioria.

Mas mesmo esses últimos não lhe darão a adesão imediatamente: porque ele pensa a moral histórica que eles vivem mais ou menos escrupulosamente, ele lhes será suspeito; ele complica a vida, suas afirmações são tanto mais chocantes quanto mais próximas dos fundamentos de sua moral; ele parece introduzir novos critérios e novas divindades porque fala de coisas tão antigas, tão profundas que são recobertas por todas as camadas do esquecimento não pensante. Pode ocorrer que ele seja vilipendiado, perseguido, morto, não porque é o inimigo da moral, mas porque é a má consciência da comunidade. Em todo caso, sua ação se exercerá primeiro sobre um círculo restrito e será preciso certo tempo antes que a comunidade aceite o que, no sentido mais estrito do termo, ela mesma produziu ao informar sua vida por sua moral até o ponto em que essa moral possa ser pensada, possa tornar-se um dado para o sentimento da liberdade, e assim servir de trampolim para quem a superar porque leva a sério seus princípios e a desobedece porque sente a sua "normalidade" como mentira.

c. A partir dessas reflexões torna-se possível uma análise histórica das morais. Aqui basta relembrar que o indivíduo, que vive a moral em vez de só pensá-la, vive-a sempre no interior de uma comunidade, de uma moral histórica, em contato com indivíduos concretos e determinados. O progresso e a decomposição dessa moral "evidente" fazem que a reflexão teórica, nascida da discussão, descubra e critique os conceitos fundamentais dessa moral – numa palavra, fazem que a filosofia influencie sobre a moral. É compreensível que seja sobretudo esse processo de evolução moral que interesse aos filósofos e aos historiadores da filosofia. Contudo, não se deve esquecer que a via da reflexão só raramente foi tomada e em épocas cuja moral já estava abalada pelo descontentamento: o que à análise aparece, legitimamente, como conceito insuficiente, é primeiro sentido e ressentido como escândalo moral, como pedra de tropeço. Nesse sentido, é perfeitamente correto falar de *racionalização* de um sentimento. Mas se tudo vem do sentimento, o erro – e ele é grave – começa quando se vê nessa origem uma desvalorização do conceito e a negação das suas pretensões à universalidade. O sentimento só se experimenta e só se prova como moral e como universalmente válido na transposição em conceito e em discurso coerente: fora dessa prova, o sentimento não tem direitos, pois só há direitos em função do conceito, e com simples revolta, o sentimento leva ao mal tão facilmente, e mais, quanto ao bem; só o critério formal da universalidade, da universalização permite decidir sobre ele.

Todavia, a inventividade moral existe e é de natureza poética, e quem transcende a moral do seu tempo e da sua comunidade realiza aquilo que, até lá, ninguém tinha seriamente exigido, realiza-o positivamente, não contente da crítica e da recusa superior do que é. O perigo que comporta o uso dos termos *inventividade* e *poética* é evidente. Ao fazer do poeta um profissional da poesia, esquece-se que seu aparecimento seria inexplicável e seu sucesso, um milagre, se o *poético* não fosse o apanágio de todos os homens, se apenas diferenças de grau distinguissem os indivíduos. Seremos, consequentemente, tentados a reconhecer o gênio moral só a indivíduos excepcionais. Indubitavelmente esses gênios encontram-se na história e outros poderão aparecer em momentos de crise moral. Mas seria demasiado cômodo remeter-se a eles e esperá-los, instalados numa espécie de confortável desconforto e na boa consciência de ter pelo menos má consciência. A invenção moral é exigida de cada um, pois só ela dá a possibilidade de viver a moral e de viver moralmente. Não basta controlar suas máximas e vigiar suas paixões, por indispensável que isso seja; é preciso, ademais, que a ação seja a expressão de uma vida moral que se compreende como vida essencialmente não solitária, e que compreende o próximo como unidade viva, não como o eterno suspeito a ser arrastado diante do tribunal.

Isso não impede o julgamento e nem mesmo a condenação do outro: não se trata de um sentimentalismo que concederia automaticamente seu perdão ao crime, ao mal, à baixeza, à mentira, à pusilanimidade. Mas saber o que é crime e mal em determinada situação e como ato de um indivíduo determinado é uma questão que a regra é incapaz de elucidar sozinha. O crime de uma moral histórica pode ser o nascimento de uma moral mais elevada, a expressão de uma sensibilidade mais fina, de uma inteligência moral mais atenta. A violência nas relações humanas é o mal; mas para saber se determinado ato é violento ou se é luta legítima e necessária contra uma violência existente, é preciso mais que o conhecimento formal do critério: quando Kant prescreve nunca tratar um ser humano somente como meio tem o cuidado de determinar o limite, indicado pelo "somente", e abre espaço para algo que não é só regra quando está em questão a vida moral. É verdade que o reconhecimento dessa obrigação à inventividade moral exige coragem: é mais cômodo ater-se à simples afirmação da tese da moral pura, é igualmente cômodo seguir a tradição, os usos, os costumes. O inconveniente, do ponto de vista da moral, é que, por causa de fiéis como esses, a moral será desacreditada como desumana, inviável para todo *homem de coração*, insuportável para as vítimas dos que, ao fazer sua salvação nas costas dos outros, os declaram livres de uma vez por todas para não ter mais de se ocupar com eles. A vida moral tem seu lugar nos limites e sob o controle da lei moral e no contexto de uma moral histórica; o sentimento informado que *inventa* essa vida deve passar ao conceito e deve se pensar, se exprimir num discurso coerente e universal que visa a uma vida, não a uma reflexão, moral. Mas como o sentimento é o começo do pensamento moral, ele é também o seu fim e sua meta concretos.

d. Entretanto, apresenta-se uma objeção fundamental ao que precede. A vida moral está de acordo com a teoria moral, mas não é determinada, no que tem de positivo, só pela teoria moral (só pela moral teórica). Ora, essa mesma tese não é de ordem teórica? Não foi alcançada por meio de uma reflexão que não tem nada a ver com a moral vivida? O progresso moral não é essencialmente produto da reflexão, ele tem a ver com a sensibilidade, com a faculdade poética; a vida moral é vivida pelo indivíduo em contato com indivíduos como ele e que estão imediatamente presentes a ele; e a moral vivida é *informação* da vida pessoal, certamente em relação com a comunidade e sua moral, submetida à moral pura, porém é virtude desse indivíduo determinado. Se for assim, parece que se deve parar de falar de moral formal, até de moral simplesmente: o que conta para o indivíduo é o que o indivíduo vive, não o que ele pensa; o pensamento, quando aparece, apenas exprime o sentimento vivido, e o exprime mal, não do modo como ele é, mas do modo como se justifica quando se choca com a moral fixa dos outros. A teoria moral é insuficiente para captar e para compreender a vida moral, e toda tentativa de captação discursiva, necessariamente feita de fora, falsifica o que só será acessível, se é que o será, à descrição, ao ato que torna presente, à apresentação poética, no sentido tradicional da palavra: a moral vivida será revivida na tragédia, no poema, no romance, não numa teoria. A afirmação de que a vida moral será um acordo com a moral pura não significa nada: a vontade de universalidade só importa à vida moral se ela a vive. Não existe nenhum discurso que possa *impor* à vida vivente e vivida uma regra, mesmo que fosse a da universalidade: o que é vivido como moralmente válido o é por ele mesmo – e o mais grave para a teoria é que ela mesma conduz a esse resultado.

Não basta uma única resposta a essas observações, que contêm mais de um argumento. Certamente a vida moral não se regra sobre um discurso, qualquer que ele seja: o discurso moral segue a moral, não a precede, e isso é tão verdadeiro que nenhum discurso pode ser imaginado sem comunidade de vontade e sem recusa, por limitada que seja, da violência. É certo, e o que precede o destacou reiteradamente, que o indivíduo moral não é o que se põe sem cessar questões de moral, mas o que vive a sua moral com a totalidade de seu ser, aquele cujas paixões, interesses, desejos tornaram-se morais. É verdade, enfim, que o indivíduo que leva a sério a moral de seu tempo o faz porque foi levado por uma espécie de revolta moral e porque só traduz essa revolta em discurso – não é sempre o caso – se ele quiser convencer seus próximos da justeza e da justiça do que, no seu foro íntimo, primeiro sentiu como revoltante ou como moralmente necessário. Decorre daí que a moral teórica, a teoria da moral, o conceito de uma moral universal devem ser abandonados?

Notar-se-á de início que não existe nenhum argumento que se possa opor de maneira eficaz, isto é, de maneira convincente a quem aceita morrer por suas convicções: quem está convencido de que só pode se salvar e viver feliz imolando seu filho diante da divindade, quem vê o único sentido possível da existência no desencadeamento da violência e no exercício soberano do arbítrio; aquele para quem a saciedade de seu desejo de potência é a única resposta à questão da moral, a todos eles o discurso não tem nada a opor em matéria de argumentos: eles recusam a discussão, o argumento, a não violência, e diante deles o discurso e os que aderem a seu princípio acham-se reduzidos à violência e a seus meios, para defender o que, desse ponto de vista, constitui uma escolha igualmente arbitrária, a saber, o discurso coerente e a coesão social. Para repetir aquilo pelo que essa pesquisa começou: só se pode falar de moral aos que já optaram por ela, e é só com eles que se pode tentar desvelar o que essa escolha comporta.

O regramento dessa questão, que, com efeito, é a questão de fundo, entretanto não regra tudo. A vida moral pode ser vivida no mundo sem discurso moral, não fora de todo discurso, dado que na sua ausência não pode haver comunidade humana nem, consequentemente, moral. Mais ainda, é evidente que o indivíduo é tanto mais profundamente impregnado pela moral concreta quanto menos duvidosa ela lhe parecer, quanto menos problemas ela lhe apresentar, menos situações nas quais ele deva encontrar por si mesmo uma decisão: mesmo a felicidade visada pela moral e que é felicidade de ser razoável, mas finito e, portanto, razoável no mundo e segundo o mundo do qual faz parte, mesmo essa felicidade só será felicidade do homem todo quando a moral estiver de tal modo presente que, por assim dizer, não se mostrará mais aos membros da comunidade, quanto ela *for evidente*. Mas, por fundada que seja, essa observação não possui o alcance que pretende ter. Ela indica apenas a necessidade histórica de uma crise como condição do despertar da reflexão moral. Foi afirmado anteriormente que na ausência dessa condição o aparecimento da reflexão moral torna-se incompreensível. É preciso recordar isso aqui porque, por uma tendência quase natural, somos sempre tentados a confundir as condições da pesquisa moral com o fim que o discurso moral fixa para si mesmo, mais exatamente com o fim que ele se propõe ajudar o indivíduo alcançar. É só porque o homem não possui a certeza moral que ele a busca – e o filósofo da moral é um homem como os outros, ele não vê as coisas de um ponto de vista infinitamente superior, ponto de vista divino, que, ademais, se pudesse ser ocupado, faria desaparecer o objeto da pesquisa; e é em vista dessa segurança que ele busca – mas só em vista dela, não a partir dela. Fica a critério de cada um lamentar que desse modo a filosofia moral desce do céu sobre a terra; entretanto, é preciso reconhecer que essa lamentação é vã para quem não escolhe – escolha perfeitamente possível – morrer para o mundo e entrar no silêncio. O discurso caracteriza a moral na medida em que ela é exigência do homem que ainda quer a moral; ele é supérfluo quando cada um sabe o que quer fazer e o que quer evitar, concretamente, numa adesão completa à moral de sua comunidade; mas em paraísos como esses (dos quais, contudo, os homens parecem ter saído por sua própria vontade ou pelas consequências de atos realizados livremente), não se põem problemas, não há ocupação com a moral nem com a filosofia: o aparecimento da filosofia indica que, para falar de modo familiar, alguma coisa na época não funciona, e que o discurso aí está no seu lugar.

Como se vê, trata-se do sentimento, noutros termos, da individualidade empírica, do desejo, da violência, mas *informados* pela moral. Deve-se reconhecer que, na situação que a filosofia moral pressupõe e revela, o sentimento é, efetivamente, informado pelo discurso. Não é um reconhecimento de grande alcance, pois apenas repete de outra forma o que foi dito, a saber, que o discurso da reflexão moral só se apresenta em situações de incerteza. Nessas situações o discurso torna-se moral, faz parte da moral. É ele que informa o sentimento e faz que esse sentimento não exista só no indivíduo, mas também para ele. É apoiando-se nele que o sentimento se revolta contra a sua forma histórica e busca um novo discurso, que nascerá do sentimento informado que protesta contra a sua forma, isto é, nascerá do sentimento e do discurso, não de um interesse teórico: se ele se apresenta como teórico na sua essência, é porque desconhece seu próprio ser e sua própria intenção.

O discurso nasce da incerteza de um sentimento cuja intenção é sair dela: ele busca um critério válido. Ora, esse *válido* só pode oferecer sua legitimação no plano do discurso: é válido o que o discurso, recorrendo ao que o constitui como discurso coerente, revela como válido. Assim não há nada de surpreendente em que seja a teoria do discurso enquanto tal que se apresente como fundamento da teoria moral: até aqui, o desenvolvimento não tem nada de surpreendente. Também a incompreensão não tem sua origem nesse desenvolvimento, mas no esquecimento da intenção que a dirige. É indispensável saber como se deve falar se resultados devem ser, senão assegurados, pelo menos não impossíveis; mas não se fala só por falar corretamente: quem repetisse ao longo do dia a tábua de multiplicação ou as regras do silogismo se encontraria rapidamente num asilo de loucos, o único lugar que lhe conviria. Fala-se porque se tem uma razão para falar. Essa razão, no caso presente, é a insegurança sentida: a consciência do indivíduo, num mundo de problemas morais, é essencialmente inquieta. A moral, qualquer que seja sua situação histórica, é vivida, não é *essencialmente* objeto de reflexão. Nem por isso a reflexão moral se torna supérflua, ao contrário, ela faz parte da vida; e ela também não se torna logicamente impossível. Basta notar que em todos os domínios o discurso capta o que não é discurso, e que, ao captá-lo, não o falsifica, mas, ao contrário, o revela na sua verdade, a verdade não é senão do domínio do discurso, do mesmo modo que a falsidade só se encontra em seu interior. O discurso particular pode se enganar e pode enganar, quer seja o de um indivíduo em sua individualidade quer se dirija somente a uma parte do que é. Mas isso não constitui uma objeção especialmente dirigida à teoria da moral, isso constitui o problema de todo discurso particular: poder-se-ia dizer que a física falsifica a natureza, e se disse, tanto com razão como erradamente. Sob esse aspecto, a moral não se encontra numa situação diferente da situação de todo discurso que não é o discurso total da filosofia, o único que se compreende ao compreender seu outro e que compreende seu outro ao se compreender: com que direito se exigirá do discurso moral o que não se exige de todo discurso parcial e particular?

Entretanto, pode ser que essa última questão não seja simplesmente retórica. Exige-se mais da moral filosófica porque a moral é uma questão mais séria do que a ciência, mais séria nesse sentido eminente de pôr para cada um a questão de saber o que é sério, o que é preciso levar a sério, a questão dos fins e do fim, não a dos meios apropriados em vista de um fim. Entretanto, ao tomá-la desse modo, já se concedeu o que se queria combater: exige-se um discurso que seja capaz de demonstrar e de mostrar esse sério – com os meios do discurso. É verdade que esse discurso remete a outra coisa além de um discurso; mas é ele que aí remete e só ele torna visível o que não é ele. A moral não é nada se não for vivida; o simples vivido não se torna moral, e o apelo ao sentimento só deixa de ser a expressão da violência e do arbítrio quando se apresenta depois da *informação*, não antes.

Se o termo não estivesse tão carregado de conotações, seríamos tentados a falar de uma socialização da consciência moral do indivíduo. Só existe moral quando o indivíduo aceita o que ele padece sempre, mas sem reconhecê-lo sempre, a saber, que vive numa comunidade, que é, mesmo biologicamente, membro dela ao serviço do todo e sustentado em sua existência por esse mesmo todo. Ele não é mais que isso, mas é isso antes de tudo, mesmo no sentido temporal desse *antes*. O que se produz na reflexão moral, e com ela, é que ele descobre que aqui, agora, nessa situação histórica, não sabe mais ou sabe pouco o que esse fato significa para ele. Evidentemente, ele não nega depender da comunidade, do seu trabalho, da proteção que ela lhe oferece, mais ainda, não nega que sua vida é informada, até mesmo na revolta, pela moral comum. Seu problema é saber se tudo isso não é uma escravidão ao mesmo tempo inevitável e insuportável. Ele é forçado a colaborar se quer viver, mas é ainda desejável viver, ou a vida perdeu todo sabor e todo sentido? Portanto, ele escolherá qualquer coisa, desde que essa qualquer coisa seja algo para ele. Mais uma vez, se ele está pronto para suportar as consequências e aceita ser morto ou destruir a comunidade, não há nada a dizer (mas muito a fazer, do ponto de vista dos outros). Se ele não aceita isso, se recusa essa morte como insensata (e ela é porque, no limite, produz o absurdo, o reino da violência individual universalizada), ele será levado a *pensar*, isto é, a considerar esse problema, que é seu problema mais pessoal, como o problema de todo homem, de todo indivíduo, de toda comunidade, como o problema da *sua* moral considerada como problema de toda moral concreta. Para retomar uma fórmula da qual já nos servimos, não se é feliz sozinho, a não ser que se aceite a morte. Todavia, e remetemos novamente a desenvolvimentos anteriores, só a regra da universalidade não basta, nem mesmo a que exige que uma moral concreta informe a vida no interior dos limites fixados pela moral pura; não existe ciência, discurso coerente e exaustivo, do indivíduo, e eu permaneço indivíduo para meu próprio discurso.

Tomada assim, a objeção é verdadeira; ela se engana ao acreditar que refuta, ao opô-los entre si, os princípios desenvolvidos: é necessário e, ao mesmo tempo, não basta saber o que é exigido pela moral, é preciso dar um corpo a essas exigências, uma vida na qual elas sejam mais do que só exigências, é preciso que elas se transformem em efetividade e plenitude. Mas a exigência precede (não se pretende que essa exigência seja pensada e redescoberta por cada indivíduo: ela pode estar encarnada nas estruturas da comunidade e na sua moral viva – eis porque o problema da moral não surge em todos os momentos da história), e é sobre esse fundo que aflora a vida sensata do indivíduo que busca e que encontra: a tela não faz a pintura, mas não existe quadro sem ela.

e. Positivamente, a inseparabilidade do discurso e da vida da moral se mostra na interação dos dois. Não existe moral humana, por primitiva, por tradicional e tribal que ela seja, que não se expresse num discurso. Esse discurso pode ser incoerente, insuficiente, linguagem de mitos ao juízo de um discurso mais desenvolvido; ele é discurso e discurso sensato para aqueles cuja moral nele está presente: dizer que de fato eles agem diferentemente do que exige seu discurso significa simplesmente que um dia, que está próximo, eles mudarão de discurso; dizer que as coisas essenciais da sua vida não são regradas por esse discurso é dar prova de inconsistência e tomar por essencial o que só é assim aos olhos do crítico. Se esse discurso for modificado, se for transformado em simples lembrança, a vida da comunidade não será mais a mesma: a crise da moral terá explodido, isto é, a moral será submetida a juízo. Certamente é possível, e até mesmo verossímil, que esse juízo não resulte de um processo instruído segundo regras quaisquer: isso só se produzirá nas etapas posteriores à recusa consciente da violência individual e no interior da comunidade. Porém, mesmo a revolta mais muda buscará sua linguagem e a encontrará. Insuficiente segundo o critério de um pensamento que tomou certa consciência da sua própria natureza, ela não deixará de ser o verdadeiro discurso para os que nela exprimem o que consideram justo, bom, moral; não saberíamos nada das morais históricas diferentes da nossa (das nossas), se essas morais não tivessem falado e não continuassem falando por meio de seus documentos, seus monumentos, suas instituições.

A influência das condições reais sobre a vida existe, mas seria uma visão estranhamente curta da realidade não contar a moral de uma comunidade entre o que as constitui. É verdade, e isso é uma banalidade, que uma moral concreta pode se tornar inadequada à realidade; o que ocorre então é que a moral se encontra diante de condições que ela não pode levar em conta porque se produziram depois de seu aparecimento: para os que o sustentam, o discurso não capta mais a realidade. Isso não torna absurda essa moral, que foi verdadeira e adequada à realidade; isso só mostra a necessidade de um desenvolvimento dessa moral, pois as condições novas se produziram no quadro da antiga moral e não poderiam se produzir alhures. Quanto à influência do discurso sobre a moral, não será necessário fornecer as provas: bastam as eternas lamentações dos defensores da tradição e dos que se recusam a pôr o problema moral, insistindo sobre a culpabilidade dos sofistas, dos intelectuais, dos sonhadores na destruição de tudo o que era, e ainda é segundo eles, conveniente e sagrado. Eles se enganam, indubitavelmente, ao atribuir ao discurso moral uma influência independente de qualquer outra realidade, e tomam o termômetro pela causa da febre. Todavia, eles têm razão no sentido de que a tomada de consciência da situação nova é da mais alta importância: sem ela, seria a violência a se encarregar da destruição das antigas formas; com ela e por meio dela nasce uma possibilidade de transformar e de renovar o que se tornou impraticável sob o aspecto técnico, inadmissível e insuportável do ponto de vista do homem que, a partir de uma moral que se tornou imoral, busca outra que o assegure de sua dignidade e lhe ofereça a possibilidade de uma vida sensata.

Ademais, é possível resolver os problemas levantados aqui pela simples remissão ao princípio da presente discussão (e de tudo o que foi dito até aqui), a saber, que a moral concerne a um ser violento e capaz de razão, de discurso, de recusa da violência, e que o discurso nasce do sentimento e, em última análise, da violência (e do medo da violência sofrida): se isso é assim, não surpreende que não só o discurso permaneça ligado a essa violência, mas que seja também ele que a informa, no qual ela se informa e se supera para se compreender. A experiência cotidiana o reconhece ao exigir a educação, ao pressupor a *educabilidade* do homem: o adestramento é no começo, até a idade que uma tradição muito sadia ainda chama de idade da razão, até o ponto em que o indivíduo se torne capaz de ver o bom fundamento das regras e dos *habitus* que lhe inculcam não só pais e mestres, mas, amiúde sem que ele saiba, todos com quem ele está em contato e que lhe explicam ou mostram ativamente que a recusa da universalidade relativa da moral existente conduz a uma violência que se exerce contra ele: o argumento realista de Sócrates na sua discussão com Cálicles, o da conspiração dos pretensamente fracos contra os que se dizem fortes, permanece válido quando é oposto ao Cálicles que vive em todo indivíduo. Que esse argumento constitua mais que um apelo ao medo da violência dos outros, que se trate da educação para a vida moral, que esse adestramento não seja mais que o início, tudo isso é suficientemente provado pelo fato de que os ansiosos, produtos de um adestramento mal feito, só constituem uma minoria e são muito desejosos de se livrar de seus temores e de suas obsessões: o homem é moral, isso significa aqui: equilibrado, quando vive seu discurso no seu sentimento e torna seu sentimento presente para si no seu discurso.

22. *É no nível da vida moral que se põem e se resolvem os problemas das relações morais entre indivíduos.*

a. A tese que acaba de ser formulada parece tornar caducas as que expusemos anteriormente. É o indivíduo que é ou não moral, que, para voltar ao ponto de partida, quer ser feliz, e meu dever para comigo mesmo é fundado na minha vontade de felicidade razoável. Ora, se o outro é meu igual é porque também ele busca viver sua felicidade de ser razoável e finito. Se isso é assim, como pode haver relações morais? Como o dever para com o outro pode ser concebido? Como eu, que busco minha felicidade, posso ajudar o meu próximo a encontrar a sua, mesmo que eu quisesse e minha busca me deixasse tempo para isso? Como farei uma ideia, ainda que vaga, da sua felicidade vivida? Eu deveria julgar sua situação, que não conheço completamente, seu caráter, que me é desconhecido e que lhe é desconhecido, mas que deverá encontrar sua satisfação na felicidade que eu lhe proporia e lhe proporcionaria?

O sentimento me guiará? Certamente; mas não constatei que o sentimento é mau guia se não for informado pela razão? Ele como ele o será agora, que não tenho mais a ver com a individualidade, conceito tão necessário para a teoria moral quanto abstrato para a vida, mas com esse indivíduo, irmão, vizinho, chefe, subordinado, esposa, filho, e que não é este ou aquele, mas é o que é, nessa situação, com esses traços, sempre ele mesmo, sempre além de toda determinação? Sem dúvida posso julgá-lo; não posso mesmo deixar de julgá-lo, quer eu aprove seu ato, quer o condene, quer encontre escusas para ele ou me sinta coagido a declarar que ele agiu mal porque sua vontade livre estava voltada para o mal. Mas que fiz para ele ao julgá-lo segundo os critérios da pura universalidade e da pura recusa da violência? É para mim que pronunciei o juízo, o que significa que não posso agir como ele agiu. Pode ser que o tenha julgado do ponto de vista do interesse da comunidade, no limite até mesmo do ponto de vista de toda comunidade, lembrando-me de que nenhuma comunidade pode subsistir se admite em seu interior a violência e a mentira. Mas, em tudo isso, qual é minha relação com ele que, talvez, amo apesar de seus atos? A moral parece constatar que o sentimento pode entrar em conflito com ela – e não existe vida moral que não seja vida sentida, vida do sentimento, do coração: a moral mostra isso ao refletir sobre sua própria natureza. Se for assim, como ainda é possível falar de uma teoria, de uma filosofia que possam ter importância para a vida moral, de um discurso que possa pretender uma validade universal para a moral vivida, para a felicidade?

Diante dessa dificuldade, a remissão à mediação da moral concreta não parece ajudar em nada. Certo, não vivo a moral abstrata, ninguém o faz, eu me refiro sempre a essa moral dessa comunidade, quer ela me satisfaça, quer eu a ache insuficiente, insatisfatória, revoltante, e meu sentimento me diga que deve ser transformada. Mas isso ainda é uma descrição feita do exterior: é só aos olhos de um observador que o fato de viver essa moral significa que meu sentimento foi informado por ela; para mim mesmo, quando não me observo, nos momentos em que ajo e, como se diz muito justamente, me deixo viver, não penso essa moral, não a torno objeto de meu discurso e de minha reflexão. É só quando tomo minhas distâncias que aparecem problemas; quando vivo minha vida, conheço apenas dificuldades. Onde existe uma vida moral, não existe moral; se existe uma moral, ela só poderá existir no plano da teoria, da *visão*, que não age. Posso falar da minha moral, da moral da minha comunidade, mas quando falo dela, não a vivo.

Que essas questões tenham um sentido para a filosofia, isso aparece no fato de que a filosofia se achou, sempre de novo, diante delas: não é só o sentimento que levanta seus protestos contra as abstrações e o legalismo da moral teórica e da moral histórica. Nem por isso essas questões são sem resposta. Entretanto, elas exigem uma nova reflexão sobre a função e o fim da moral na vida do homem, da moral pura da universalidade assim como da moral concreta e particular.

Rejeitaram-se às vezes os conceitos, e até mesmo os termos, de moral, de virtude, de dever. Contudo, os inimigos desses conceitos não dão a impressão de ser daqueles para os quais o sentimento moral, que eles chamam frequentemente com os nomes de nobreza, grandeza, caridade, humildade, amor, não foi mais que a expressão mal compreendida de tendências não advertidas: ao contrário, eles atacam a moral porque pensam que ela não é mais que isso. Duvidou-se da possibilidade de falar de moral a não ser nos limites de uma análise da linguagem usada pelos que falam dela "ingenuamente" e pretendem aí encontrar "valores" últimos: os defensores dessas opiniões, por criticáveis que sejam – e nós os criticamos quando falamos da objetividade e do que ela pressupõe –, não parecem desprovidos de seriedade, destituídos de sentimento moral, desdenhosos do fenômeno importante que constitui a existência da moral, ou, para permanecer fieis à sua maneira de ver, das morais. Não que a seriedade subjetiva e a boa vontade forneçam, por elas mesmas, a menor garantia filosófica. Mas o erro, se é que se trata de erro, é ainda um fato que a filosofia deve compreender, e importa que esses protestos e essas doutrinas (que não fazem mais que formular o que os primeiros proclamam) não vêm de seres que possuem um interesse evidente na defesa de posições cômodas para o arbítrio do indivíduo. De onde vem essa vontade de franquear, para dizer de modo paradoxal, a vida moral de toda moral teórica (mesmo que fosse apenas a teoria de uma moral determinada, seu catálogo de vícios e de virtudes, de coisas louváveis e de atos inadmissíveis), de franquear, por outro lado, a teoria da moral de toda contaminação pela realidade da vida?

Talvez nos aproximaremos da solução servindo-nos de um argumento utilizado pelos dois lados, embora com destaques e em linguagens diferentes. O moral julga, eis o essencial, mas a vida não é julgamento, não poderia nem mesmo ser submetida ao julgamento humano (e não se trata senão do homem quando se trata de moral: mesmo as teorias teológicas reconhecem que o único julgamento aceitável e válido, o de deus, é imprevisível, vale dizer, incompreensível para o homem e que, consequentemente, o homem deve seguir suas próprias luzes na interpretação da lei revelada): a vida é espontaneidade, e sendo espontaneidade e fluxo, essa liberdade pode certamente se dar regras, fins, designar para si o que ela quer e o que recusa, mas, por essa mesma razão, não pode ser julgada. Pelo menos não pode ser julgada de maneira válida: os homens julgam de fato, mas não poderiam julgar de direito; eles não se impedem de dizer que determinada pessoa, determinada ação são admiráveis ou vis, eles não podem mesmo renunciar a isso, pois quem age e vive sempre toma posição; mas eles apenas projetam suas próprias ideias do bem e do mal no mundo e sobre os outros, que fazem o mesmo com eles. A verdade da moral é que não há verdade em moral, porque nenhum julgamento é fundado, nem moralmente, nem logicamente.

Seria suficiente falar aqui da escolha entre violência e discurso, se a necessidade dessa escolha, fundamental no sentido mais estrito, tivesse em vista não receber esse protesto: ela deve ser compreendida positivamente – e aparece então que, efetivamente, no plano da realidade viva, a moral serve preferencialmente para fundar julgamentos; e que, no plano dos fatos e no do direito, do direito imprescritível da liberdade, o julgamento é sempre inadequado na medida em que não capta o indivíduo, que, contudo, deveria captar para ser imparcial. Mas, ao conceder isso, não se admite de modo algum a impossibilidade ou a ilegitimidade da moral: apenas se é levado a reconsiderar seu lugar e sua função.

Pois se a moral é julgamento e, mais profundamente, o último e o primeiro título de direito de todo julgamento sobre o outro, não é essencialmente isso e não é isso antes de tudo. Ela é busca da felicidade razoável, da minha felicidade razoável, é julgamento sobre mim por mim mesmo, e julgamento adequando porque mesmo na ignorância de minha natureza, de meu caráter, de minhas paixões e tentações sou responsável diante de mim mesmo. Se me engano sobre mim, meu julgamento pode ser injusto, constatarei um dia que não fui imparcial comigo mesmo, nem por isso encontro aí uma escusa para mim: eu devia me conhecer, e se fui injusto comigo mesmo, errei por não ter sido capaz de evitá-lo. Quanto ao julgamento que dirijo ao outro, seja ele desfavorável ou favorável (é significativo que muito frequentemente se esquece esta segunda possibilidade), depende da minha moral, e é uma tautologia dizer que se julgam os outros sempre em função de seus próprios princípios. Mas esse julgamento é secundário; o primeiro é o que dirijo a mim mesmo. É para si mesmo que se opta pela moral, por uma moral, e é primeiro por essa opção que se é responsável, diante de seu próprio sentimento e diante de sua própria razão.

Entretanto, é sedutor, *naturalmente* sedutor, transformar a moral em código, seguindo provavelmente o desejo de escapar ao dever de felicidade razoável; não é esse dever que torna o indivíduo responsável por sua sorte, e diante do tribunal severo da sua própria consciência? Não é mais cômodo acusar o outro, esperar a dignidade, a felicidade, uma vida que se possa viver e sentir como humana, uma contabilidade exterior, transcendente, histórica, jurídica, social, e obedecer, no melhor dos casos, às regras, para aceitar sua infelicidade com a convicção de que se é demasiado bom e demasiado bem para esse mundo mau e medíocre ou com a esperança passiva de que tudo se arranjará no final? Não que a esperança não seja permitida, ao contrário; mas ao que ela visa aqui é algo totalmente diferente da felicidade, é a satisfação e as satisfações, no plural, exigências legítimas, necessárias, inevitáveis, mas exigências para o outro, não para si mesmo: a moral só ensina a exigir de si mesmo, ela ensina a fazer e a se fazer – e mesmo isso, ela não ensina positivamente, mas ao mostrar como não se chega a isso.

Aparece assim, mais uma vez, juntamente com os limites, a força do formalismo, único capaz de conciliar espontaneidade e lei. A lei não é nada, mas também não é a inimiga do sentimento e da vida: ela os informa. Eis porque vida, espontaneidade, sentimento, ou qualquer que seja o termo que se prefira, se desenvolvem, não na revolta contra a lei pura, mas à luz dela. Não resta dúvida de que a virtude – restituímos ao termo toda a sua força antiga e compreendemos com ele o desenvolvimento completo do indivíduo humano tal como ele é com suas possibilidades sempre finitas – não é produto da lei: o homem pode ser perfeitamente moral no sentido legalista, sem ser minimamente virtuoso. Daí decorre simplesmente que a concepção legalista, a que busca e obtém prescrições rígidas, é insuficiente a ponto de destruir até o conceito de uma vida moral; daí não decorre que a lei seja supérflua, pois é a lei que distingue e permite distinguir entre o que é arbitrário e o que não é, precisamente porque ela é formal. E o que é verdade dela é também de todos os outros conceitos da moral: termos como dever, virtude, sentimento, vida vivida, espontaneidade designam conceitos e o sentido deles só pode ser formal. Eles visam a um conteúdo que abrangem, mas não produzem, porque, nesse sentido, nenhum conceito é "concreto", o conceito de concreto não é mais concreto que o de abstrato.

É por essa razão que o discurso moral pode informar a vida; ele seria incapaz disso se fosse apenas uma coleção de prescrições e de interditos, e quando se apresentou sob esse aspecto, sempre provocou a revolta nas situações em que o problema moral tinha sido posto: as morais históricas não sucumbiram tanto às mudanças exteriores (o homem pode preferir morrer a abandonar o que sente como seu sagrado) quanto à revolta dos que sentem o código como jugo imposto ao seu sentimento de justiça, a seu desejo de virtude e de felicidade (o que não quer dizer que uma crise como essa possa nascer na ausência de certas modificações históricas, mas significa que essa condição, mesmo sendo necessária, não é de modo algum suficiente). É por ser formal – ou, com uma fórmula corrente, nada mais que formal, como se o formal não fosse a maior força da história, a do pensamento e do discurso coerente – que o princípio da universalidade pode fundar algo mais que o simples direito de julgar e de condenar o outro, que ele funda igualmente, no desenvolvimento do que contém de forma envolvida, esses conceitos de espontaneidade e de sentimento nos quais uma reflexão conduzida de maneira insuficiente acredita descobrir o que negaria esse princípio – reflexão insuficiente porque esquece que seu próprio discurso não é o de uma razão sobre-humana, anônima, impessoal, mas é e quer ser o discurso de cada um, na medida em que cada um – e aqui, com efeito, intervém de modo decisivo a opção última pela não violência – pode querer ser moral e feliz de uma felicidade razoável na satisfação das necessidades justificadas de todos. Em poucas palavras, a tese presente não enfraquece as precedentes, mas as confirma, porque as pressupõe.

b. Entretanto, parece subsistir uma dificuldade. Se a moral é minha moral, minha busca da minha felicidade, razoável, é verdade, mas sempre minha, se o julgamento moral não é essencial à moral embora encontre nela seu fundamento, como ainda afirmar que os problemas da vida dos homens reunidos em grupos, em comunidades, têm uma importância moral?

Uma objeção como esta esquece que o homem moral não está só, que não quer ser só, que todo conteúdo de sua vida e de sua reflexão morais lhe vem desse exterior que o constitui como esse ser determinado, no mais íntimo de si mesmo, que desse modo ele é e quer ser responsável por seus atos e pelos resultados de suas decisões tanto quanto por suas máximas, enfim, que a moral pura, nascida e compreensível só a partir da moral concreta de comunidades determinadas, só se torna eficaz, mesmo no e para o indivíduo, graças à mediação de uma moral concreta, submetida ao juízo de uma moral pura, mas indispensável a esta. Não é elevado sobre uma coluna no deserto ou instalado sob uma árvore nas florestas do Himalaia que busca e encontra a felicidade quem optou por uma vida de felicidade razoável (embora seja impossível demonstrar que a felicidade não se encontre desse modo, desde que se aceite como felicidade a ausência da infelicidade graças à ausência de toda consciência).

O que mais se esquece, e esse esquecimento é de uma importância mais imediata para a questão, é a distinção entre felicidade e satisfação. É verdade que a satisfação não constitui nem o fim, nem o fundamento da moral e da vida moral, a tal ponto que o homem do problema moral pode estar de posse de todas as satisfações que seu mundo conhece sem ser por isso menos infeliz – o Eclesiastes sabia algo sobre isso. Mas não é menos verdade que o indivíduo que quer viver no mundo se conhece como necessitado e sabe que, se pode renunciar à vida, não pode eliminar da vida suas paixões, seus desejos, suas necessidades, suas tendências: ele os moralizará, o que significa que lhes dará, como aos desejos de qualquer outro, as satisfações às quais têm direito, o direito que lhes reconhece a moral concreta de seu tempo (que ele corrigirá, se for o caso, sem que essa correção mude qualquer coisa na situação fundamental). Ele sabe, sobretudo, que é o interesse da moral que uma moral concreta seja acessível e aceitável ao comum dos mortais, mesmo que ele se acredite estar acima dessa moral e obrigado por exigências mais severas: a moral pura pressupõe a existência agente de uma moral concreta, portanto, de uma moral que leve em conta os desejos do indivíduo empírico *normal* para sua época, isto é, historicamente razoável e universal em seu ser finito.

A vida moral se vive no nível da moral concreta. Ela não será necessariamente vivida de acordo com essa moral, ela pode se caracterizar pela vontade de renovação, e ela o fará regularmente nas situações em que o problema moral e o da moral aparecem, esse aparecimento sendo por ele mesmo a prova de que a moral tradicional *não é mais evidente*. Mas esse desacordo é ainda um desacordo a partir da moral existente, no seu interior, fundado nela, e é assim que ele se interpreta a si mesmo: não se trata de destruir a comunidade e o mundo que é o seu, trata-se de fazê-los progredir juntos. O homem moral, pelo menos se se compreende a si mesmo, não rejeita a moral concreta como insuficiente porque particular e histórica, ele quer que ela seja verdadeira, que informe realmente a vida, de acordo com os princípios que fazem que ela seja o que é: organização sensata da vida em comum dos homens que compõem o grupo.

c. Não nos interessaremos aqui pelo fato, em si de grande peso, de que o princípio da universalidade, uma vez descoberto, age inevitavelmente sobre todas as morais existentes e lhes dá assim um ar de parentesco. O fenômeno (que funda a possibilidade e a realidade de uma história *una* da humanidade) não intervém aqui, dado que a moral mais universal será ainda moral particular, porque se distinguirá sempre da moral pura como o informado se distingue da forma.

O que nos importa é que toda moral apenas oferece a possibilidade de uma felicidade na moral, mas não a produz. Poucos pontos merecem ser retidos como este: é porque se o perdeu de vista que se produziram os mal-entendidos mais graves. Com efeito, é imoral toda moral concreta que pretenda dar ao indivíduo razoável mais que a possibilidade da felicidade: ela contém, implícita ou explicitamente, a negação da liberdade responsável do homem. São esses sistemas morais que verdadeiramente negam a espontaneidade e o sentimento moral, que interditam o exercício da inventividade e da criatividade poéticas, que também acabam normalmente por ser sentidos como opressivos. Pode ter havido épocas nas quais uma moral "evidente" para todos os membros da comunidade não deixava, pelo menos aparentemente, nenhum lugar para a decisão pessoal e para a escolha. Mas essas morais têm a particularidade de jamais terem sido impostas, nem mesmo pregadas: elas são, precisamente, *evidentes* e são assim *naturais* para seres que não concebem, nessa realidade natural, nenhuma possibilidade. Elas também não caracterizam o mundo das questões morais e da filosofia, ao qual um sistema moral global rígido só poderia ser imposto pela violência e pela coerção. Não temos de nos perguntar, pois a questão pertence à filosofia política, se ela poderia sê-lo com sucesso e se o sonho platônico de um mundo absolutamente estático tem alguma chance de se realizar (ademais, poder-se-ia notar que o próprio Platão prevê a autodestruição desse mundo e a permanência do problema moral, pelo menos para os que são encarregados da direção do Estado perfeito). O que é evidente é que no período de transição – e essa transição poderia durar –

a questão moral permanece posta e não foi resolvida, mas, ao contrário, exacerbada, e sua vida nos subterrâneos obscuros de uma consciência que não teria mais a possibilidade de falar, isto é, de pensar, levaria como sempre a uma revolta que, amiúde, se apresentaria como niilismo, como pura violência, e poderia muito bem ser a da liberdade inconsciente da sua própria vontade e tornada incapaz, pela pressão dessa moral exterior, de se pensar. Após o fim da pré-história (ideal) da moral, uma moral concreta que regrasse todas as ações, que desembaraçasse o indivíduo de toda escolha e de toda decisão, seria absolutamente tirânica e imoral como negação de toda possibilidade de felicidade para o indivíduo razoável, como negação do próprio indivíduo razoável.

Uma moral viva que se justifique diante do tribunal da moral pura, que, noutros termos, não revolte o indivíduo que busca a felicidade do ser razoável para si mesmo e a possibilidade dessa felicidade para todo homem que a ela aspire, uma moral como essa reconhece necessariamente *tanto* a exigência da universalidade *como* a da vida. Ela permanece submetida ao critério da universalidade, mas sob a forma concreta que assume a universalidade no contexto do mundo presente. A escravidão é mais moral, no sentido forte do termo, do que o sacrifício do inimigo preso em combate, a libertação do trabalhador de todos os laços jurídicos, por cruéis que sejam as consequências em decorrência da destruição de todo dever do rico para com o infeliz, constitui um progresso real com relação à servidão: nos dois casos uma possibilidade maior, abstrata, é verdade, mas real na sua abstração pelo fato de ela mesma revelar seu caráter unilateral, é oferecida ao indivíduo de decidir por ele mesmo, de exigir concretamente mais em nome da sua liberdade razoável. O cadáver, mesmo quando fosse honrado como objeto de uma refeição ritual, não age mais, e o homem que ainda não é reconhecido como homem, mas olhado como coisa de forma humana, não irá além da exigência de ser, por sua vez, possuidor de determinados instrumentos, preso no meio dos que antes o haviam utilizado. Em nenhum ponto é concretamente concebível que se exija a universalidade pura e nua: não se exigiria igualmente *a* justiça ou *o* bem. A justiça é exigência oposta ao que é sentido, mais tarde pensado, como injustiça, o bem é protesto contra o que, para o coração e a razão, é o mal, o cumprimento, cumprimento desse dever e do que a maioria dos homens prega sem o praticar. Em cada caso temos a exigência de uma universalidade maior, em nenhum deles trata-se da simples recusa de toda determinação moral (ou de toda moral determinada).

A moral concreta liga o indivíduo moral: é imoral destruir para si mesmo a possibilidade concreta de toda moral e desencadear assim, quer se queira quer não, a violência. Nenhuma moral liga absolutamente, nenhuma é definitiva, e cada uma pode se revelar, e se revelará, insuficiente tanto ao sentimento como à reflexão. Mas esse julgamento sobre a moral histórica pressupõe a existência do que ela critica e daquilo cuja crítica lhe fornece a possibilidade de se encarnar na ação; se quer evitar a destruição do que funda sua própria realidade, a saber, essa moral histórica sem a qual a própria ideia de universalidade não teria surgido e após o desaparecimento da qual ela não sobreviveria o tempo de uma geração, a crítica impõe a moral concreta e a protege, considerando-a moral preliminar, mas não menos moral por ser preliminar. É por referência a ela que o homem moral julga e é julgado, não por referência imediata ao princípio formal de toda moral que aspire ao título de moral.

Permanece verdade que o julgamento não constitui a essência da moral e da vontade moral; mas nem por isso a vida moral pode deixar de pronunciá-lo em cada caso. Com efeito, o julgamento moral é a expressão mais clara das relações entre indivíduos: eu aprovo e sou aprovado, sou desaprovado e desaprovo o que fiz e disse, o que os outros fizeram e disseram.

Entretanto, considerando-os mais de perto, os julgamentos morais não são uniformes. Posso declarar que alguém agiu mal, como posso dizer que ele é um indivíduo sem valor e de quem não se pode esperar nenhum ato conveniente: o julgamento é sobre o ato ou sobre a pessoa e o caráter. A diferença entre os dois tipos é evidente: um homem de bem pode cometer uma ação má, um ato objetivamente mau, sem cair necessariamente no grupo dos que não valem nada, e aquele cuja maldade e a vontade de mal são reconhecidos há muito tempo realizará às vezes atos moralmente corretos, de acordo com todas as regras da moral, sem deixar de ser mau. Esses dois tipos não são independentes um do outro: é a partir de suas palavras, de seus atos, de seus modos, que julgo o caráter do outro, e é ao me referir à ideia que tenho de seu caráter que julgo determinado ato como acidente ou como revelador. Historicamente, as duas visadas do julgamento moral, todavia, deram origem a duas escolas, cujo conflito não parece próximo de desaparecer. O indivíduo moral, com relação a si mesmo, voltará sua atenção para suas intenções: devo ser e me sentir responsável, não só pelas minhas máximas, mas também pelos resultados de minhas ações; não me torno por isso onipotente ou onisciente, e minhas obrigações terminam onde terminam minhas possibilidades. Certamente, nenhum limite é fixado, de uma vez por todas, a essas possibilidades; mas ao falar assim, falo do gênero humano, não de mim, limitado pelo saber de meu tempo, determinado pelos meios de fazer e de conhecer que são os da minha época e da minha comunidade; seria insensato reprovar a Péricles não ter instituído no início da Guerra do Peloponeso a vacinação obrigatória contra a peste bubônica. Chega um ponto na vida de cada indivíduo em que ele pode declarar que fez tudo que estava em seu poder, que não negligenciou nenhum dever, e que o fracasso não pode ser posto na sua conta. A moral das intenções funda-se na finitude, e esse fundamento a põe ao abrigo de toda crítica de seu princípio. A moral dos atos, por seu lado, está numa posição igualmente forte: na vida, no mundo, a intenção, por pura que seja, não basta, a não ser que ela englobe a vontade dos resultados e aceite a responsabilidade pelas consequências. Quem se contenta com querer o bem sem fazer o necessário para realizá-lo é talvez o pior inimigo da moral, de toda vida moral: seu recurso às intenções puras e ineficazes desacredita até a ideia de moral, pois não só ele não age em vista da manutenção da moral existente, mas faz aparecer a moral formal à qual ele apela como a escusa mestra de todos os atos que a moral positiva considera como faltas. A boa intenção é indispensável, e não existe moral sem ela; para ser válida, ela deve ser intenção de bons resultados.

Essas reflexões confirmam a existência de um laço indestrutível entre caráter e ato. Os dois aspectos não se confundem por isso; eles permanecem distintos e são constantemente distinguidos na vida moral dos indivíduos e das comunidades; mas não se tornam realidades independentes. O juízo é sobre o ato, mas sobre o ato de determinada pessoa, e as expectativas se referem sempre aos dois; buscarei as razões da aberração de um homem do qual todo o passado, todo o ser, todo o caráter me dão o sentimento de que ele não era *homem de fazer aquilo*; eu me pergunto por que alguém, cuja maldade me chocou, realizou determinado ato de coragem, de justiça, de moderação, de prudência moral. E sei que serei olhado da mesma maneira por aqueles com os quais estou em contato: tenho um caráter e ajo, e um ilumina o outro aos olhos deles. Numa palavra, o julgamento moral exprime, de modo adequado ou não, as relações entre indivíduos, vividas por eles no plano da moral concreta.

O caráter do indivíduo se declara e se encontra, portanto, não no nível da intimidade subjetiva, da consciência, do foro interior, mas no nível da vida comum; eu *sou* o caráter que apresento aos outros, muito mais do que *tenho* esse caráter no sentido de se ter sorte ou poder ser pobre, no sentido de possuir determinado conhecimento e de ainda ser o mesmo sem nunca ter ouvido falar dele. Eu *sou* assim meus atos, como fonte desses atos: não sou somente minha biografia, elenco de fatos e de malfeitos, sou aquele que é compreendido – e isso quer dizer: julgado – como quem é de tal modo que esses fatos procedem de seu caráter. O julgamento vai dos meus atos para a minha natureza da qual procedem esses atos. Mas esse julgamento não será nunca definitivo. Todo ato suplementar pode mudar a visão que até aqui meu modo de agir deu sobre meu caráter. Permaneço livre, como ser determinado que não é nunca totalmente determinado e que pode, a cada instante, tornar-se o que não foi até o presente. O julgamento, inevitável, não é nunca sem apelo; minha intenção pode predominar sobre tudo aquilo que, do meu passado, me mantém ligado a certa maneira de agir e decidir, e minha liberdade e minha responsabilidade permanecem intocadas. É preciso ainda que essa intenção predomine: serei realmente outro quando agir diferentemente na realidade.

Ocorre o mesmo quando julgo o outro (e não posso não julgar o outro). Meu julgamento permanece, por assim dizer, preliminar mesmo sendo executório. Não tenho o direito de confiar num homem que sempre achei mentiroso, pusilânime, sem medida, eu trairia os interesses da moral concreta ao fazer depender dele o resultado de minhas tentativas ou a ordem e a coesão da comunidade – e ao mesmo tempo, eu acreditaria que ele pode ser diferente do que foi em todo seu passado, exatamente como confio em mim mesmo depois de ter constatado que, até o presente, não pude vencer os defeitos de meu caráter. Os atos revelam o caráter, mas não poderiam revelá-lo se não remetessem a uma liberdade que se determinou de certo modo e pode, por essa razão, se determinar de outro modo e assim se tornar outro para o julgamento, sempre exterior, mesmo que se tratasse de mim mesmo. É na vida moral que se põem e se resolvem os problemas das relações humanas, inclusive de minhas relações comigo mesmo.

d. Como os atos são julgados segundo a moral concreta da comunidade, o caráter se revela no contexto dessa moral. O que é bem, o que é mal, é primeiro definido relativamente à forma concreta sob a qual o arbítrio da violência foi banido da vida de certo grupo. Vimos anteriormente como essa definição conduz ao conceito de *natureza* moral do homem: é porque o problema da violência e do arbítrio do indivíduo está presente em toda comunidade que o homem não muda radicalmente; se, contudo, o homem muda na, por, com sua história, é nesse sentido totalmente diferente de que ele não cessa de se fazer enquanto ser social, nesse sentido de que nenhuma moral determinada é incapaz de perfeição, de que cada uma pode querer ir além de si mesma.

Entretanto, aos olhos do indivíduo, não é esse aspecto histórico e exterior que decide sua vida moral. Ele intervém muito mais na reflexão, ao fazer compreender, melhor do que foi possível antes, o papel do grande homem moral, da inventividade, do sentimento na moral concreta. Vimos que esses indivíduos são normalmente "desconhecidos", perseguidos, deplorados pela maioria de seus contemporâneos, pela sociedade organizada do Estado, pelos defensores do que a comunidade considera sagrado, inviolável, indiscutível no sentido próprio dessa palavra. Ora, é precisamente essa hostilidade e o temor que ela revela e esconde ao mesmo tempo, que mostram a grandeza da sua vítima: não se levaria a sério o grande homem se não se tivesse sido tocado e apreendido pelo que ele diz e faz. Um ladrão, um assassino, um marginal desempenham papéis conhecidos, isto é, previstos pelos regulamentos da sociedade; contentamo-nos, sem qualquer emoção, com colocá-los nas mãos de quem de direito. Se existe a possibilidade, agimos da mesma maneira com o inovador (inovador em sentido quase irônico, pois ele apenas leva a sério a moral da comunidade), e os tribunais às vezes se encarregam de livrar os membros da comunidade desse perturbador. A diferença, entretanto, é muito grande: a comunidade pode detestar determinado assassino cujo crime revolta e desgosta porque tocou num indivíduo venerável ou protegido pelo sentimento, ela não o odiará, enquanto mostra ódio daquele que, ao cumprir tudo o que a moral exige, parece zombar dela ao agir demasiado bem segundo ela, mesmo mantendo discursos que parecem pôr em questão essa moral. Aos olhos de todo governo que pretende defender uma moral concreta, o criminoso de direito comum, como se diz, é menos perigoso do que quem se torna culpável de crime "ideológico": os calendários de todas as igrejas, por seculares que sejam, inscrevem nomes de parricidas, nunca o de um herético. Mas é também porque esses homens terminam às vezes com a auréola dos fundadores, fora de suas comunidades, ou após sua morte, quando a comunidade se transformou; seus atos, que pareceram negar tudo o que era sólido, acreditado, necessário, seus discursos que pareceram demolir todo sentido da vida humana, todos os seus gestos se apresentam agora como a expressão de uma vontade mais razoável, mais universal, mais humana, mais justa, mais moral, e o antigo infiel torna-se mestre das gerações futuras.

Essa revolução do pensamento moral não se distingue do aparecimento da questão moral que, com efeito, é essencialmente revolucionária. Entretanto, seu conceito só nasce nas comunidades caracterizadas pela existência de uma consciência histórica, mais exatamente, por uma consciência que sabe ser ela mesma o produto da mudança, que sabe que sua moral não existiu desde sempre, *ab initio*, que ela é móvel e tem necessidade de fundamentos, que ela não é evidente como o que existe fora da história e da ação humana. Uma moral como essa se opõe às morais *evidentes*, ela conhece sua data de nascimento, os nomes de seus fundadores, dos reformadores que, nos momentos decisivos, a salvaram, reanimaram, reergueram, dos santos que a viveram em toda a sua pureza; ela também não ignora que não é imortal, que não é perfeita: espera-se sempre o revolucionário moral, na esperança ou no temor, sem ser capazes de dizer, quando ele aparece, onde residem concretamente oportunidade e perigo, se se estiver diante de um gênio ou de um desequilibrado, diante de um futuro santo ou de um criminoso.

Daí procede a uma dupla tentação: a de perseguir todos os que se afastam, ainda que pouco, da via do conformismo, a de proclamar qualquer um como salvador e profeta, desde que fale algo novo ou simplesmente aja de um modo que ofereça aos intérpretes de seus atos a possibilidade de desenvolver uma nova moral da qual ele será o herói exemplar e mudo. É a história que decide entre as duas. Constatação evidente, mas também constatação inútil quando se trata da moral vivida. Quem fundar uma moral mais pura, mais universal, será justificado; quem tiver trabalhado pela decomposição da moral existente sem substituí-la, quem tiver desencadeado o mecanismo cego da violência, terá sido imoral e, sem dúvida, seu nome desaparecerá dos anais da moral. Mas o homem se apresenta hoje, é agora que é preciso tomar posição: não vivo de um futuro pretérito, e não posso esperar que a história se tenha pronunciado, dado que é ela que espera que eu me pronuncie e seu julgamento será constituído pelo meu e pelo de meus pares. Não existe ocasião que exija mais coragem prudente, que a imponha mais claramente como dever; não se escapa à decisão e à escolha: mesmo que eu tente agir como se não tivesse escolha a fazer, como se a questão não me dissesse respeito, eu terei decidido pela minha abstenção e me terei colocado do lado do bem ou do lado do mal, de acordo com o resultado.

Pode-se responder que, desse modo, volta-se ao ponto de vista do futuro pretérito: o resultado futuro não intervém, e essencialmente, na minha escolha presente? Se não posso não escolher, se, para agir moralmente, não posso evitar levar em consideração as consequências de minha escolha, meu hoje não será determinado pelo que só é visível se eu me colocar no ponto de vista, imaginário, de um futuro que terá visto o que minha decisão produziu ou contribuirá para produzir?

Esta objeção, por plausível que seja, padece de um erro cujas consequências levam longe. Cada ação e cada decisão visam ao futuro; mas nem por isso visam ao futuro da perspectiva do futuro, elas o visam do ponto de vista do presente. Essa observação é banal, mas é esquecida pela objeção. É verdade que a história decide sobre a moralidade de meus atos; mas essa história não é a que será escrita quando meu presente e seu futuro, essencialmente aberto, isto é, indeterminado para mim e a ser determinado por mim, ter-se-ão transformado em passado fixo. É a história que eu faço hoje. O que entra na minha decisão é a antecipação dos resultados, não a antecipação de um juízo futuro sobre meu futuro passado e meu passado futuro. Devo prever os resultados; mas nada me obriga a prever o que é, por sua própria natureza, imprevisível, a saber, a apreciação das minhas decisões e dos meus atos por alguém – e esse alguém poderia ser eu mesmo num momento posterior de minha vida – que disporá de dados hoje inacessíveis e inexistentes e que julgará segundo critérios morais diferentes dos meus, diferentes precisamente porque a minha decisão presente terá interferido na sua formação. Se se esquecer isso, torna-se fácil escusar qualquer coisa apelando para a história futura, autoriza-se a fazer qualquer coisa sob pretexto de que a história saberá tirar disso um resultado desejável e desejado – crença esta que, ademais, não estará errada, mas não acrescenta nada ao presente: a não ser que a humanidade se destrua, é evidente que ela terá sempre de se arranjar com seu passado e que nenhum ato poderá deter seu curso, mais ainda, que todo ato terá contribuído positivamente com ela, essa positividade do passado sendo criada pelo homem que a considera e nela se encontra porque quer se encontrar – simples tautologia que, ao afirmar apenas que tudo o que não destruir a humanidade terá desempenhado um papel na sua sobrevivência, permite todas as escolhas e não justifica nenhuma.[4]

---

[4] Uma das raízes da moral das intenções, e não das menores, encontra-se aqui. É o protesto, perfeitamente justo, mas normalmente muito mal expresso, contra o historicismo em moral, numa palavra, a recusa de fazer o mal na esperança de que o bem se seguirá. Entretanto, mesmo tendo razão, a atitude se desvia pelo fato de definir o mal de modo insuficiente: ela o vê somente, porém sempre, nas situações em que a decisão não põe a consciência do indivíduo ao abrigo de todo conflito ulterior, de todo lamento possível, e ela busca uma garantia como essa, não na aceitação razoável e corajosa do risco moral inevitável quando se trata de resultados e de consequências, mas na recusa de toda previsão diferente daquela, necessariamente muito estreita quando se trata de ação, dos desdobramentos que comporta a máxima para a coerência do discurso e para a não violência do mundo dos homens. Ela é assim empurrada para uma espécie de angelismo da moral e de diabolismo do direito, falando em moral como se o homem não fosse movido pela violência e como se não tivesse sido a violência que produziu a razão que porá o problema moral, e falando, quando se trata do direito, isto é, da moral concreta formalizada, como se o homem não fosse *também* razoável, como se ele fosse puro bruto a ser contido pelos meios da violência, sob o jugo de uma razão que não será nunca a sua. Isso não o impede de ter razão contra o historicismo, quando declara que devo decidir aqui e agora e que não existe nenhuma escusa para a vontade do mal, para a má vontade, a vontade da violência.

e. Resta saber como me decido – questão que não se responderá sem um novo passo atrás. O fato é que, na vida moral, as coisas se passam normalmente de modo mais simples do que as discussões dos filósofos da moral dão a entender. Esse *normalmente* tem sua importância: a reflexão moral, e isso é compreensível, ocupa-se a maior parte do tempo dos casos *extraordinários*, os heróis morais do passado a inspiram mais do que o que se faz cotidianamente. É preciso reconhecer que Sócrates é um personagem mais interessante para o filósofo do que seu vizinho de estante. Mas a moral não tem a ver principalmente com os Sócrates; ela aprenderá muito deles, talvez o essencial; mas não é a eles que ela se dirige. O heroísmo não se inspira sempre só da moral, ele age também pela atração do trágico, mesmo que o que seduz não seja essa atração, mas a glória e o poder aos quais o trágico (às vezes) conduz. Em todo caso, não parece que os Sócrates se viram como heróis, como seres ímpares, únicos, originais, e pode ser que se passe com eles o mesmo que com os santos, dos quais se diz que nunca estão convencidos de sua santidade, enquanto os que se tomam por santos certamente se enganam. E se a vida comum é, segundo eles, sua vida, é essa vida que deve constituir o objeto da reflexão moral, mesmo quando se trate de heróis, de mestres, de homens exemplares: eles são grandes porque influenciaram sobre essa vida comum, não por ter querido destruí-la, e se suas concepções do bem e do mal não coincidiam com as de seus contemporâneos, não foi porque esses contemporâneos foram mais fiéis à moral da época, foi justamente pelo contrário, a não ser que se dê ao termo moral um sentido puramente descritivo e se descarte todo juízo moral sobre a moral concreta. É sedutor se ver no papel do revolucionário moral, sobretudo porque assim se desembaraça das obrigações presentes; é mais coerente declarar-se concernido pelo que é exigido de cada um no mundo como ele é – como ele é com as aspirações morais que dele fazem parte: é nessa vida normal, corrente, cotidiana, que se põem e se revolvem os problemas da vida moral, e é levando a sério esses problemas que os heróis da moral se tornaram o que eles são aos nossos olhos.

Essa vida se mostra a cada um como estruturada. Ela segue regras, possui leis, um sistema de instrução e de educação, ela desenvolveu tipos de comportamento, definiu situações e relações *normais*. O indivíduo não está nu e só, ele se encontra situado, desde seu nascimento, num contexto moral, ele vive essa estrutura desde que começa a pensar, a agir. Ele não é pura subjetividade, ele é, segundo uma expressão familiar e cheia de sentido, alguma coisa na vida. É verdade que ele não é necessariamente só isso, ele pode ser, para falar a mesma linguagem, alguém (o que, no limite o conduzirá aos papéis de fundador e de herói), alguém que, no seu lugar no sistema concreto da moral histórica, faz mais e faz algo diferente do que exige essa posição. Mas ele só é alguém sendo alguma coisa, depois de ter conquistado, antes ocupado, seu lugar na comunidade, talvez, rigorosamente falando, depois de ter criado esse lugar, mas que só será verdadeiramente criado no momento em que esse lugar for reconhecido como tal por aqueles com quem vive.

Uma tradição quase esquecida tratou das obrigações que nascem assim sob o título de *deveres de estado* – tradição quase esquecida depois que a descoberta do critério da universalidade obscureceu o fato de que a universalidade só se torna real e agente pela mediação da particularidade, da moral concreta, depois que a reflexão foi do extremo do ceticismo e do naturalismo ao extremo oposto. Ela não é por isso nem refutada nem desvalorizada. Muito ao contrário, sem ela toda a vida moral torna-se não impossível (pois ela opõe uma forte resistência à reflexão em toda parte em que essa reflexão, se fosse levada a sério, destruiria toda possibilidade de vida não violenta), mas incompreensível. É verdade que todo homem constitui, enquanto sujeito razoável, o valor absoluto para a moral, que todos os indivíduos razoáveis, porque razoáveis, têm direito ao reconhecimento de sua dignidade, que o homem, segundo a moral, não pode nunca se tornar simples instrumento nas mãos de outro, que é má toda máxima que não é universalizável sem que a coerência do discurso e a paz social sejam destruídas. Mas só a pobreza dos exemplos que trazem os sistemas da pura intenção e da máxima moral mostra que seu princípio não basta, por verdadeiro que seja; ninguém tem necessidade de um tratado para aprender que não deve matar ou roubar e que deve restituir o depósito que lhe foi confiado. As questões que se põem de fato são de um tipo totalmente diferente. Qual dos dois infelizes devo socorrer se só posso ajudar a um deles? A quem devo minha fidelidade se a comunidade e a família me pedem serviços diferentes, que não posso realizar ao mesmo tempo? Devo, posso fazer dano a um ser humano se esse dano, segundo meu melhor juízo, lhe será útil, ou devo poupá-lo disso dizendo a mim mesmo que ele encontrará sozinho o bom caminho e que minha intervenção decorreria de uma pretensão inadmissível? Devo, quando se trata de mim e de meus amigos, sacrificar o presente ao futuro, devo preservar esse presente, na convicção de que não posso prever com certeza o que resultará de meus atos, ou sou pusilânime ao raciocinar assim e desprezo toda prudência? O princípio de universalidade, não mais que o historicismo, não traz nenhuma resposta a essas questões que se põem na vida de todo homem. Certamente, por oposição ao historicismo, o formalismo permanece válido, e toda ação cuja máxima não correspondesse a seu critério seria necessariamente imoral. Mas a obrigação de não agir de modo que eu não possa razoavelmente querer que todo homem em meu lugar e na minha situação aja da mesma maneira não me informa absolutamente nada sobre o que devo fazer, dado que ignoro o que todo homem deve fazer nessa situação.

Seríamos decepcionados se viéssemos a supor que a questão posta assim permite *superar* o formalismo: a filosofia moral é incapaz de fundar uma moral concreta, ela trairia a liberdade e a responsabilidade do homem se quisesse indicar outra coisa além do inadmissível. Mas o formalismo tem graus, e ele é muito capaz de se determinar para ir do universal ao particular: vimos isso anteriormente. Ele não deixará de ser o que é, vale dizer, formalismo; mas a forma, para usar termos que aqui estão em seu lugar, pode determinar o conteúdo ao qual ela se refere (tanto mais que ele só existe graças à sua entrada na forma). A moral universal não exige só a existência de uma moral particular, ela não se contenta com constatar que o homem, como se diz, é sempre em situação; ela exige de toda moral que pense as situações, as relações dos indivíduos, as questões típicas que se põem ou podem se pôr a quem adere a essa moral, os deveres precisos do homem que se encontra em determinado lugar, em determinado papel, determinada personagem. Aristóteles tem razão em discordar do Sócrates do *Górgias*: não basta saber definir *a* virtude, empresa demasiado fácil para o especialista em generalizações; é preciso dizer o que é virtude para o homem adulto, a mulher, a criança, o pai de família, o funcionário, o comerciante. Depois que a questão nasceu, a moral concreta deve ser pensada segundo seus próprios conceitos, os quais, enquanto ela não for vivida, ela não possui e não dá à consciência, fazendo assim, malgrado ela mesma, o jogo do arbítrio e, consequentemente, da luta violenta dos indivíduos entre si.

Não empreendemos aqui o desenvolvimento da moral concreta de nossa época e de nossa comunidade. Não que a tarefa seja impossível ou de pouca utilidade, ao contrário. Mas as comunidades modernas se caracterizam pelo fato de desenvolverem elas mesmas essa moral nos discursos dos retóricos, homens de Estado, jornalistas, romancistas, políticos (e onde a reflexão sociológica encontra abundante matéria para análises); elas até mesmo a desenvolveram em conceitos, na medida em que ela pode ser conduzida a eles pela lei e pela jurisdição: todo processo, civil tanto quanto penal, leva o tribunal a formular o que a comunidade considera normalmente justificado, prescrito, inadmissível, mesmo nas situações em que as leis se calam ou se limitam a determinações intencionalmente vagas o bastante para deixar um lugar para o que elas chamam de avaliação dos juízes. Certamente é verdade que o julgamento não constitui a moral, mas decorre dela; entretanto, ele exprime o fato de que a comunidade ter dele o sentimento mais vivo se mostra suficientemente no interesse que todos demonstram pelos relatos dos julgamentos "espetaculares". As discussões populares a respeito deles (que não são exclusivamente dos que se chamam gente do povo) são amiúde confusas, desviadas por toda espécie de fatores passionais: o pensamento não surge do pensamento, mas do que não é pensamento, embora o pensamento do passado informe a paixão do presente; a moral, todavia, se pensa nas sociedades modernas, mais que isso, ela aí criou seus próprios órgãos de pensamento.

Isso que não torna supérflua a reflexão filosófica, longe disso: que esses papéis, essas atitudes, esses costumes existam em certas comunidades e aí comportem certos deveres, tudo isso é a constatação de um fato que será levado em conta no julgamento dos juízes; mas essa tradição não será necessariamente justificada em razão e moral por esse julgamento, pode ser que seja desrazoável e imoral deixar subsistir esses papéis sociais e pode ser que a comunidade cometa um erro imperdoável com aqueles que ela força a desempenhá-los. Entretanto, o que se exprime assim como crítica moral da moral existente é a moral pura da universalidade – e ela está obrigada à prudência, não só à coragem: ela deve se formular, se pensar com relação a essa moral que ela critica e no interior dela. Portanto, ela só pensa essa mesma moral de um ponto de vista superior, mas que remete a essa moral: trata-se de inventividade prudente e corajosa. É o que faz que a discussão moral viva possa ser guiada e dirigida pela filosofia moral (que dela nasceu), mas a filosofia não pode prescrever nada a ela: ela a ajudará, de modo decisivo, trazendo-lhe uma consciência mais clara do que ela mesma quer, eliminando os falsos problemas, e permitindo-lhe reconhecer o que nela subsiste de passional, ela não a substituirá por decisões absolutas e regras *passe-partout*. Ela pode e deve mostrar o sentido e a necessidade dessa discussão, ela não se encarrega dela.

O que a filosofia moral pode assim indicar é o papel do que a tradição grega designava com o nome de sabedoria prática, faculdade do homem de discernir, graças à experiência e à reflexão, o que conduz ao resultado querido. Indubitavelmente, essa sabedoria prática é moralmente neutra: o criminoso hábil e "sábio", o grande marginal, o chefe de Estado maléfico não seriam eficazes sem essa qualidade. Entretanto, um laço se estabelece entre ela e a moral a partir do momento em que o homem que a possui compreende (vimos que, do ponto de vista da filosofia, não se trata de uma compreensão, mas de uma opção, que, contudo, aparecerá ao indivíduo em questão como a observação de um dado) que a violência constitui o mal para o homem e para os homens. Admitido isso, sabedoria prática e moral viva não podem mais ser separadas: a vontade de não violência é a guia dessa sabedoria que, sem ela, seria apenas o instrumento do arbítrio.

O conceito de sabedoria prática, dissemos isso ao falar dela sob o nome de prudência, caiu no esquecimento, provavelmente porque ele tem muito mais a ver com a vida moral do que com as proclamações de princípios. O que ele designa permanece, contudo, indispensável, e a vida moral, tal como se exprime quando fala ingenuamente, o reconhece quando concede seus louvores aos homens "cheios de tato", aos quais nos dirigimos com os problemas morais, homens que sabem dar um conselho apto para a situação, aos quais quereríamos confiar nossos filhos para que sejam convenientemente educados. São eles que os outros honram com toda espécie de qualificativos elogiosos, e que chamariam, se o nome não estivesse fora de moda, virtuoso, com o sentimento muito justo de que alcançaram a mais elevada perfeição que o homem possa alcançar quando se trata de relações humanas: formados e desenvolvidos, eles sabem aconselhar, formar, desenvolver.

A sabedoria é concreta nela mesma, ela tem a ver, não com *a* situação, mas com *esta* situação. O conceito de sabedoria prática, entretanto, é conceito e, por isso, formal, conceito que designa a qualidade do homem que, por ser capaz de decidir, é incapaz – de outro modo sua sabedoria tornar-se-ia inconcebível – de dar regras; mas descendo (ou subindo), tanto quanto possível para a reflexão, na direção do plano em que a vida transcorre, tem sucesso ou fracassa, o conceito é capaz de justificar no universal aquilo que, para o desejo de segurança moral, permanecerá um escândalo a eliminar: a realidade dos problemas individuais, que o medo não queria ver e escondia atrás de um sistema de prescrições elaboradas até os últimos detalhes e, por essa mesma razão, necessariamente arbitrários. A regra mata, o espírito e o sentimento vivificam; mas só o conceito descobre que é assim, e só ele distingue entre o sentimento do espírito e a violência enlouquecida.

É essa mesma sabedoria prática que, enquanto crítica da moral existente, produz todo progresso de uma moral determinada na direção de uma moral universal. Nenhuma reforma, revolução ou renovação foram feitas por homens desprovidos desse sentido; quem não sente com o mundo, quem não compreende suas preocupações e suas dificuldades melhor do que esse mesmo mundo os compreende, não terá discípulos, não exercerá influência, no máximo criará uma capela: dizer que toda reforma esteve por muito tempo no ar antes que fosse realizada não é mais que uma fórmula pouco precisa para descrever essa relação entre a *communis opinio* e o grande homem moral que apenas exprime (e, no limite, pensa) as contradições que já existem e das quais todos padecem, mas que os outros, incapazes de captá-las, sofrem e recusam ver, preferindo ou manter desesperadamente posições de um código moral que a realidade, os fatos tanto quanto as ideias, já tornou insustentáveis, ou atacar, de maneira não menos desesperada, a pretensa mentira de toda moral.

As grandes mudanças se produzem quando indivíduos dotados de sensibilidade moral e de sabedoria prática tornam visíveis, àqueles com os quais estão em contato, as raízes até então escondidas de seu desespero. Eles não farão isso por meio de discursos filosóficos, mas contentar-se-ão com analisar as situações particulares nas quais esse desespero aparece, ajudarão seus próximos a encontrar a solução de suas dificuldades, mostrarão por seu exemplo que a vida pode sempre ser vivida, e vivida humanamente. Os grandes homens da moral não são senão os maiores dos homens morais, e seu "gênio" não deve servir de escusa para os que temem, como dizem, engajar sua responsabilidade nos negócios dos outros. A moral visa à felicidade e à satisfação do homem moral; para contribuir a isso cada um está igualmente qualificado, pode ser mesmo que, nesse plano, mais valha ser o primeiro na sua cidade do que o segundo em Roma. No domínio da moral, se é grande homem não obstante si mesmo; não se é, não obstante si mesmo, moral.

f. Mais uma vez põe-se aqui o problema da unidade (ou da multiplicidade) das virtudes. Que as virtudes sejam múltiplas, isso parece decorrer, no nível presente, da existência dos deveres de estado: a situação moral não é a mesma em todas as situações sociais. Ao contrário, que ela seja una e que os deveres, em vez de lutar entre si, devam se apoiar mutuamente, parece ser exigido por toda moral, que, do contrário, se dissolveria e levaria a um estado de coisas em que só a violência decidiria, em que só o arbítrio das preferências pessoais inspiraria as escolhas que o indivíduo, situado entre exigências inconciliáveis, não poderia evitar e também não poderia efetuar razoavelmente.

Dessa forma, o que era problema para a reflexão torna-se agora dificuldade vivida. A reflexão conclui a partir do aparecimento de um problema que a moral *não é mais evidente*; a vida moral sente que o mundo humano está fora dos gonzos, que tudo é duvidoso e em conflito. Mas esse sentimento, longe de produzir a renúncia à unidade da vida moral, gera, ao contrário, a busca apaixonada de uma nova unidade, busca que caracteriza, senão certas épocas, pelo menos os que, nesses tempos, põem e se põem o problema moral. A moral deve ser una, e esse *deve*, aplicação do conceito constitutivo da moral à própria reflexão moral, conserva seu sentido mais forte: não pode haver moral se a unidade da moral não for pensável, mais ainda, se não for realizável. O fato do conflito dos deveres e da diversidade das virtudes particulares não contradiz em nada essa exigência, ele a cria, e é ela que, em sentido estrito, funda toda reflexão moral e, antes, toda vontade de moral, é ela que torna presentes à vida moral as implicações da escolha primeira, a da não violência.

Os conflitos morais existem e subsistem, é sua existência que explica a dos problemas morais e, em seguida, do problema da moral. A moral filosófica, isto é, consciente, quer que esses conflitos sejam resolvidos: ela não aceita degenerar em historicismo ou em moralismo, abstrações que se apoiam mutuamente e se evocam uma à outra. Mas a moral *deve* ser uma, portanto, ela não é – e nesse entretempo, o homem moral quer viver e viver moralmente, dignamente, humanamente. É certo que ele é obrigado a trabalhar para o advento de um mundo no qual cada um seja reconhecido como ser responsável, livre e digno de respeito; mas para agir moralmente ele não tem o direito de esperar que esse fim seja alcançado. Ora, no mundo como ele é, as exigências da vida nos atam as mãos e fazem que não possamos cumprir tudo o que queríamos, tudo o que devíamos fazer: entre nossos deveres, não só entre nossos desejos, devemos escolher e, amiúde, somos forçados a correr mais rápido e preferir o dever mais imediato. Suponhamos que não possa haver contradição entre máximas das quais cada uma seria conforme com o princípio da universalidade; permanece o problema de saber se, em todas as situações, é possível descobrir essas máximas, se posso dizer, de uma vez por todas, que é preciso preferir o dever do cidadão ao do amigo, que devo restituir qualquer depósito, mesmo uma arma a quem, numa crise de depressão, quer retomá-la para se matar. É certo que posso me dar essas regras de conduta, conseguirei talvez pôr minha consciência ao abrigo de todo escrúpulo, seguro de sempre poder me dizer que agi segundo minha regra e que essa regra era boa. Mas como outros seguirão outras vias e sua consciência estará tão tranquila quanto a minha, terei trabalhado, não para a harmonia e a unidade do mundo dos homens, mas para a sua fragmentação.

Pode parecer decepcionante que a moral, na medida em que olha a vida, não traga para a questão posta assim outra resposta senão a que consiste em dizer que é preciso agir da melhor maneira possível. Entretanto, seria um erro se lamentar se o discurso da filosofia reproduz, mas com suas razões e de forma coerente, o que o bom-senso e a experiência da humanidade desde sempre proclamaram e praticaram: porque a humanidade permanece, os dois não estarão inteiramente errados. A decepção é para quem espera da moral o que nenhuma moral poderia oferecer juntos, a consciência da livre responsabilidade razoável e uma série de prescrições que seria suficiente seguir para ser desembaraçado dessa mesma responsabilidade. A ideia de um mundo em que tudo flui espontaneamente é uma ideia necessária, a passagem, inevitável, a um limite; se esse mundo existiu, cabe aos etnólogos e aos historiadores dizer; que ele não possa existir enquanto a consciência da liberdade do homem permanecer viva, é uma afirmação evidente, pois essa liberdade pode, a cada momento, se revoltar contra toda moral concreta, e, para falar a linguagem da filosofia reflexiva, deve sempre citá-la diante do tribunal da moral pura para julgá-la segundo o critério da universalidade. Nada permite declarar que jamais um mundo da certeza moral possa renascer; mais ainda, o esforço moral visa à sua realização e a postula possível apesar de tudo que alega uma experiência que se chama moral porque não pode nem mesmo conceber a moral. Mas a questão moral só se põe num mundo fragmentado, e é aí que as questões morais esperam e exigem suas respostas. Só a sabedoria prática poderá dar essas respostas ao sentir – ou pensar conscientemente, se ela for consciente, pois ela não é necessariamente – o risco que aceita em cada caso e a cada momento, a responsabilidade que assume, mas também a dignidade que, por esse mesmo risco, é a sua. Não existem soluções definitivas. Reconhecer isso é banal, pelo menos deveria sê-lo e o seria se moralismo e historicismo, sentimentalismo e abstração não tivessem tornado respeitável o que essencialmente não o é, o entrincheiramento em posições em que o indivíduo pode declarar, quaisquer que sejam as condições morais e as tarefas, que fez o suficiente quando falou dos problemas em toda a sua grandeza trágica e disse que a solução desses problemas está acima ou abaixo dele: há momentos na história em que a lembrança de uma banalidade é necessária.

Não há moral válida sem universalidade formal; o termo *válido* mostra isso, porque só é válido o que é universal, pois o não universal é, por natureza, o arbitrário, que só se eleva, se é que se eleva, ao universal depois da luta violenta na qual perde precisamente seu caráter de não universal. O princípio da moral pura, para a filosofia, funda a validade de toda moral concreta, que só é moral, uma vez despertadas a consciência e a exigência do universal, na medida em que realiza esse princípio. Ele distingue a vida moral da vida imoral, da violência, do desejo imediato, do interesse não educado: mas ele só é princípio na medida em que tem a ver com a vida, com o que ele julga e que não é nunca definitivamente adequado à sua exigência. Não existe moral sem universalidade, não existe vida moral sem sabedoria prática, sensibilidade, prudência, coragem.

23. *A vida moral aperfeiçoa a vida do indivíduo, que nela alcança a virtude e a felicidade.*

a. O termo virtude, que aparece na tese, é tomado no sentido que lhe foi dado anteriormente (cf. § 21 *a*), mas que então só aparecia negativamente, em oposição a outro uso do mesmo termo, no qual significa o *habitus*, a atitude permanente de quem age segundo um dever particular. Essas virtudes, múltiplas, embora ligadas entre si, podem estar em conflito, não no nível da análise reflexiva, em que não só são conciliáveis, mas se evocam umas às outras, mas no nível da vida moral. Mais ainda, as últimas análises mostraram que, na realidade dessa vida, os deveres de um não são os deveres de outro, que o conceito formal permanece incapaz de descartar os conflitos entre deveres e de suprimir sua competição, que a situação de cada um, diferente da de qualquer outro, comporta exigências particulares, nos limites individuais. Ora, parece difícil abandonar esse sentido da palavra: não é só porque ele se encontra desde os primórdios da filosofia moral, é também porque não se pode substituí-lo nesse uso, em que designa as perfeições, parciais porém reais, do indivíduo no seu lugar no mundo moral do qual participa. Entretanto, se a moral visa à felicidade, se o indivíduo que se põe o problema da moral visa não só à felicidade, mas à sua felicidade, se, por outro lado, essa felicidade só pode estar ao seu alcance se a sua vida for informada pela moral, se, contudo, a posse dessas qualidades não basta para torná-lo feliz, se mesmo a vontade de virtudes, no plural, pode se tornar fonte de ansiedade e de sofrimento, a palavra deverá conservar a significação que, também desde os primórdios, sempre possuiu além daquela com a qual a linguagem corrente se contenta, a significação de perfeição do indivíduo na felicidade dessa perfeição.

Numa primeira aproximação, dir-se-á que *as* virtudes são virtudes para os outros, vistas e estimadas pelos outros, importantes para o indivíduo na medida em que lhe permitem agir corretamente, enquanto *a* virtude, no sentido de perfeição, concerne ao indivíduo, é virtude e perfeição para ele, perfeição vivida na felicidade. Olhado mais de perto, o termo virtude, na acepção "normal", designa certos traços, aptidões, modos de agir característicos que, desejáveis aos olhos da moral concreta, levam a considerar seus possuidores como úteis, respeitáveis, superiores sob este ou aquele aspecto; este aqui é honesto, aquele corajoso, um terceiro bom pai de família, etc. O catálogo dessas virtudes oferece o retrato da moral histórica, sendo o catálogo dos seus valores, como se diz (ademais incorretamente, porque só existem dois valores, o bem e o mal, e porque o que está em questão aqui é a lista das coisas apreciáveis positiva ou negativamente). O indivíduo, nesse sentido do termo, possui virtudes como uma planta possui virtudes medicinais; também a maioria das morais não filosóficas e não teológicas, provavelmente a totalidade delas, não distinguem virtudes morais e qualidades que não dependem de decisões do indivíduo e que, no caso mais favorável, só lhe serão inculcadas com dificuldade pela educação, como a inteligência, um temperamento tranquilo e agradável, um coração sensível ou corajoso. Seria um erro ver nisso um desvio da moral histórica; pelo contrário, a utilidade do membro da comunidade não é função unicamente de sua boa vontade, e as indicações que lhe oferece o mundo lhe trazem esclarecimentos sobre o que, em si mesmo, deve dominar e cultivar. A comunidade só se engana nos momentos de crise profunda sobre o que é requerido ou útil para facilitar a vida em comum; o indivíduo, sempre dado para si mesmo, não é nunca absolutamente dado, determinado, fixo, e pode assim se moralizar com a ajuda de julgamentos que a moral pronuncia sobre ele.

Mas esta é a moral do julgamento, que não se refere conscientemente ao princípio primeiro da moral, à felicidade do ser razoável e finito. Assim ela não vê que é essencialmente moral para os outros e que só promete ao indivíduo que a ela adere satisfações que, efetivamente, dependem dos outros: ela não sabe pôr a questão da felicidade, só sabe se chocar com a ausência dessas satisfações que, de fato, nada garante ao indivíduo, mesmo que ele possuísse todas as virtudes, e ela se escandaliza por não descobrir nenhum laço entre virtudes e felicidade. A virtude do indivíduo não se encontra, nem se busca, nesse plano. A moral concreta permanece, sem dúvida, a base da vida moral; ela representa, sem que isso seja uma simples imagem, esse fundamento de toda moral que é a sociedade dos homens que trabalham e lutam contra a necessidade natural; mas não é seu conceito da virtude, qualidade apreciada, que pode guiar o indivíduo na busca da felicidade.

Ele não pode porque nesse nível, efetivamente, os deveres e, portanto, as virtudes estão constantemente em concorrência: não se pode ter tudo e fazer tudo, também não se pode ser tudo ao mesmo tempo. A sabedoria prática escolhe entre os deveres particulares, escolhe também entre as virtudes: é preciso conhecer seus dons e suas possibilidades, refletir sobre suas tendências, decidir-se entre as diferentes vias que se abrem ao desenvolvimento da própria personalidade. Será o sentimento esclarecido pela reflexão e pela experiência que fará essa escolha; nessa relação consigo mesmo o indivíduo não está melhor situado, nem tampouco pior, que o educador diante da criança para a qual se lhe pede ser juiz e guia. Resta saber para o que ele quer e deve ser guiado, para o que ele deve querer ser guiado; e essa questão exige uma resposta diferente da simples remissão à sabedoria prática; ela remete ao conceito de felicidade e ao de virtude, mas virtude que só se apresenta no singular, porque designa a perfeição vivida do indivíduo na sua totalidade una.

b. Só o homem feliz é virtuoso. A tese só parecerá surpreendente para quem desconhece o fim de toda moral do indivíduo, moral para o indivíduo desenvolvida pelo próprio indivíduo, ou para quem esquece que ela apenas repete a mais corrente das teses tradicionais, a que quer que só a virtude torne feliz, pois a recíproca de uma proposição desse tipo constitui uma das operações mais simples da lógica. Se, todavia, a fórmula surpreende, é porque a ambiguidade dos termos virtude e felicidade produz as aparências de um paradoxo, isto é, de uma contradição: quem ignora que o homem virtuoso pode ser pobre e enfermo, que o homem rico e poderoso, na abundância de todos os bens, pode ser mau? Confusão entre satisfação e felicidade, acabamos de ver, entre virtude-qualidade e virtude-felicidade. Mas mesmo que se a evite, seremos tentados a dizer que, no máximo, a felicidade constitui a *causa cognoscendi* da virtude, e que esta permanece sempre a *causa essendi* daquela. Em certo sentido essa observação se justifica: só se pode ser feliz na condição de ser virtuoso (a infelicidade dos homens apenas satisfeitos é tão facilmente observável, a partir de todas as análises dos sociólogos, dos educadores e dos psiquiatras, que não vale a pena insistir sobre ela aqui). Mas *virtude*, nesse contexto, designa as virtudes ditas morais. Noutros termos, filosoficamente mais corretos, não se é feliz sem ter cumprido seu dever e seus deveres. Entretanto, a condição da felicidade não é nem felicidade nem mesmo causa de felicidade, do mesmo modo que a moral não é a vida moral, embora esta não exista sem aquela (mesmo que ela fosse, em vez de pensamento pessoal, pensamento encarnado nas instituições e nos costumes da comunidade): o homem pode obedecer à lei e às leis e, ao longo de sua vida, sentir essa obediência como um jugo, uma servidão, certamente nobre, porém altamente penosa. A felicidade só nascerá nas situações em que a fidelidade à lei e à moral não for mais obediência, situações em que o indivíduo desejar fazer o que ele quer (enquanto ser razoável) e o que seria obrigado a fazer se não o desejasse. O fim de toda vida moral só é alcançado pelo homem reconciliado consigo mesmo, ser passional e ser razoável: só o homem feliz é virtuoso, e não porque a virtude produziria nele a felicidade como algo diferente dela mesma (não falamos do ponto de vista da biografia, em que as virtudes morais precedem a felicidade, como a juventude precede a idade adulta): a felicidade é a virtude, a virtude é a felicidade do ser razoável na sua existência finita e condicionada.

Portanto, é uma visão ao mesmo tempo correta e profunda que, de Aristóteles a Descartes, vê a virtude principal na que chamamos magnanimidade (ou generosidade). É ela que aperfeiçoa, é nela que se perfaz a vida do homem moral. Ela não é uma virtude, propriamente falando ela é *a* virtude. É verdade que a expressão é perigosa: a concepção da virtude do moralismo domina o sentimento da época a tal ponto que é difícil libertar-se dela. Ora, esse uso revela um pessimismo, curioso do ponto de vista da moral, natural quando observada, que já considera como notável o indivíduo que faz o que é obrigado a fazer e que evita o que em consciência não pode querer fazer. A virtude não existe na ausência das virtudes; a proposição contrária – somos tentados a acrescentar: infelizmente! – não é de modo algum verdadeira: o homem do dever cumprido pode ser infeliz, e não nesse sentido banal de que sua "virtude" não lhe traria necessariamente todas as satisfações de seu mundo, aquelas às quais todo homem desse mundo tem direito, mas nesse outro sentido, que ele não é feliz em si mesmo, mesmo quando possuísse tudo o que se pode desejar, exceto sua boa consciência.

O homem feliz não está somente acima de tudo o que o exterior pode lhe oferecer ou recusar; ele está também acima de suas próprias "virtudes". Ele cumpriu os deveres, mas não fará disso motivo de orgulho: não é um mérito ser honesto, verdadeiro, corajoso, senhor de suas paixões e desejos, e é desonroso não sê-lo. A grandeza de alma não consiste na observação dos deveres, ela pressupõe isso como evidente. O que caracteriza o homem magnânimo é que ele dá provas, quaisquer que sejam as circunstâncias, da mais elevada exigência para consigo mesmo, mesmo não fazendo o menor motivo de orgulho tanto da exigência como do fato de viver de acordo com ela. Ele está, no sentido mundano, acima de si mesmo: não é o que ele faz que lhe interessa, enquanto não transgrediu; não é nem mesmo o que ele é, se se entender por isso o que ele é ao juízo dos outros, as qualidades que ele possui, o lugar que ele alcança na estima de seus contemporâneos: nem os elogios nem as recriminações o tocam, a não ser na medida em que podem esclarecê-lo sobre os outros e assim lhe indicar o que ele pode e deve fazer relativamente a eles e no interesse deles. Só uma coisa lhe importa: não estar em desacordo consigo mesmo. Ele não se toma por herói ou por santo; ele sabe muito bem que é apenas um ser humano, necessitado, cheio de paixões, de violência; ele aceita a sorte comum da humanidade, e é no seu luar de homem, na natureza e na história, que ele quer se realizar. Ele se dará a sua forma, ele mesmo a si mesmo, *informando* sua natureza, sua sensibilidade, tudo o que ele traz consigo, esse tudo do qual cada elemento é, e permanecerá sempre, ao mesmo tempo possibilidade do bem e tentação do mal; e ele não se dará essa forma buscando um modelo a imitar (embora seja o contato com modelos vividos e vivos, históricos ou imaginários, que lhe permite se formar), mas buscando, sempre às apalpadelas e sempre lucidamente, um equilíbrio interior que seja o seu e não seja senão seu (embora a visão do equilíbrio alcançado por ele seja o que mais contribui para fazê-lo buscar para outros, mas para se tornarem eles mesmos, se o compreendem e se se compreendem). Ele sabe que não chegará a isso sem cumprir seus deveres;

sabe também que isso não basta e que o que a tradição chama moral e o que ela distingue dela sob o título de senso estético, artístico, poético são inseparáveis. Ele quer e pode realizar a humanidade do homem, não de maneira abstrata, mas de um modo que o contente em toda medida em que um ser necessitado pode ser contentado, modo que não é arbitrário, porque sua vida é reconhecida como vida boa pelos que buscam como ele, embora com um sentimento menos claro do que ele, o respeito de si mesmos no equilíbrio de todo seu ser. Ele é apenas homem, porém, mais homem do que os que vivem na satisfação do animal e para a luta dos desejos arbitrários.

c. É evidente, mais uma vez, mesmo nesse ponto em que ela desenvolve o que uma visão exterior olharia como *ideal* entre outros, que a moral permanece formal e designa o que ela não pode nem pode querer nomear senão em termos que só o indivíduo em sua vida preencherá – tanto mais evidente que, nesse momento, a descrição conceitual mostra o porquê: o resto pertence ao sentimento e à força poética do indivíduo. Ele não tem nada a acrescentar, a não ser uma espécie de prova indireta pela crítica de certas concepções adversas.

A mais importante, porque a mais comum, afirma que se prega assim um ideal aristocrático. Aceitaríamos de bom grado esta observação se ela quisesse simplesmente dizer que a moral existe para produzir seres melhores do que seres imorais. Mas, uma vez que uma platitude como essa será admitida como verdadeira mesmo pelos que negam a existência de uma filosofia, e como, aos olhos de todo mundo, os bons valem mais que os maus e os malfeitores – os desacordos nascem quando se trata de dizer quem (e o que) é bom ou mau –, a observação significa provavelmente outra coisa, a saber, que se exige muito do indivíduo e que o comum dos mortais não tem a menor chance de alcançar essa virtude e essa felicidade. É preciso distinguir. Se se quiser dizer que o mundo atual não é moral, concederemos isso de muito bom grado dado que insistimos, mais de uma vez, sobre o que há de imoral em toda moral concreta e na nossa em particular (ou, o que dá no mesmo, da sociedade particular): é um fato que, para muitos seres humanos, a questão da vida boa não existe, tomados como estão pelas preocupações da vida e da simples sobrevivência. Mas isso não tira nada da tese: a sobrevivência não tem sentido em si mesma, e para que possa se tornar sensata é preciso um conceito da vida boa que não seja arbitrário. Ao contrário, o que se incrimina como aristocratismo é exigência de chances iguais para todos e cada um: a dizer a verdade, todo pensamento filosófico sobre a política nasce a partir dessa exigência que, para ela, torna-se problema a resolver. Mas essa solução não cabe à moral: ela esqueceria sua natureza e seu fim se quisesse assumi-la e cairia inevitavelmente no historicismo moral. Para ela, trata-se da possibilidade para todo indivíduo de encontrar, na sua existência finita, dignidade e sentido.

Entretanto, outra interpretação da mesma crítica se encontra muito frequentemente (a não ser nas discussões filosóficas, que muito amiúde se recusam a descer a um plano tão terrestre). Como se quer, diz o argumento, que todo indivíduo se eleve a essa dignidade, a essa virtude, a essa grandeza de alma, dado que a maioria dos homens não é suficientemente inteligente, nem suficientemente cultivada para compreender o que está em questão? É certo que uma vida como essa, esse ideal podem convir ao filósofo, ao homem que vive para e pelo espírito, àquele que, longe dos afazeres do mundo, é contente por estar de acordo consigo mesmo e renuncia, pelo menos em princípio, a tudo o que atrai os homens normais. É um ideal de intelectual, de aristocrata do espírito, talvez bom e verdadeiro para ele, mas desprovido de toda realidade para o resto da humanidade.

A isso, uma dupla resposta: não é verdade, e não foi afirmado, que só a reflexão filosófica possa conduzir a esse "ideal". Embora só essa reflexão o revele e mostre que, e como, ele decorre necessariamente do problema da moral: a busca pode prosseguir independentemente de toda reflexão filosófica, a faculdade poética do homem está em ação antes que a reflexão comece, e esta jamais teria começado se aquela não a tivesse precedido, e não continuaria se o sentimento não a excitasse sempre de novo. A filosofia revela o que existe e, ao torná-lo consciente, o transforma ao transformar o homem que se eleva a essa consciência: são a loucura e a violência que, por desconhecer a universalidade e ignorar até mesmo o conceito de verdade, inventaram para si "ideais" arbitrários.

Uma segunda observação pode se apoiar na experiência comum. Sempre se soube, e a maioria das línguas o exprime por meio de termos diferentes, que um homem de forte inteligência formal pode ser muito pouco inteligente: ele é uma inteligência, não é verdadeiramente um homem inteligente, falta-lhe certo bom-senso, se diz, errou o alvo, é abstrato, é interessante escutá-lo, mas é preciso prevenir-se de levá-lo a sério ou de segui-lo antes de pensado bem a respeito. Por outro lado, sempre se admirou o sábio natural, aquele que acerta no alvo por uma espécie de inspiração, vai direto ao essencial, não se deixa levar pelas aparências e pelos discursos, é de bom conselho e digno de confiança – e permanece, no domínio do *espírito*, inculto, ignora a literatura, não é acessível à arte, não estima, não sabe nem mesmo estimar o que o mundo, e particularmente o belo mundo, enaltece, alcança apenas um sucesso medíocre nas situações em que *se* tem sucesso, não parece nem mesmo se importar com esses sucessos.[5] Que se fale, pois, de aristocratismo, se se quiser: não haverá nisso nenhuma objeção contra a moral, enquanto todo homem puder se elevar a essa aristocracia e enquanto a moral exigir que essa possibilidade seja oferecida a todo indivíduo.

Depois disso, será fácil analisar outro mal-entendido corrente, que procede da afirmação, perfeitamente justa, de que, por sua constituição ou por sua vida anterior, alguns indivíduos são impedidos de se moralizar, que até mesmo a moral

---

[5] O fato, altamente interessante, se observa menos em nossos dias e em nossa sociedade, em grande medida "intelectualizada", mas raros são os que não o encontraram. É verdade que os anti-intelectualistas, com Rousseau à frente, falaram muito sobre o bom selvagem, que não representa, de fato, senão o homem digno e feliz no seu sentimento moral educado e na grandeza de sua alma, que eles puderam experimentar.

lhes cai muito mal e só os faz abismar-se ainda mais na sua infelicidade. Também os *malnascidos*, os que pertencem à *massa damnationis, os escravos por natureza* preocuparam as morais por muito tempo antes das teorias sociológicas e psicológicas modernas: alguns seres humanos apresentam determinados traços, de modo que não se ousa alimentar grandes esperança a seu respeito. Em si, isso não constitui problema para a moral; ou se declara que esses seres não são responsáveis por seus atos e se os considera falsos homens, seres de aparência humana, privados do que constitui o homem aos olhos da moral, isto é, a possibilidade de escolher e decidir, e que, consequentemente, convém tratá-los como outros fenômenos naturais desagradáveis ou perigosos; ou se lhes reconhece a dignidade humana, e nesse caso somos levados a julgá-los, não como insetos nocivos, mas como seres humanos que escolheram o mal, que agiram mal, que podem agir melhor, e agir bem, mas que, entrementes, é preciso submeter a uma educação cuja necessidade eles não parecem sentir espontaneamente. É evidente que, aos olhos da moral, só a segunda interpretação desses casos é admissível, embora a vida moral possa se encontrar diante de determinados seres com os quais a prudência obriga a usar os meios da violência: tudo bem pesado, o modo de agir dos criminosos e dos malfeitores não lhes deixa senão esta saída se a moral não quiser desaparecer.

 Uma complicação só surge quando uma espécie de metábase categorial lança a confusão na discussão e nos discursos. Toma-se a defesa da má ação e do seu autor ao se declarar que ele não era responsável porque, na sua situação, sua ação era inevitável, acreditando fornecer assim uma escusa válida. Ora, um assassinato não é menos assassinato porque o assassino matou num acesso de paixão, porque as condições de sua existência eram deploráveis, ou porque uma vida muito fácil o mergulhou num tédio tão grande que só a violência "desinteressada" podia lhe oferecer uma distração. A indecente convivência na qual vivem o sentimentalismo e o mal, para usar uma fórmula hegeliana, não produz nada de bom, nem para a sociedade, que dela só colhe desordem e regressão, nem para a moral, que dela recolhe a incompreensão dos problemas e essa pusilanimidade que está sempre em busca de pretextos para não ter de escolher. Insistimos suficientemente sobre as escusas a serem concedidas ao outro, sobre o dever de ajudar todo homem a se libertar moralizando-se, para que não se lance ao que precede as reprovações de insensibilidade e de dureza: só existem escusas para um ser responsável, só um ser livre em si pode ser ajudado a se libertar.

De resto, é visível que as teorias deterministas, para dizer sobre isso uma última palavra, são menos deterministas do que afirmam. Não lhes opomos o que, contudo, é chocante, o fato de que elas não se ocupam dos homens de bem, dos que fazem o que se pode legitimamente esperar deles, que os psicólogos e os psiquiatras chamam de pessoas normais e consideram, consequentemente, os representantes desse padrão com o qual são obrigados a medir os *casos* que lhes interessam: os ladrões, os obsessivos, os ansiosos são analisados e explicados, não aqueles a quem, implicitamente, se reconhece a liberdade da plena responsabilidade. É mais importante notar que todo empreendimento determinista só se concebe a partir de uma vontade de mudança, de transformação, de melhoramento; só uma vontade como essa pode pô-lo em marcha e tornar compreensíveis suas técnicas. Nada mais natural do que o fato de que para poder agir essas técnicas busquem determinações, determinismos parciais e particulares; o que é desagradável é que elas reservam para si, a título de prerrogativa, a liberdade razoável e a recusam, por princípio, aos homens dos quais falam. Toda psiquiatria tem por finalidade curar, isto é, reconduzir à liberdade os que ela considera como enfermos, alienados, seres humanos que se distanciaram de sua natureza de seres livres, razoáveis e responsáveis, mas também sempre capazes de buscar o equilíbrio de sua personalidade e a felicidade, felicidade ideal, mas não ideal arbitrário de felicidade.

d. Todas essas objeções podem ser reconduzidas a uma só, a mais simples de todas, a mais grave, e da qual as outras são apenas *racionalizações*. É um fato que o homem aspira à felicidade; pode-se igualmente admitir que seu dever é aspirar à felicidade razoável. Mas por isso ele é menos necessitado, menos exposto à violência da natureza e das condições históricas? E não mostramos que ninguém pode ser feliz sozinho (a não ser que, vivendo, ele saia da vida) e que assim o homem tem o direito às satisfações devidas ao ser finito nele, de modo que é um dever trabalhar para essa satisfação? Onde se encontrará a garantia necessária para acalmar as apreensões de homens que querem admitir que é dever para cada um trabalhar para a satisfação de todos, mas sabem também que seus congêneres não cumprem seus deveres com uma regularidade perfeita, que o mundo é o que é e que eles estão à mercê do acaso, do acidente, da moralidade dos outros? É sensato falar de dever de felicidade a um sobrevivente dos campos de concentração ou ao escravo do fazendeiro?

Vê-se que se trata da mais antiga recusa raciocinante, tão antiga quanto a reflexão filosófica e a própria moral: por que buscar um sentido ao que não tem sentido, ao que não pode ter sentido? Por que não fazer como sempre se fez e se defender, defender seus interesses com todos os meios de que se dispõe? A uma questão como essa, se é posta seriamente, nenhuma resposta filosófica poderia ser dada: a opção pela violência é tão originária quanto a opção pelo discurso e pela filosofia. Contudo, pode ser que a questão não seja séria nesse sentido e que queira simplesmente exprimir que o homem não está nunca seguro de alcançar a felicidade completa, que a felicidade do ser razoável no homem não é a do homem, mas um mal menor, a resignação a um mal ao qual se sabe não poder remediar – a eterna lamentação da humanidade sofredora.

A filosofia e a moral não têm nada a opor a essa lamentação: o que ela constata é verdade. Mas é um erro supor que a moral seja inconsciente disso e que prega aos anjos, que não têm necessidade de pregação. Ao contrário, é a moral que eleva à consciência o fato irredutível da finitude do indivíduo, do seu caráter necessitado; é ela que ensina que o indivíduo não poderia ser feliz sozinho, que, num mundo da violência e da injustiça, o homem mais consciente será também o que mais claramente *quer* que o mundo mude. Ela sabe que o indivíduo pode sempre fracassar, que a felicidade é dever, que ela não é presente e pode faltar. E se ela acrescenta que o indivíduo pode sempre se contentar em si mesmo, ela não ignora que essa possibilidade só é dada aos que tiveram a chance, de modo algum assegurada a todos, de se formar. Epicteto, pode-se imaginar, foi sincero ao se proclamar feliz mesmo entre os ferros, mas Epicteto pôde se fazer seguidor do estoicismo. A moral é tão pouco inconsciente do trágico da vida humana que tem plena consciência de situações das quais ninguém sai senão pela morte, ela conhece e respeita os que preferiram o próprio desaparecimento ao do que dava sentido e dignidade à sua existência, a saída pacífica dos estoicos, o suicídio, pela pessoa interposta do carrasco, de um Sócrates ou de tantos mártires de tantas religiões.

Não é a moral que é tocada por essas observações, das quais, ao contrário, ela procede e, se é consciente, sabe que procede. É verdade que ela não se contenta com isso; mas se não o faz é porque exige que essas condições sejam superadas pela ação dos homens – uma ação que só pode ser dirigida pela ideia da felicidade que ela desenvolve. A felicidade é dever, ela não é dada nem dado. É também por isso que a moral jamais será supérflua, por justo que seja o mundo e por completas que sejam as satisfações que ele oferece ao ser necessitado: o homem nascerá sempre violento e não pensará a ideia da felicidade sem o socorro da filosofia; ele não a pensará sobretudo se a satisfação completa o deixa insatisfeito e o torna absurdo aos seus próprios olhos.

4. Moral e Filosofia

24. *A vida moral é a busca pelo indivíduo da universalidade infinita (da totalidade desenvolvida) no quadro de uma moral particular; a teoria moral é a tomada de consciência da vontade de universalidade desse indivíduo. Tanto uma como a outra procedem assim da universalidade, mas visam a essa universalidade sem alcançar, em seus níveis, o seu conceito.*

a. Insistimos diversas vezes sobre o fato de que a moral teórica não é a filosofia: ela tem a ver com o indivíduo na sua individualidade, ligada de modo essencial ao universal concreto da comunidade histórica, ultrapassando esse universal particular numa vontade de universalidade mais universal, mas sempre vontade de um indivíduo que é razoável sem deixar de ser finito. A universalidade absoluta não lhe é acessível, pelo contrário, supondo que essa universalidade seja alcançada, isso implicaria o desaparecimento tanto da individualidade como da moral. Ocorre o mesmo com a teoria: a reflexão tem sua origem na discussão e, mais profundamente, na luta violenta das morais ingenuamente vividas como evidentes, luta que produz a discussão a partir do momento em que os combatentes admitiram que nenhum deles possui uma chance de impor a sua moral. O que está em jogo nesse combate, entretanto, permanece uma moral concreta, nova pelo fato de superar as antigas em universalidade e por englobar as que a precederam: se ela não mostrasse que preserva delas o essencial (que ela mesma define), uma moral "superior" não seria aceita, mas no máximo sofrida, sendo incompreensível porque estaria em contradição radical com o que até o momento os homens adoraram. A teoria moral é o último desenvolvimento dessa evolução, a passagem ao limite no qual se revela o próprio ser da moral, exigência de liberdade real na universalidade, portanto, exigência de reconhecimento do homem livre e razoável como fim em si para a ação humana. Ela só nasce quando a violência foi eliminada (em princípio) do domínio das relações entre os indivíduos, portanto, tardiamente, e quando se constituíram comunidades fortemente organizadas para universalizar, no quadro de sua natureza histórica, os desejos dos indivíduos, primeiro submetendo-os à coerção da ordem pública, em seguida fazendo os indivíduos reconhecer o valor moral dessa universalidade, presente a todos sob a forma da justiça.

Só então os homens pensam a moral como problema do sentido: problema que se põe com tanto mais força quanto menos eles sentem, na sua existência empírica, a pressão da necessidade e os perigos exteriores. A liberdade, que, filosoficamente falando, é o primeiro fundamento da moral e da humanidade do homem, mostra-se então sob as espécies do vazio e do insensato, como questão que pergunta o que o homem pode e deve fazer de sua vida. Para o indivíduo libertado, mas que ainda não sabe e ainda não quer ser livre e responsável por si mesmo e diante de si mesmo, o desaparecimento da necessidade e do medo não é uma fonte de alegrias, ao contrário; ele conhecia alegrias enquanto toda saciedade era um feliz acontecimento e a espera, mantendo-o na expectativa, o distraía de si mesmo; na medida em que não tem mais preocupações, ele só conhece gozos cada vez mais enfadonhos.

O homem se torna assim problema para si mesmo, a partir da sua vida individual, histórica; ele se torna problema, tendo o olhar fixo nessa vida, que permanece vida de necessidade mesmo que essa necessidade seja no momento a de um sentido. Ora, como com a recusa da violência o princípio da universalidade entrou nessa vida, o problema torna-se problema teórico que deve receber uma solução verdadeira, isto é, universalmente válida, válida para todo homem que põe a questão. Mas por essa mesma razão, ela não seria resposta para o indivíduo, embora seja válida para ele enquanto ser razoável e que quer ser universal: ele quer um sentido universal, mas para a sua individualidade.

Diante dessas dificuldades, volta-se ao que designamos como a inventividade moral; a universalidade, mediatizada por uma moral histórica e pelos deveres que impõe ao indivíduo empírico, deixa o homem livre para inventar, dar um sentido à sua existência, tornar-se criador, como se diz com uma expressão perigosa. Essa volta não é só justificada, ela é inevitável e a análise da vida moral mostrou isso amplamente; a moral formal só se compreende como moral do homem e para o homem porque encontra, nessa inventividade, a possibilidade da sua aplicação: é pela invenção de um mundo mais justo do que o mundo presente (de cada época) que a universalidade deixa de ser critério para *informar* a vida. Não basta dizer que a justiça deve reinar, é preciso ainda encontrar o lugar exato em que ela deve se inserir na vida da comunidade, o lugar em que ainda domina a injustiça, aquilo que é sentido *hic et nunc*, por todo homem razoável, como inadmissível, o lugar em que a justiça pode e deve ser realizada, e realizada modificando *isto*, introduzindo *aquilo*. É essa mesma inventividade que faz que a vida seja moral, porque é ela que torna agentes todas as "virtudes", isto é, cumpre todos os deveres, o da prudência em primeiro lugar, os outros, em seguida, sem os quais a prudência seria apenas uma palavra vã, e os torna agentes, não só no nível da ação sobre a comunidade, como muito amiúde se supõe, mas também, e sobretudo, nas relações mais pessoais, que devem ser informadas por ela se a ação à distância, isto é, sobre a comunidade e sobre os desconhecidos, não deve ser "desmoralizada" para se tornar ação de pura eficácia e, no limite, de simples violência.

A ação segundo o dever, por "criativa" que seja, não deixa de ser ação do ser determinado e finito sobre seres finitos enquanto tais; o dever, mesmo realizado voluntariamente e de bom grado, permanece dever, isto é, obrigação para o indivíduo concreto: consequentemente, a teoria moral, obra do indivíduo que quer se moralizar, não é obra do universal e da razão livre e universal. Ora, a filosofia moral (a moral filosófica – nós dissemos por que e como as duas coincidem) pretende ser verdadeira, e não será nada se não puder justificar essa pretensão; mais exatamente, ela seria o que se chama uma ideologia, não a razão que se capta a si mesma na sua realidade humana: no caso mais favorável, ela formaria um discurso coerente, mas arbitrário e cujo arbítrio se mostraria no número infinitamente grande desses discursos, todos coerentes mas sem critério comum, lutando entre si com os meios da violência (ou sacrificando-se à violência dos outros), relativamente compreensíveis como expressões diferentes de interesses naturais ou históricos, e incompreensíveis em sentido estrito porque uma compreensão por redução não se compreende a si mesma.

Se a filosofia moral é verdadeira, ela só pode ser sob a condição de constituir um discurso não só coerente, mas também total (não particular): só a totalidade pode compreender (nos dois sentidos do termo) e se compreender. Toda particularidade remete sem fim a outras particularidades, das quais nenhuma tem seu sentido em si mesma: o efeito só é efeito para a causa, a causa não é sem o efeito do qual ela é causa, causa e efeito são determinados pela lei e a determinam, etc. Ora, a moral, em qualquer sentido que se a tome, considera o homem sob um único aspecto, o do ser agente, e pressupõe dado o quadro da sua ação. Ela abre à consciência o acesso ao real, o qual só se mostra a quem age sobre ele: é agindo *sobre* o real que o homem compreende que age sempre também *no* real, que, diante da realidade, ao mesmo tempo ele faz parte dessa realidade, que ele é o senhor da natureza e que, nos limites que ele pode sempre fazer recuar, mas nunca abolir, é dominado por ela. Mas a moral não desenvolve uma teoria da natureza, um conceito da verdade, ela os contém de modo implícito, sem ser capaz de explicitar o que está implicado nela e que só aparece a um olhar lançado de um ponto de vista que não é mais o seu. É na reflexão sobre a moral que o homem se descobre e descobre o que ele é; mas o que ele descobre assim não é a moral: descobre a exigência de um saber verdadeiro e finito por descobrir que não poderia exigir esse saber se esse saber não existisse, por assim dizer, por trás dessa exigência, por descobrir que ele não exige na verdade que o saber seja, mas que ele mesmo, o indivíduo na sua particularidade, possa ter acesso a ele para se compreender.

b. A filosofia moral conduz à filosofia, podemos dizer para resumir as teses precedentes. Entretanto, ela não o faria se o discurso da moral se fechasse sobre si mesmo, se nenhuma necessidade restasse a quem, tendo levado o discurso moral a seu termo, vive segundo essa moral. Ora, não é isso que declaramos? A moral não era a busca da felicidade, e a vida moral, a vida feliz? Certamente era necessária ao homem, além da felicidade, a satisfação de seus desejos e desejos legítimos. Mesmo essa satisfação não era essencial para o homem moral, ela foi exigida para que todo homem pudesse se pôr a questão da moral, sendo que o homem moral podia se contentar com a pura felicidade do ser razoável, encontrando-se, se não feliz, no sentido vulgar, na miséria e nos sofrimentos, pelo menos protegido da única verdadeira infelicidade, a de quem perdeu o respeito por si mesmo. Mais simplesmente, a magnanimidade não era *a virtude*, o estado do homem perfeito e perfeitamente feliz, não, certamente, livre da necessidade, mas, tendo chegado à virtude, acima de toda necessidade, mesmo da última, a de ser reconhecido como virtuoso pelos outros, e capaz, se preciso fosse, de morrer feliz por sua felicidade?

Tudo isso é perfeitamente correto, a tal ponto que o magnânimo não tem mais nenhuma razão para pôr a questão moral, resolvida por ele e para ele, ou de pôr outras questões. Contudo, a questão moral produziu, historicamente falando, a questão filosófica, a da totalidade e da compreensão da totalidade (por ela mesma – mas descobrir isso será o resultado tardio do trabalho do pensamento filosófico). Não nos encontramos então diante de um escândalo da razão, um fato incompreensível? Na magnanimidade o indivíduo pode superar sua condição (como pode chegar a isso, pelo lado oposto, por meio do silêncio, do vazio da consciência, pela morte na vida): portanto, o magnânimo não tem necessidade da questão moral. Também a magnanimidade não *se compreende* a si mesma e não fala a si mesma (se bem que ela possa falar aos outros); ela é pura atitude, irrefutável e invencível; ela constitui um coroamento da moral. Mas ela não constitui *o* coroamento da moral. Prova disso é que, sendo pura atitude, ela não pode ensinar a moral por meio do discurso; ela só pode se apresentar como modelo, e só pode recusar pelo desprezo o seu contrário, a baixeza, mas não pode refutá-la. Para quem vive na atitude da magnanimidade, a moral deixou de existir, não é nem sequer necessário que ela tenha sido problema para ela. Portanto, é verdade que nela a moral se perfaz; porém, para a moral filosófica, ela só é virtude se for escolhida e querida. Ela oferece a felicidade buscada por quem reflete sobre a moral; mas essa felicidade só é felicidade do ser razoável aos olhos de quem a busca pela via da reflexão e que é a única a ser capaz de reconhecê-la como virtude, porque a põe em relação com sua reflexão: ele aspirará a isso, mas ela só será perfeição da vida moral para ele na condição de que ela seja tomada como resposta à questão da pesquisa moral. Sem isso, ela é apenas um acidente feliz, não uma possibilidade oferecida a todo homem.

O problema assim permanece inteiro: como é possível falar *em verdade* da moral? Como se pode alcançar a felicidade verdadeira, uma felicidade cuja solidez seja fundada e não apenas artigo de convicção, certeza pessoal? A dificuldade que se mostrou no plano da reflexão teórica reaparece, idêntica, no plano da vida moral e no da reflexão moral no interior dessa vida. Separada da reflexão, a magnanimidade, que é superação das necessidades e dos desejos, não é mais que uma solução de fato: para o olhar ingênuo ela é apenas uma resposta entre todas as respostas das morais históricas às quais indivíduos e comunidades podem aderir e aderem, mas que se encontram em oposição e em concorrência entre si. Sem dúvida, a moral da reflexão se supera na magnanimidade; mas é a reflexão moral que toma consciência disso e mostra (se mostra a si mesma) que essa superação não é arbitrária para quem quer o não arbitrário.

Portanto, não é só legítimo, é necessário dizer que a moral da reflexão, a moral formal e filosófica produz a filosofia. É verdade que o homem pode viver sem filosofia, e seria surpreendente se não fosse assim; ele respira bem sem ter estudado fisiologia: isso não impede que, sem a fisiologia, ele não saberia nada desse processo que o faz viver. A moral filosófica, por ela mesma, exige um fundamento para seu discurso que esse discurso não pode oferecer por seus próprios meios.

c. É a filosofia política, dir-se-á, que fornece seu fundamento ao discurso moral: ela conduz o indivíduo à tomada de consciência do universal concreto no qual está situado e com relação ao qual se situa – consciência desse universal como ele é em si mesmo, não só enquanto é para o indivíduo como seu *outro*, puro dado, condição, segunda natureza exterior. Com efeito, a moral do indivíduo, embora seja sempre para o indivíduo, não é só do indivíduo; ela pressupõe e exige, junto com uma moral histórica, uma comunidade na qual o indivíduo possa ser ele mesmo positivamente, não pelo vazio e pela recusa de todo conteúdo: o homem moral descobre que cada uma de suas ações é ação sobre outro e sobre a totalidade do grupo ao qual ele pertence, que cada uma de suas máximas implica a existência de um mundo histórico, que ele pode e, se for o caso, deve criticar e empenhar-se em transformar, mas que forma sempre o horizonte de sua vida moral. Põe-se a questão de saber quais são as estruturas desse mundo, qual é o seu sentido imanente, o que o mundo exige para poder permanecer mundo e evitar cair no caos da violência. E é a filosofia política que revela ao indivíduo, que, sem ela, o ignora e o nega, que ele é universalizado antes de toda decisão individual pela universalização, e como e em que grau ele o é concretamente hoje, no presente da história. A filosofia política, que por sua natureza é filosofia da história, é a tomada de consciência do universal existente e da forma desse universal.

Entretanto, se a consciência moral, a não ser que queira se fechar em si mesma e se contentar só com a pureza, isto é, com a recusa de toda responsabilidade com relação aos atos e suas consequências, passa inevitavelmente à reflexão política, esta não poderia trazer a resposta final à questão posta. Não falamos neste momento do historicismo em moral, dessa degenerescência da consciência moral que remete à história o trabalho de realizar a moral como se a moral e a vida moral pudessem ser o produto de circunstâncias que frequentemente se opõem à moralização, mas que não poderiam influenciar positivamente sobre a moral, por favorável que se as suponha. A dificuldade aqui é que a questão mesma da filosofia política só pode nascer da reflexão moral e, consequentemente, a supõe. A prova disso é que a ideia de um mundo perfeitamente organizado e do qual cada habitante estaria seguro de poder contar com a satisfação de suas necessidades e desejos legítimos, deixa subsistir a questão do sentido da vida humana (para o indivíduo), mais ainda, a exacerba: a necessidade e o desejo, no momento em que se tornam obsessivos sob a forma de indigência e de frustração, desviam o homem da moral e lhe escondem até a questão à qual a moral responde, ambos, se exercem sua pressão nos limites do suportável, podem proteger o indivíduo da inquietude do sentido de sua existência. Para se convencer disso basta observar a fala mais corriqueira, que diz que alguém se cria preocupações, descrição mais exata de certo estado de alma do que talvez supõe quem usa essa locução; em todo caso, os que têm a ver com seres infelizes nas condições mais favoráveis e que levam sua infelicidade consigo para onde vão e o que quer que façam, sabem muito bem que nada pior pode acontecer a esses indivíduos do que ver desaparecer todo pretexto de preocupação "material", porque privados desse para-vento, eles se encontram diante de si mesmos e da questão moral.

Portanto, não é a reflexão política que pode responder à dificuldade nascida da afirmação necessária de que a filosofia moral diz a verdade, é verdadeira. O laço entre moral e política não é por isso desfeito, pelo contrário; sua força e sua importância não seriam exageradas: a vida moral só pode ser concebida, e com maior razão, realizada na comunidade, na medida em que essa comunidade é moral e, por isso, capaz de uma moral mais elevada. É certo que a moral pura julga a moral concreta da comunidade, o que, no nosso contexto presente, equivale a dizer que se julga as instituições, a organização, a política histórica do grupo: reconstruir a moral concreta de uma comunidade é um ato especificamente político, é até mesmo o ato político por excelência, pois é essa vontade que define a política razoável, a política justificável e justificada. Não é uma hipérbole afirmar que a política, se se compreenda e realiza seu conceito, é a moral em marcha, ou que a moral é essencialmente política, que ela se remete à comunidade dos indivíduos, se remete a ela até mesmo na busca mais pessoal da felicidade, se essa felicidade não for buscada fora do mundo dos homens. Não é preciso acrescentar que isso não significa a necessidade de fazer da política sua profissão: o ato moral visa à universalidade no concreto da vida moral e é político por si mesmo, nenhum ato do ser necessitado e razoável pode deixar de influenciar a vida da comunidade, quer aquele que o realiza se proponha a isso ou não, assim como todo homem é educador, sempre e independente do que possua, bom ou mau educador, modelo bom ou mau, que introduz a não violência e a razão ou favorece a violência e o arbítrio (mesmo quando, retirando-se do mundo, deixa entre os outros o lugar para o absurdo da violência, ativa ou sofrida, à qual pela sua renúncia concedeu o império desse mundo). Não é o laço entre moral e política que está em questão; o que está é a questão do sentido ou, transpondo o problema em linguagem política, o fim da ação, de toda ação, fim para a política, fim também para a moral.

d. Esse fim foi determinado como a felicidade do ser finito e razoável, e nada do que precede invalida essa definição: é esse fim que dá um sentido tanto à filosofia moral como à filosofia política. Mas esta última fórmula, pelo que tem de paradoxal, indica que o problema subsiste: se somos levados a buscar um fim – o que significa, um sentido – não só para a política e para a moral, mas também para a própria filosofia moral, daí decorre que a ciência filosófica do fim da existência humana visa a algo que não se encontra no seu domínio.

Para acusar o caráter paradoxal do problema poder-se-ia falar do sentido da busca de um sentido. Fórmula e problema menos chocantes do que parecem à primeira vista: por que buscar a felicidade do ser razoável, se essa felicidade pode ser captada imediatamente? Essa possibilidade não foi revelada com a magnanimidade? O magnânimo não busca; ele repousa em si mesmo, para dizer com uma expressão ligeiramente poética. Ora, tínhamos também constatado que sua virtude, se é perfeita (para ele), não suprime a questão moral para quem não a possui: para este, com a questão moral continua a se pôr a questão do sentido do empreendimento que é a filosofia moral. Essa busca começou – e, em certo sentido, terminou – pela afirmação do princípio da universalidade razoável, princípio de uma vida submetida ao critério da universalidade, de uma vida moral, mas que não se esgotava no reconhecimento de seu critério: foi o homem agente, o ser necessitado e capaz de razão, que, na decisão e na ação particulares e pessoais, se elevou à razão, até mesmo ao conceito da razão. Portanto, é também para esse ser necessitado, determinado, finito, que a filosofia moral tem um sentido enquanto busca razoável de sua felicidade de ser finito e razoável. A filosofia moral é moral filosófica, é e permanece ação a partir da necessidade e em vista de uma satisfação, ambos de uma ordem diferente da ordem das necessidades e satisfações múltiplas, mas da mesma natureza e assim, como elas, exigência de permanecer, porque a satisfação só é satisfação para a necessidade que, por ela e malgrado ela, vive e se renova. Se a moral visa à felicidade no sentido mais forte, ela só a encontrará além de si mesma, e com ela ocorrerá o mesmo que ocorre com o discurso moral, que repousa sobre um fundamento que não é só o seu, mas o de todo discurso.

A teoria na qual se explicita e se compreende a moral, discurso do ser necessitado que, a partir da universalização histórica e sempre particular, desenvolve o conceito da universalidade, é e quer ser discurso coerente. Ela é teoria enquanto discurso do ser finito que, na sua história, por meio de sua ação inconsciente, pelo menos no seu início inconsciente do seu término na universalidade, cria a regra e o critério de seu discurso, a regra da coerência na universalidade: coerência porque exclusiva desse outro da coerência que são a violência e o arbítrio individuais, universalidade porque coerência do discurso humano que, por seu princípio, quer ser discurso de todo ser humano, necessário para todo ser que, por uma decisão radical, primeira, infundada e impossível de ser fundada, mas que funda todo discurso, escolheu a não violência e o não arbítrio (mesmo que ele possa se ver obrigado, segundo o próprio princípio da não violência e do discurso universal, a empregar a violência ou a reconhecê-la ao sofrê-la para desacreditá-la, a responder à violência do seu mundo pela contraviolência ou pela recusa pacífica do imoral). Mas o discurso moral não se compreende em si mesmo como teoria: ele supõe a teoria como possibilidade humana à qual apela, ele não se compreende na sua natureza de teoria e não tem de se compreender assim; ele pertence à vida ativa e finita. A moral, mesmo filosófica, não é a filosofia, embora seja ela que abre o acesso à filosofia para o ser necessitado. Na moral o homem se compreende, e de maneira adequada, como ser finito e razoável; entretanto, não é aí que a compreensão se compreende a si mesma, que a reflexão última, a reflexão sobre a reflexão, tem lugar; não é aí que se capta positivamente o além da moral visado pela moral. A moral, mesmo a mais consciente, a mais puramente filosófica, é para o ser finito; mas, enquanto discurso verdadeiro, ela mesma é fundada num infinito, num discurso que não tem limites, porque nenhum outro discurso coerente existe fora dele, e que compreende até o que o recusa e aquele que, por uma escolha primeira, coloca-se fora dele – infinito não como a linha que, sempre finita, continua indefinidamente o progresso sem movimento da sua finitude, mas infinito como o que é fechado sobre si mesmo. A moral é para o ser finito, mas se sua origem só se compreende a partir dele, sua verdade não se compreende a partir daí.

25. *Como a filosofia moral conduz à filosofia, a vida moral conduz a uma felicidade que não se situa no plano da ação.*

a. No que precede, foi demonstrado o que a tese afirma no seu aspecto negativo: a felicidade é visada na vida da ação, das escolhas e das decisões, mas não se encontra aí. Toda ação corresponde a uma necessidade (ou a um desejo, mas que se apresenta ao indivíduo sob o aspecto da necessidade), e toda necessidade remete o homem à (e sobre) sua natureza de ser necessitado; a satisfação pressupõe a insatisfação da qual depende a sua própria possibilidade; ela é insatisfatória, como se diz, *em longo prazo*, ela exige ser renovada, repetida, e não pode sê-lo senão graças ao renascimento da insatisfação. O domínio da satisfação (e da insatisfação) não é o da felicidade do ser razoável, de quem busca um sentido para a sua vida, embora a satisfação seja necessária e a exigência das satisfações justificada – ou antes, porque elas o são; mas o domínio da satisfação é também o da distração e das distrações, e sua natureza insuficiente não se mostra em nenhum lugar de maneira mais convincente do que nesse desgosto da vida que nasce quando não resta nenhuma necessidade a ser satisfeita, quando todos os desejos desapareceram. Resta a determinar o positivo que faz essa ausência de felicidade aparecer, o contraste que move a pensá-lo.

É preciso antecipar que, em nenhum caso, esse positivo poderia existir sob a forma de solução positiva de um problema, no sentido em que o mundo empírico e as ciências que o organizam tomam o termo positivo. Só se chegaria a um contrassenso se se quisesse indicar em que consiste a felicidade, de que ela é feita, qual é a sua matéria: como se trata da positividade da liberdade razoável, não de preferências arbitrárias, mas de criatividade nos limites do universal, o positivo é engendrado pelo indivíduo razoável, não lhe é dado, muito menos prescrito, e, de posse do discurso da filosofia moral, o indivíduo conserva a faculdade de dizer não a tudo o que lhe é proposto no mundo dos regramentos. Porque a felicidade é obra do indivíduo, a ideia de felicidade permanece sempre formal.

Mas esse formal é forma de um conteúdo: ele é formal para o homem que o descobre ao se descobrir como sempre informado e que só descobre alguma coisa porque um mundo existe desde sempre para ele. O que se revela assim nesse formal é o mundo como mundo captado, compreendido, e, ao mesmo tempo, sempre a captar e a compreender, mundo do homem e para o homem, mundo revelado, como o que ele é e como é, pelo homem e ao homem de posse do formal, da universalidade do seu discurso coerente. No homem o mundo se vê, se capta, se diz, numa captação que revela o homem a si mesmo como capaz de infinito na sua finitude e que funda a possibilidade da sua felicidade sobre o conteúdo revelado do formal, revelado só pelo formal, que só tem acesso à existência na sua forma, por ela e para ela, que não é senão a revelação do conteúdo: forma e conteúdo coincidem para o discurso que, ao se compreender, compreende o seu outro.

b. Convém traduzir em linguagem mais prosaica as fórmulas que acabamos de usar. O homem, indivíduo determinado, isto é, finito, é capaz de infinito: o que significa que o indivíduo é sempre capaz de transcender o seu natural empírico – possibilidade demonstrada, como toda verdadeira possibilidade, pela sua realização. O homem pode falar de modo coerente e universal e pode então querer falar (pensar) assim. Pois o homem que fala é sempre universalidade em certo grau: quem fala uma linguagem estritamente pessoal é incompreensível (se ele se fizesse compreender, sua linguagem, sendo então a do grupo dos que o entendem, deixaria de ser individual); e ele fala sempre no e do universal: nenhum termo da linguagem comum se remete a um único indivíduo (é preciso *provar* que determinado nome pessoal, em determinado contexto, designa determinada pessoa: o Sócrates de Platão, não o historiador, por exemplo), os termos aparentemente mais estritamente relacionados ao indivíduo são também os mais universais, e qualquer indivíduo pode se designar por meio do pronome *eu*. Sob este ângulo – e é o ângulo decisivo –, não é a universalidade que constitui problema, mas a individualidade: o ser humano começa a falar de si mesmo na terceira pessoa, do ponto de vista para o qual ele existe antes de existir, a partir de si mesmo, para si mesmo como *eu* irredutível. Mais tarde, adulto, na vida corrente, permaneço outro para mim mesmo: que foi que eu fiz?, pergunto-me, como pude fazer tal coisa? Sou surpreendido por mim mesmo, enganado, chocado. *Eu* nunca *me* conheço totalmente: meu pensamento, meu discurso me julgam e me revelam a mim mesmo – não *meu* discurso, mas o discurso que não é mais meu do que de todo homem capaz de discurso, que só é meu porque sou eu que o tenho de fato e não outro, porque esse outro não terá o mesmo interesse em falar de mim (não importa que ele não disponha dos mesmos dados: os dados são sempre parciais, e pode ser que o outro tenha mais dados à sua disposição do que eu, mesmo que não sejam os mesmos).

Mas não reaparece o fato do meu ser determinado quando falo do meu interesse, desse interesse que não posso deixar de nomear quando quero dar conta da situação na qual falo e que me faz ter esse discurso? Sem dúvida, esse discurso pretende ser verdadeiro, isto é, universal; suponhamos que o seja: ele não deixa de ser *meu* discurso verdadeiro, ele se refere a mim, por desconhecido que eu seja para mim mesmo, por necessário que seja que eu vá à descoberta de mim mesmo, por maior que seja a necessidade que eu tenha, para me descobrir, da universalidade do discurso, da verdade, das verdades que ele descobriu. Que essa verdade a descobrir seja interessante de ser descoberta, isso tem a ver com a minha natureza individual, com meu caráter determinado, com minha finitude, e não é o discurso que me transcende, sou eu que tento me transcender no meu discurso – que tento e nunca consigo completamente, permanecendo sempre esse eu "empírico", dado, recalcitrante diante de toda captação pretensamente exaustiva, e ao mesmo tempo, capaz de me transformar à medida que me descubro e, tendo me descoberto, atuo sobre o que acabo de descobrir. Esse discurso que quer ser infinito não é assim ferido de finitude em seu centro, não é sempre e necessariamente discurso de um indivíduo determinado, finito – pouco importa de que indivíduo, mas de um indivíduo? E, no sentido mais natural da palavra, esse discurso não será finito um dia, o dia em que eu não estiver mais aí para formulá-lo, o dia em que não existir mais nenhum indivíduo humano que possa formulá-lo? A finitude, o fato de que sou este e não o homem em geral, o homem universal, não se exprime da maneira mais radical e mais visível nessa espera da morte e do desaparecimento, resultado, melhor, equivalência do meu ser determinado, de um ser que depende de condições que ele mesmo não se dá, que pode mudar de condições, mas não se libertar da condição, de ser condicionado, dependente, insuficiente por si mesmo e em si mesmo?

Certamente sou eu, este homem nesta situação, determinado, de modo algum infinito, que faço esse discurso, e esse discurso não seria feito se eu não fosse finito, se não tivesse de me descobrir. Todavia, esse eu que quero conhecer (e não conhecerei nunca totalmente) me é revelado nesse discurso que busco e elaboro para me conhecer e para conhecer o mundo no qual vivo e no qual sou o que sou e quem sou, mas que não teria nenhum sentido para mim se não fosse verdadeiro, isto é, universalmente válido, se não se aproximasse continuamente da verdade, da revelação do meu ser e do ser de um mundo que não é só o meu, mas o de todo ser pensante, de todo ser que quer falar de maneira coerente. É certamente este eu que fala, mas não é enquanto eu empírico, histórico, biográfico que falo a verdade, embora seja só enquanto ser determinado que eu comece a falar; meu discurso, pronunciado a meu respeito e a respeito do meu mundo, quer ser discurso de todo homem, o discurso de um *eu* que é o de cada um e o de todos, e a ideia de dois discursos humanos ao mesmo tempo coerentes e independentes um do outro seria ela mesma incoerente, tão incoerente como a de dois corpos infinitos que, coexistindo, não poderiam nem se limitar nem se interpenetrar. Sou determinado, não infinito; mas isso eu o vejo em verdade porque, ao mesmo tempo e essencialmente, sou também infinito, eu me julgo em função de uma infinidade real, a do discurso que se compreende ao compreender tudo, inclusive o que se dá como outro de todo discurso. Não capto nunca a verdade nela mesma, não capto nunca o *eu* do qual procede e que revela *o* discurso, ele mesmo interminável para mim e por mim; mas não porque ambos não existam: é porque eles não existem à maneira das coisas, dos acontecimentos, das qualidades – porque eles são o que faz que haja objetos. O discurso infinito sempre iluminou a finitude que o produz para si mesma, a verdade infinita é a luz na qual tudo aparece, até mesmo essa obscuridade do particular e da condição que faz que a luz seja – seja conhecida como luz. Não coincido com esse discurso; mas até isso eu só sei porque o discurso me mostra minha finitude no infinito e por referência a ele. Não vejo a verdade, mas é ela que me permite ver. Até mesmo o que me escapa, me é conhecido como o que não está à minha disposição: eu não o poderia nomear se não fosse assim. Nem por isso saio da finitude, das condições, não me liberto da condição humana, embora não haja nenhuma condição determinada que eu não possa recusar, mesmo que fosse, no limite, ao destruir o condicionado de toda condição, minha existência empírica. Mas se posso sempre dizer *não*, sou também, e fundamentalmente, essa infinidade da liberdade que se mostrou como infinidade positiva do discurso (e do pensamento): é ao me negar em cada ponto, enquanto particular e dado, oposto e me opondo a outras particularidades, outros dados, que me elevo ao discurso e à verdade.

É o discurso coerente que constitui o positivo para a liberdade negativa. Sem saber que é positivamente infinito, meu discurso moral me conduz à descoberta da universalidade, permanece discurso sobre o ser finito, condicionado, ser que sempre quer se universalizar, mas não chega a isso porque ao se querer moral, isto é, em luta com sua própria finitude, veta a si mesmo chegar ao infinito: o ser que vivesse, sem resistência interior, segundo a lei da moral seria – de novo, por assim dizer – sem moral, não conheceria mais a lei porque a lei pressupõe a possibilidade de não ser obedecida, ele não encontraria mais esse conteúdo de sua existência que é a luta do universal nele com suas tendências, suas paixões, seus desejos, que são ele mesmo, tanto quanto o é a vontade universal de universalidade. Eis porque a magnanimidade pode trazer a felicidade, mas não pode fundá-la em razão para quem a busca, e ela só é perfeição verdadeira, não só de fato, aos olhos do filósofo da moral (que não a vive).

A moral não pode, portanto, desaparecer do horizonte do filósofo, nem tampouco constituir esse horizonte, menos ainda preenchê-lo. O homem quer ser infinito, quer a coerência de seu discurso, e é infinito por essa mesma vontade; mas porque essa vontade é sempre vontade, ele se capta, nessa infinita vontade de infinito, como determinado, inadequado ao discurso, que, contudo, não deixa de ser o seu. O homem, o indivíduo – pois só o indivíduo existe, age e fala – parte do finito, e é no finito que ele introduz essa exigência de universal, que, no fim, ele compreende como fundada pelo conceito e sobre o conceito, até aqui inconsciente, de um universal anterior a toda individualização do sujeito. Em nenhum momento ele coincide com esse universal, ele é condicionado, ele age; e quando fala (pensa), seu falar é ação e atividade do ser finito, o universal permanece sempre a ser encontrado e a ser realizado, sempre por vir, futuro e infinitamente distante, embora infinitamente aproximável. Mas mesmo disso o homem pode falar, o que significa que ao nomear esse futuro ele se capta (como futuro, mas numa captação presente) e dele se apropria. O que está sempre por vir é presente, precisamente porque é *sempre* por vir.

A moral é, assim, a via ascendente para o homem que quer se elevar à universalidade – *quer*, porque escolheu a não violência e a universalidade. Mas esse caminho não leva o ser determinado a uma ação, uma máxima, uma escolha além das escolhas da moral: ele o conduz à tomada de consciência de sua própria universalidade livre, concreta, presente a ele na possibilidade de um discurso no qual o mundo se compreende, no qual o homem se compreende a si mesmo no seu mundo e, ao mesmo tempo, com esse mundo, sempre ser finito, e sempre além da finitude compreendida. É verdade que esse discurso, essa captação do mundo na verdade, essa captação da verdade do discurso como ser revelado do mundo, é apenas possibilidade para ele: ele permanece necessitado, submetido às suas condições tanto quanto senhor de suas condições; mas essa condição é superável a cada instante, na captação universal do que ela é em si mesma, condição condicionada e condicionante, mas só para quem não é inteiramente produto dela.

A liberdade é a razão: só o ser razoável, não arbitrário, não violento, é livre e sabe que é livre ao viver segundo uma lei que é sua e que reconhece como estabelecida por ele mesmo, só o ser livre pode se querer e se fazer razoável. Ele não coincide nunca com a razão, mas nada o impede de se elevar à razão, para a qual nada é por vir, para a qual, num presente que inclui ainda as estruturas essenciais desse eu empírico, tudo é pensável (*dizível*) e discurso e que, contudo, sempre advém. É possível, é provável que a humanidade desapareça um dia; mas esta é a possibilidade de um fato sem importância para a filosofia: não haverá filosofia quando não houver seres comparáveis ao homem; mas enquanto o discurso continuar, ele revelará no tempo da condição o que faz que a condição seja presente para um ser que a capta porque a transcende.

A análise precedente não designa nada de "extraordinário" ou de "místico". O que aí está em questão pertence, pelo contrário, à experiência mais comum e só ganha um aspecto surpreendente a partir do momento em que é captado pelo discurso. A simples percepção do que é pode, em certos momentos, apresentar, e apresenta de fato, a todo indivíduo uma espécie de felicidade que é especificamente diferente de toda satisfação de uma necessidade e de um desejo (embora esses momentos possam se tornar objeto de um desejo): não é uma remissão a outra coisa, nesses momentos subtraídos à temporalidade do futuro, inteiramente presentes e que, melhor dizendo, são presença do que é captado, não de um exterior ao qual se chegaria com dificuldade, por meio de resistências, obstáculos, erros, mas presença do que é imediatamente o que é: um pôr do sol, uma flor são o que são, nada mais, isto é, nada menos. É verdade que essa percepção (que no fundo é a percepção artística – o que mostra que a velha teoria da unidade entre a beleza artística e a da natureza é perfeitamente fundada) não é permanente. Entretanto, isso não decide nada: para a presença, a questão da duração não se põe, ela não é extensiva, ela é pura intensidade. O ser necessitado nela se eleva acima da necessidade e da carência; é certo que ele aí recai necessariamente, permanece condicionado, não é adequado a essa visão da qual, contudo, ele é sempre capaz; a necessidade da sua condição o remete àquilo que, no domínio dessa necessidade, se define como a realidade. Também a visão da natureza e a visão artística (que cria os objetos da sua contemplação) não bastam *em longo prazo* e não asseguram mais a felicidade do ser finito e razoável no momento em que ele se choca com os outros: dado que o discurso e o conceito da universalidade não existem no plano deles, a violência, única apta a decidir entre as *visões*, destrói até a possibilidade concreta da visão, ao forçar o homem a lutar para sobreviver e ao separá-lo de tudo o que é "des-interessado", sem relação com as questões de vida e de morte que agora o preocupam. Nesse sentido, a moral é superior à contemplação e à presença imediata; mas só nesse sentido: é o desejo da felicidade da presença que funda, filosoficamente, a moral; é a felicidade transmoral que é visada pela moral. É preciso agir razoavelmente, mas é razoável agir para não ter mais de agir; ninguém escolhe a preocupação por ela mesma, a não ser os que fogem da questão de um sentido que sua existência pode e deve adquirir para eles mesmos. A moral, unida à política da qual é inseparável, constitui assim a mediação entre a presença anterior a toda ação, toda decisão, toda escolha consciente, entre a presença *pré-histórica* e a presença que, a partir daquela, é visada pela vida ativa que busca seu sentido e o realiza ao se superar. Entre as duas está o domínio da necessidade sempre vencida, jamais eliminada, das condições, da finitude sentida e vivida, mas também nomeada e pensada no discurso universal que a supera.

c. A moral vivida, a vida moral, visa à felicidade: a proposição, que constituiu o início da presente pesquisa, adquire agora um sentido determinado, após o sentido formal que definiu a felicidade como o que é visado por toda moral. O fim da ação não é a ação, é a presença imediata, infinitamente mediatizada pela ação e pela consciência moral, mas imediata enquanto resultado. A vida moral, entretanto, se veta o salto no incondicionado da presença, sabendo que só o seu próprio percurso pode justificar a felicidade do ser humano total na presença. Ela tem a ver com o ser determinado e livre na medida em que o problema da liberdade na razão se põe para o homem porque ele não coincide com o que, fora da presença, permanece seu outro, uma condição sempre a superar, a negar, a humanizar (moralizar) na ação e pela ação. A felicidade que ela oferece é a do ser razoável no ser finito, a do respeito de si justificado pela universalidade da vontade moral (é porque a magnanimidade carece dessa justificação que ela pode realizar, aos olhos da moral, a virtude perfeita, sem que a atitude do magnânimo seja, por si mesma, moralmente perfeita quando é vivida de maneira exemplar: um exemplo não justifica nada). É somente se compreendendo ao termo de sua reflexão sobre si mesma que ela vê que seu coroamento está além de seu domínio; na medida em que é moral vivida, esse coroamento transcendente não existe para ela, não deve existir para ela, que é vontade de perfeição moral, não de perfeição simplesmente.

A filosofia moral (a reflexão moral) informa a vida; faz parte da vida, nasceu nela, sem ela não seria nada e não existiria, assim como essa vida, na ausência da moral, não seria humana; ela toma consciência dessa identidade fundamental e da identificação real que ela exige. Ela descobre assim que é reflexão sobre a moral, sobre as morais, portanto, sobre o ser agente, o que significa: sobre o ser violento e finito, mas, na sua reflexão, capaz de razão e de infinito, e assim ela já se encontra além da moral. É ela que constata que a moral trata do finito, do condicionado, do que se encontra sempre por vir, dessa *futurição* permanente que é o dever. E é assim que a reflexão moral, ao se compreender como reflexão sobre a moral, pode se superar para pôr o problema da presença como o problema da elaboração desse discurso totalmente coerente que, ao se compreender, compreende também o que é seu outro e que a individualidade coletiva e a particularidade histórica produzem esse discurso e se superam nessa produção para chegar a uma presença que se justifica como presença do todo e como totalidade presente a quem as buscou na sua ação de ser finito, mas razoável. A felicidade existe, a reflexão moral, que se sabe condicionada, nesse saber se supera e se liberta da condição: o discurso lhe oferece o gozo do todo, discurso que parte da Verdade como horizonte no interior do qual tudo se mostra ao homem, discurso que se desenvolve segundo sua própria natureza, humana e verdadeira ao mesmo tempo, histórica e filosófica juntas e inseparavelmente.

Portanto, é na filosofia sistemática que se conclui a reflexão moral, e na presença que, na filosofia, está ao alcance do homem. Essa reflexão conduz a um saber dado pela filosofia, porém, que ela não seja a única a oferecê-lo, não só a própria filosofia o mostra, mas a moral já encontra na magnanimidade uma possibilidade de vida sem futurição, e a vida minimamente dada à reflexão a experimenta na religião vivida como união, na arte, na poesia, na simples visão do belo. Mas só a filosofia é capaz de justificar essa presença, todas as formas de presença, e essa justificação é exigida não tanto pela filosofia, para a qual a justificação é um resultado ao mesmo tempo prévio e acessório, quanto pela vida (moral e imoral) de épocas nas quais *nada mais é evidente* e que, esgarçadas pela luta violenta de convicções últimas e injustificáveis, põem a questão do sentido, a questão de saber o que importa e do que se trata *na verdade*. O indivíduo pode se elevar à presença sem mediação alguma; mas a felicidade que ele aí encontra só será felicidade para ele, incontestável, mas também incomunicável senão ao sentimento e pelo sentimento e, portanto, sempre combatível e combatido por outros sentimentos imediatos. Dado que o encontro da recusa da violência e da insegurança moral introduziu a reflexão no mundo, só o acabamento dessa reflexão, pela moral e na filosofia, poderá libertar o homem universalmente, permitindo-lhe a ação razoável sobre si mesmo e sobre a moral e ao lhe mostrar um conteúdo para a sua liberdade realizada na visão de um Todo sensato.

DADOS INTERNACIONAIS DE CATALOGAÇÃO NA PUBLICAÇÃO (CIP)
(CÂMARA BRASILEIRA DO LIVRO, SP, BRASIL)

Weil, Eric, 1904-1977
    Filosofia moral / Eric Weil ; tradução Marcelo Perine. – São Paulo :
É Realizações, 2011. – (Coleção Filosofia Atual)

Título original: Philosophie morale.
ISBN 978-85-8033-026-7

1. Ética 2. Filosofia 3. Moral I. Título. II. Série.

11-03832   CDD-170

ÍNDICES PARA CATÁLOGO SISTEMÁTICO:
1. Filosofia moral   170

Este livro foi impresso pela
Prol Editora Gráfica para
É Realizações, em abril de
2011. Os tipos usados são
Minion Condensed e Adobe
Garamond Regular. O papel
do miolo é pólen bold
90g, e o da capa, cordenons
stardream ruby 250g.